Mi buer  vez más . . . sacar la esencia
bíblica d en la prim da
contemporánea. En una época en la que l iglesias actu n
una mediocridad estancada y con ince o
de la iglesia irrumpe con un modelo bíb
Bruce Wilkinson, autor, *La*

Cuán refrescante es leer un libro que trate sobre la iglesia y que desde el
punto de vista histórico sea bíblico y a la vez relevante. La precisión bíblica
y toda una vida de sabiduría se mezclan en un tema lleno de aspectos
controversiales. Aplaudo a Gene por ofrecer tanta claridad sobre un tema
tan incomprendido. Este libro lo deben leer todos aquellos que ocupen
una posición de liderazgo en la iglesia de Dios.

> **Randy Pope**, pastor
> Perimeter Church, Atlanta, Georgia

Las casas de adoración salpican el paisaje norteamericano, lugares a los que
vienen las personas a obtener fuerza interior para el difícil juego de la vida
cotidiana. Pero nosotros parecemos apostar un promedio de rendimiento
espiritual bajo, debido en gran parte a los enormes agujeros que existen en
nuestro liderazgo. La mayoría de los líderes de las iglesias con sinceridad
quieren representar bien a su Señor, pero a menudo fracasan porque su
trabajo es mucho más difícil de lo que parece, una mezcla abrumadora
de negocios, educación, cuidado de las almas y vida social. *Principios del
liderazgo de la iglesia* señala el camino para edificar un equipo de liderazgo
eficaz. No es simplemente un relato de «mi historia», este manual escrito
de manera clara y bien documentado explica la manera en que una iglesia
debe funcionar. Gene Getz, un pastor con muchos años de experiencia,
competente desde el punto de vista profesional y bíblicamente sagaz, ha
escrito una herramienta excelente cuya lectura debiera ser un requisito en
cada iglesia que espere tener un impacto permanente para Jesucristo en su
comunidad.

> **Howard G. Hendricks**, profesor eminente y
> presidente Centro del Liderazgo Cristiano
> Seminario Teológico de Dallas

Cualquiera que sea la orientación de tu denominación, este libro es de lectura obligada. Nuestro querido amigo, profesor, líder y erudito, Gene Getz, nos ha dado su obra maestra en este libro cuidadosamente escrito y bien documentado: *Principios del liderazgo de la iglesia*. La crisis del liderazgo en nuestras iglesias actuales ha alcanzado un récord sin precedentes. Se explica de manera clara, exhaustiva y convincente lo que la Biblia y especialmente el Nuevo Testamento tienen que decir sobre este tema, con una exégesis que la corrobora y con referencias bíblicas. No todo el mundo estará de acuerdo con todo lo que se presenta, pero todos encontraremos una enseñanza bíblica, práctica y útil sobre el liderazgo. Recomendamos este libro afectuosa e imperativamente a pastores y estudiantes responsables de la Palabra de Dios.

STEPHEN F. OLFORD Y DAVID L. OLFORD
Centro Stephen Olford para la predicación biblica

Mi buen amigo y mentor espiritual Gene Getz ha provisto a la iglesia un libro obligatorio para todos los que desean entender y aplicar el plan claro y detallado de Dios para liderar a su pueblo.

TONY EVANS, pastor principal, Oak Cliff Bible Fellowship y presidente de la Alternativa

PRINCIPIOS *del* LIDERAZGO *de la* IGLESIA

Una perspectiva bíblica, histórica y cultural

Gene A. Getz

prólogo por Brad Smith y Bob Buford

EDITORIAL MOODY
CHICAGO

Traducción: Wendy Bello
Edición: Elizabeth Fraguela M.
Diseño interior: artserv
Diseño cubierta: Smartt Guys design
Imágenes de la cubierta: Thinkstock-Geese: Glen Young / Mountains: Marina Govorova

Library of Congress Cataloging-in-Publication Data (for English Version)
Getz, Gena A.
    Elders and leaders: God's plan for leading the church / Gena A. Getz.
    p. cm.
    Includes bibliographical references and index.
    ISBN 978-0-8024-1057-3 (English vrsion)
    1. Christian leadership—Biblical teaching. 2. Leadership—Religious aspects—Christianity. I. Title.
    BS680.L4G48 2003
    262'.1—dc21

                                                                                2003007611

ISBN: 978-0-8024-1074-0

Esperamos que disfrute este libro de la Editorial Moody. Nuestro objetivo es proporcionar libros de reflexión de gran calidad y productos que conectan la verdad a tus desafíos y necesidades reales. Para obtener más información sobre otros libros y productos escritos y producidos desde una perspectiva bíblica, visite www.moodypublishers.com o escriba a:

Moody Publishers
820 N. LaSalle Boulevard
Chicago, IL 60610

1 3 5 7 9 10 8 6 4 2

Impreso en los Estados Unidos de América

A Jim Harris,
un fiel siervo de Jesucristo.

Jim sirvió como anciano en la primera iglesia *Fellowship Bible Church* y durante muchos años desempeñó el mismo rol en la iglesia *Fellowship Bible Church North* en Plano, Texas. Un competente inspector de la construcción en el mundo de los negocios durante muchos años. Además, todas las semanas dedicaba horas de su tiempo para servir como un amoroso pastor del pueblo de Dios.

Fue a encontrarse con el Señor el 20 de julio de 2001. ¡Lo extrañamos!

Los ancianos de Fellowship Bible Church North

CONTENIDO

Prefacio   11

Reconocimientos   15

Introducción: «¿Quién dirige la iglesia?»   17

Primera parte: Fundamentos

  1. Vuelo en formación: Un proyecto comunitario   23

  2. Nuestro marco de referencia   33

  3. Descubrir los principios supraculturales   39

Segunda parte: La historia bíblica

  4. La *ekklesia* de Dios (33 d.C.)   47

  5. Los ancianos de Jerusalén (45 d.C.)   53

  6. Un ministerio de oración y sanidad (45-47 d.C.) 61

  7. La primera misión de fundar iglesias (47 d.C.) 67

  8. La controversia de la ley y la gracia (49 d.C.) 73

  9. Juicios basados en el carácter (49-50 d.C.)   79

10. Respeto y estima (51 d.C.)   85

11. Los ancianos efesios (58 d.C.)   91

12. Requisitos para el liderazgo (63 d.C.)   97

13. Ayudantes para los ancianos/supervisores:
    Los diáconos (63 d.C.)   105

14. El papel de la mujer en el ministerio (63 d.C.)   115

15. El modelo de la familia (63 d.C.)   129

16. Apoyo financiero (63 d.C.)   137

17. Protección y disciplina (63 d.C.)   145

18. Pastorear el rebaño de Dios (63 d.C.)   153

19. Una doctrina de carácter (65 d.C.)   161

20. Requisitos para el matrimonio y la familia (63, 65 d.C.)   169

21. Servir con gozo (66-70 d.C.)   179

Tercera parte: Observaciones de las Escrituras

22. Títulos y función reglamentaria   191

23. Funciones específicas del liderazgo   199

24. Selección y nombramiento de ancianos   209

25. Pluralidad en el liderazgo   219

26. La necesidad de un líder principal   227

27. Rendición de cuentas, delegación y formas   239

Cuarta parte: Principios supraculturales y aplicaciones prácticas

28. Principios para el nombramiento al liderazgo (Parte 1)   249

29. Principios para el nombramiento al liderazgo (Parte 2)   261

30. Principios para las funciones del liderazgo (Parte 1)   273

31. Principios para las funciones del liderazgo (Parte 2)   285

32. Principios para las funciones del liderazgo (Parte 3)   293

33. Requisitos en cuanto a la edad   301

34. Selección del liderazgo   307

35. Tamaño de la junta y tiempo de servicio   315

36. Más preguntas sobre la forma   321

37. Un plan de sucesión   333

Apéndices

A. Uso de la palabra «iglesia» *(ekklesia)* en el libro
   de Hechos y en las epístolas   343

B. Una perspectiva bíblica acerca de la sanidad   349

C. Determinar el «cociente de madurez» de un candidato   361

D. Apóstoles, profetas y maestros   365

ILUSTRACIONES

Figuras

1. Una perspectiva bíblica y pragmática sobre los ancianos   28

2. Cronología del liderazgo de la iglesia local   42

3. Una comparación entre los ancianos/obispos (supervisores)
    y los diáconos   108

4. Una comparación de los requisitos para los ancianos
    y las diaconisas   112

5. El modelo de la familia   131

6. Aplicación del modelo de la familia   133

7. Requisitos de los ancianos en 1 Timoteo y Tito   163

8. Perfiles del carácter   167

9. Estructura del liderazgo en cuatro iglesias primitivas   225

10. Cantidad de veces que aparecen los nombres de los doce
    apóstoles en los Evangelios y en el libro de Hechos   229

11. Cantidad de sucesos que enfoca a cada apóstol en
    los Evangelios y en el libro de Hechos   229

12. Equipo ministerial de Pablo en el libro de Hechos   232

13. Modelo inicial de influencia de Ignacio   235

14. Modelo expandido de influencia de Ignacio   236

15. Función del liderazgo en una iglesia (tres niveles)   267

Mapas

1. El primer viaje misionero   70

2. El segundo viaje misionero   82

3. El tercer viaje misionero   93

PREFACIO

Hace unos años estábamos cenando con Gene Getz y salió a relucir una pregunta que hemos escuchado más de una vez: «Estoy en una etapa de mi vida en la que tengo más oportunidades que tiempo. ¿Qué es lo más importante que puedo hacer con el resto de mi vida?»

Ninguno de nosotros dudó ni hicimos una pausa para consultarnos este asunto, ni siquiera reflexionamos, oramos o meditamos. Era así de obvio. No es a menudo que un hombre con un tesoro tan excepcional te pida ayuda para saber cómo emplearlo. Quizá los brazos agitados y el entusiasmo desenfrenado de nuestra respuesta expliquen por qué el camarero comenzó a alejar a las personas de mesas cercanas a las nuestras.

¿Nuestra respuesta? «Gene, tienes uno de los mejores modelos de iglesias en el mundo que refleja un liderazgo de ancianos saludables. Tienes años de experiencia y comprensión de cómo funciona la junta de una iglesia con santidad, eficacia y alegría. Además, estás practicando uno de los procesos de sucesión más saludables y deliberados que hemos visto: reemplazarte y hacer que cada miembro de tu junta gobernante se reemplace. Hemos visto miles de las iglesias más efectivas de Norteamérica. La mayoría ha perdido la esperanza de que el gobierno de la iglesia realmente pueda ser espiritual, eficaz y agradable. Tú tienes una historia probada que niega esa pérdida de esperanza. Esto es extraordinario. Es valioso. Necesitas compartir ese oro».

Gene regresó y oró, esperó, habló con sus ancianos, su equipo de trabajo y su esposa. Estuvieron de acuerdo con el mismo entusiasmo. La suerte estaba echada. Este libro se escribió durante el año siguiente.

El resultado es característico de Gene Getz. Está impregnado de erudición bíblica, de la realidad de la experiencia y del escrutinio agudo de relaciones responsables que van mucho más allá del modelo promedio para cualquier libro. El gobierno bíblico es un asunto serio. Este libro lo toma en serio y explora la enseñanza bíblica acerca de los ancianos y del liderazgo de la iglesia con una intensidad sin igual.

Aunque es exhaustivo, este libro también está escrito para comenzar soluciones, no es simplemente un libro de «respuestas correctas». Al leerlo, tal vez tengas preguntas como:

- ☐ ¿Cuántas personas deben estar en nuestra junta de gobierno?
- ☐ ¿Cómo debemos tomar las decisiones: por consenso, mayoría, tres cuartos a favor?
- ☐ ¿Cuál es el papel de la junta versus el papel del personal, especialmente a medida que la iglesia crece y nos apoyamos más y más en un personal con preparación profesional?
- ☐ ¿Quién dirige la junta gobernante, el pastor principal o un laico? ¿Cómo los pastores ordenados rinden cuentas a la junta?
- ☐ ¿En que se diferencia el gobierno de los sistemas eclesiásticos con obispos?
- ☐ ¿Cómo funciona la junta gobernante en una iglesia que requiere el voto de la congregación?
- ☐ ¿Cómo establecemos la visión, ejercemos la disciplina en la iglesia y evaluamos la teología?
- ☐ ¿Cómo tratamos con los conflictos, las reuniones hasta tarde en la noche, demasiado negocio y muy poco discernimiento espiritual y la escasez de líderes calificados?

En este libro encontrará las respuestas a estas preguntas y mucho más, pero no están empaquetadas en un formato de tres pasos fáciles. No queremos estropear el tema de este libro, pero el punto básico es que la Biblia no proporciona un modelo específico de una manera correcta y detallada para llevar a cabo el gobierno en tu iglesia. Sin embargo, la Biblia *es* muy específica en cuanto al *carácter* de aquellos que sirven como líderes. La Biblia es clara en que su rol principal es «capacitar al pueblo de Dios para la obra de servicio, para edificar el cuerpo de Cristo» (Efesios 4:12). Aparte de eso, la Biblia dice muy poco con respecto a estructuras, políticas, títulos, organigramas, espacios de estacionamiento y campañas para recaudar fondos.

Gene está en una iglesia que no tiene lazos directos con ninguna denominación, aunque hay aproximadamente trescientas iglesias «Fellowship Bible Churches» que han surgido de su visión original en Dallas hace treinta años. Algunos lectores tienen la misma oportunidad y riesgo de no tener denominación. Pueden leer la historia bíblica y fomentar su sistema de gobierno por sí solos basados en el proyecto de la iglesia del primer siglo: sin obispos, sin libro de reglas de la denominación, sin precedencia. Este libro puede ayudar a estas iglesias de «construcción nueva» a evitar la miríada de posibles problemas. En las últimas décadas se han cometido muchos errores que han creado enormes dolores en muchas congregaciones. Además, ayudará a aquellos líderes que viven en sistemas eclesiásticos a los que ellos a veces describen como impregnados de una rica historia y teología dirigida por Dios y otras veces describen como burocracias inflexibles. Este libro llevará tu fe a la Fuente para evaluar por qué haces lo que haces.

Por último, una advertencia: Este no es un libro que deba leerse solo. Un tema fundamental es que las juntas gobernantes se establecieron para tomar las decisiones en comunidad, aprender en comunidad, confiar en Dios en comunidad y divertirse en comunidad. Tomen el tiempo como junta de ancianos para leer juntos este libro durante encuentros regulares de una hora separada al comienzo de las reuniones de la junta para intercambiar ideas acerca de lo que están aprendiendo. Además, el tipo de camaradería entre ancianos que verás en las historias de este libro no se produjo sencillamente porque la gente de Texas sea más amigable o tenga más tiempo para sentarse en mecedoras y hacer visitas. Gene hizo enormes sacrificios en su tiempo y en su trabajo para darle prioridad al tiempo con sus ancianos. Como resultado, ellos respondieron tomando decisiones significativas en su profesión y en sus vidas para hacer lo mismo.

Gene, sus ancianos y su personal han participado en actividades de *Leadership Network* [Red de liderazgo] durante años. En varios foros ellos tienen el efecto «E.F. Hutton»: cuando hablan, la gente escucha y toma notas, los persiguen en el almuerzo para hacer más preguntas. Gene también es nuestro amigo, pastor y mentor. Él es genuino. Es para nosotros un privilegio y un honor saber que hemos servido aunque sea en una pequeña parte a disfundir el tesoro de estas experiencias.

Brad Smith
Oficial ejecutivo principal,
Centro Internacional de Estudios Teológicos Urbanos

Bob Buford
Presidente,
Leadership Network

RECONOCIMIENTOS

Me gustaría expresar un profundo reconocimiento a mis compañeros ancianos en Fellowship Bible Church North. Tan a menudo como sus compromisos de trabajo se lo permitían, ellos se reunían conmigo durante muchas semanas para estudiar juntos lo que enseña el Nuevo Testamento sobre el liderazgo de la iglesia local. También leyeron y evaluaron grandes secciones de este manuscrito según este evolucionaba y me dieron opiniones muy útiles. Así que hay un agradecimiento especial para: Eddie Burford, Jack Cole, Mike Cornwall, John Craig, Dan Debenport, Vince Ellwood, Dirk Hansen, Jeff Jones, Earl Lindgren, Don Logue y Dwight Saffel.

También me gustaría agradecer a las siguientes personas especiales que sirvieron fielmente para ayudar a formar este manuscrito:

☐ Bob Buford, Brad Smith y mi pastor asociado, Jeff Jones, quienes fueron los primeros en desafiarme a que asumiera este proyecto.

☐ Iva Morelli, mi asistente ejecutiva y alguien que constantemente me da ánimo, quien coordinó este esfuerzo en equipo y pasó incontables horas formateando este manuscrito y ayudándome en el proceso de la edición.

☐ Mark Chalemin, mi asistente de investigación, quien me ayudó a descubrir y evaluar varias fuentes.

Además, estoy agradecido a Sue Mitchell, la asistente administrativa de Iva, quien pasó muchas horas en la computadora mecanografiando revisión tras revisión, así como a Miriam Durham y el resto del personal que me ayudó de muchas maneras para lograr este esfuerzo.

También quiero expresar mi agradecimiento al cuerpo de la iglesia de Fellowship Bible Church North donde sirvo como pastor principal. Muchas de estas personas fieles oraron diligentemente por mí mientras escribía este libro.

Finalmente quiero agradecer a mi esposa, Elaine, quien me ha servido como mi fiel compañera en el ministerio. Ella me daba un aliento constante mientras trabajaba en este manuscrito. Desde el punto de vista humano yo no hubiera podido completar este proyecto sin su continuo y amoroso apoyo.

«¿QUIÉN DIRIGE LA IGLESIA?»

Era el año 1968. Lo menos que yo me imaginé era cómo mi traslado a Dallas cambiaría mi vida y mi ministerio. Yo había servido en la facultad del Instituto Bíblico Moody en Chicago durante trece años antes de aceptar un puesto de profesor en el Seminario Teológico de Dallas.

Yo siempre había estado comprometido con la iglesia local y en particular con la esfera de la educación cristiana. Pero al enfrentarme a los «vientos de cambio» que se arremolinaban de un lado a otro de nuestra nación a finales de los años sesenta y comienzo de los setenta, mis alumnos me desafiaron a darle una mirada fresca a lo que Dios quería que fuera la iglesia. Por primera vez en veinte años como profesor, dejé a un lado mi programa de estudios a mitad de semestre. Mis alumnos me hacían preguntas que yo no estaba preparado para responder. Juntos nos sumergimos en el libro de Hechos y en las epístolas para ver cómo Jesucristo quería que realizáramos la Gran Comisión. Se convirtió en una gran aventura y realmente yo no esperaba que este nuevo rumbo me sacara de «los atrios sagrados del aprendizaje» y me llevara al ministerio de fundar iglesias.

Uno de los grandes principios que captaron mi atención durante este proceso fue la «pluralidad en el liderazgo». Yo siempre disfruté trabajar con un equipo, pero mientras me aventuraba en la fundación de iglesias, me comprometí aun más con este concepto. Yo no veía otro «plan» en la historia del Nuevo Testamento, y todavía no lo veo. Para ser totalmente honesto, siempre me han decepcionado mucho los ministerios que, según los percibo, giran alrededor de la personalidad y las habilidades de un solo líder.

Permíteme ser absolutamente honesto. Al principio yo estaba tan comprometido con el principio de la pluralidad en el liderazgo que, en ocasiones, minimicé y en algunos aspectos negué la importancia de tener un líder principal fuerte. Cuando se me preguntaba: «¿Quién dirige la iglesia?», yo siempre decía: «Los ancianos». En esencia, esa era una afirmación muy real, y luego, cuando me preguntaban: «¿Quién dirige a los ancianos?», yo respondía: «Nosotros, juntos, dirigimos la iglesia». Otra vez esta era una respuesta verdadera, pero yo no respondía la pregunta de manera adecuada. El hecho era que «*Yo* dirigía a los ancianos» y *juntos* «dirigíamos la iglesia». Yo era entonces y siempre he sido, el líder principal de las iglesias Fellowship en las que he servido como pastor principal. Lamentablemente, en aquellos primeros años yo comunicaba un «modelo de liderazgo» que en realidad no estaba practicando.

No me tomó mucho tiempo descubrir que estaba reaccionando de manera exagerada a lo que todavía considero que es una distorsión de la intención de Dios para el reino del liderazgo de la iglesia local. Yo necesitaba descubrir un equilibrio. En lo personal, creo que vemos este equilibrio en la sección del libro que llamamos «La historia bíblica» y también, como ancianos, en la aplicación de estos principios mientras te cuento los aspectos de nuestro viaje.

La primera parte de este libro describe el proceso en el que mis compañeros ancianos y yo hemos estado involucrados en la iglesia Fellowship Bible Church North donde sirvo como pastor principal. La segunda parte es la historia bíblica, lo que sucedió durante el primer siglo según se registra en el Nuevo Testamento. La tercera parte bosqueja las observaciones que hemos hecho al analizar la historia bíblica. La parte culminante bosqueja los principios supraculturales que formulamos basándonos en este estudio bíblico, histórico y cultural.

En esta última sección hablo de mis propias experiencias al intentar aplicar estos principios, particularmente según se relacionan con las «formas» que hemos desarrollado y reestructurado en el paso de los años. Nuestra esperanza es que lo que hemos aprendido motive a cualquiera que lea «nuestra historia» a evaluar su propio modelo de liderazgo a la luz de la «historia bíblica» y los «principios supraculturales» que surgen de este estudio. Aunque me regocijo con las cosas que hemos hecho bien, quizá las ilustraciones más útiles sean aquellas de las cosas que pudiéramos haber hecho mejor.

Gene A. Getz

PRIMERA PARTE

FUNDAMENTOS

Esta sección introductoria describe el proceso de aprendizaje en el que he estado involucrado con mis compañeros ancianos de *Fellowship Bible Church North*. Te presentaremos el paradigma básico de nuestra investigación así como nuestro «marco de referencia» y la manera en que «definimos nuestros términos».

Para ayudarte a evaluar los resultados finales de nuestro estudio, explicaremos «por adelantado» las directrices que utilizamos para determinar y formular los principios supraculturales, aquellas verdades bíblicas con relación a los líderes de la iglesia local que creemos son la norma para las iglesias locales de cada cultura y en cualquier momento de la historia.

UNO

VUELO EN FORMACIÓN: UN PROYECTO COMUNITARIO

Espero que el equipo de diseño de portada haya captado tu atención como captó la mía cuando escogieron una bandada de gansos para ilustrar el contenido de este libro como también el proceso que le dio existencia al mismo. Quizá hasta te hayas preguntado ¿qué tiene que ver una bandada de gansos con el liderazgo? Es una pregunta válida, especialmente para aquellos de nosotros que no hemos estudiado sus instintos y conducta.

Así que considera los siguientes aspectos un tanto sorprendentes con relación a su vuelo en formación:

☐ Cuando un ganso agita sus alas, esto crea un «levantamiento» para las aves que le siguen. Al volar en formación «V», la bandada añade setenta y uno por ciento de distancia a su vuelo en comparación a cada ave volando sola.

☐ Cuando un ganso se sale de la formación, de repente siente la resistencia de volar solo. Enseguida regresa a la formación para aprovechar el poder de elevación del pájaro que va justo delante de él.

☐ Cuando el pájaro guía se cansa, se integra a la formación

para aprovechar el poder de elevación del pájaro que va inmediatamente delante de él.

☐ Los gansos que vuelan en formación graznan para animar a los que van delante y así mantener la velocidad.

☐ Cuando un pájaro se enferma, lo hieren o le disparan, dos gansos se salen de la formación y lo siguen para ayudarlo y protegerlo. Se quedan con este hasta que muere o hasta que pueda volar otra vez. Entonces parten con otra formación o alcanzan al resto de la bandada.

LECCIONES DE LIDERAZGO TOMADAS DE LOS GANSOS

«Fíjense en las aves del cielo», dijo Jesús mientras enseñaba a un grupo de discípulos en una ladera de Galilea (Mateo 6:26). Cuando observamos a los gansos que vuelan en formación, podemos aprender mucho sobre el liderazgo. Esta maravillosa metáfora de la naturaleza nos ofrece varias lecciones obvias acerca del trabajo en equipo y el liderazgo, lecciones que apenas necesitan explicarse. Sin embargo, ya que he experimentado algunas lecciones muy significativas de una manera específica con mis compañeros ancianos de Fellowship Bible Church North (FBCN) en Plano, Texas, quiero aclarar por qué estos datos acerca del vuelo en formación de los gansos son tan importantes para mí en lo personal.

Primero, con el paso de los años mis compañeros ancianos y yo hemos tenido la maravillosa oportunidad de servir juntos, moviéndonos a un rumbo común. Todos hemos sentido la «elevación» que nos ha permitido continuar nuestro viaje y alcanzar mucho más que si yo o alguno de ellos hubiera «volado solo».

Segundo, todos hemos sentido la «resistencia» de salirnos de la formación y cuán refrescante es unirse de nuevo al equipo y sentir el «poder de elevación» de un esfuerzo en comunidad.

Tercero, al reflexionar en nuestro ministerio en conjunto, ha habido momentos en que yo como líder principal he necesitado un descanso. En resumen, me he cansado e incluso desanimado. Cuán refrescante es tener uno o más compañeros líderes que temporalmente compartan la carga del liderazgo en momentos en que «los vientos resistentes» son muy abrumadores y agotadores.

Cuarto, los líderes con quienes he servido han dado respuestas positivas no solo para animarme sino también para animarnos unos a otros. Precisamente hace poco uno de estos hombres mi hizo una carta personal que me ha motivado a continuar liderando con fuerza, especialmente durante un desafío un tanto difícil en nuestro ministerio.

Quinto, uno de los grandes beneficios de servir juntos es tener líderes que lleven unos las cargas de los otros, especialmente cuando enfrentamos dificultades, no solo en nuestros ministerios sino también en nuestras vidas en sentido general. Con los años hemos experimentado desafíos familiares, enfermedades y hasta muertes. De hecho, uno de nuestros hombres más fieles padeció de cáncer y finalmente entró por las puertas del cielo para recibir su recompensa. Qué alentador fue ver a nuestros líderes y a sus familias animar a este hombre y a su propia familia mientras enfrentaban este suceso traumático en sus vidas.

Entonces, ¿qué podemos aprender de una bandada de gansos? Quizá la lección más sobresaliente del liderazgo que podamos tomar de «una bandada de pájaros» es que ellos cumplen con su propósito en la tierra, tal y como Dios los diseñó. Pero esta singular especie solo puede funcionar con los instintos que Dios creó. Aquellos de nosotros que somos hechos a imagen de Dios tenemos un potencial mucho mayor para practicar estas lecciones de manera sistemática y creativa. Tenemos un diseño único y si conocemos a Cristo personalmente como Señor y Salvador, tenemos la capacidad de que el Espíritu Santo nos dé poder para funcionar como uno, así como Jesucristo era uno con su Padre. Esta, por supuesto, era la oración de Jesús por los apóstoles así como por todos los que hemos creído en Jesucristo «por el mensaje de ellos» (Juan 17:20-23).

Hacer teología en comunidad

Lo que estás a punto de leer es el resultado de un emocionante esfuerzo en grupo, «vuelo en formación», si así lo prefieres. Ha sido y sigue siendo un proyecto comunitario. He tenido el privilegio de dirigir esta investigación y poner las ideas en blanco y negro. En este sentido, siento que hemos estado involucrados en un proceso que Stanley Grenz describió en su tratado *Renewing the Center* [Renovar el centro], tratado que invita a pensar. En este mundo posmoderno él desafía a los líderes cristianos de todos los niveles: en centros académicos y particularmente en iglesias locales, a que se involucren en el estudio teológico y el diálogo en el contexto de la comunidad.[1]

En lo personal, como antiguo profesor de un instituto bíblico y profesor de seminario durante veinte años y como pastor fundador de iglesias durante las tres últimas décadas, estoy de acuerdo con este desafío. He estado involucrado en ambos ambientes de aprendizaje. Aunque la comunidad académica siempre ha sido muy estimulante desde el punto de vista intelectual y gratificante en lo personal, es el marco de la iglesia local el que proporciona el contexto base para hacer estudios teológicos que se relacionen con la persona como un todo: mente, emociones y voluntad. Además, es en este ambiente único y diseñado por Dios que nosotros como líderes podemos de manera particular llegar «a la unidad de la fe y del conocimiento del Hijo de Dios, a una humanidad perfecta que se conforme a la plena estatura de Cristo» (Efesios 4:13). Mientras *todo* el cuerpo de Cristo «crece y se edifica en amor, sostenido y ajustado por todos los ligamentos, según la actividad propia de cada miembro» (v. 16), así un cuerpo de líderes espirituales puede experimentar la misma dinámica de comunidad.

Doce de nosotros que servimos como ancianos en FBCN aceptamos el desafío de hacer «teología en comunidad», es decir, estudiar cuidadosamente el plan de Dios para el liderazgo de la iglesia local. Algunos hemos ministrado juntos en este rol durante más de veinte años y todos estos hombres han estado activos en el mundo de los negocios con excepción de dos, un servidor y mi pastor asociado, quien si Dios lo permite, finalmente se convertirá en mi sucesor como pastor principal.

Encontrar respuestas

Para llevar a cabo este estimulante proceso, nos reunimos regularmente durante varios meses para hacer y responder las siguientes preguntas:

1. ¿Qué nos enseña el Nuevo Testamento sobre los líderes de la iglesia local?

   ☐ ¿Quiénes eran?

   ☐ ¿Cómo se identificaban?

   ☐ ¿Qué hacían?

   ☐ ¿Cómo se seleccionaban?

   ☐ ¿Cuáles eran sus aptitudes?

   ☐ ¿Durante cuánto tiempo servían?

   ☐ ¿Cómo funcionaban en equipo?

2. ¿Cómo se relacionaban los líderes de la iglesia local en el Nuevo Testamento con aquellos que se identificaban como apóstoles, profetas y maestros?

3. ¿Qué podemos aprender de la historia de la iglesia, particularmente durante los siglos que siguieron a la era del Nuevo Testamento?

4. ¿Qué hemos aprendido en nuestro viaje juntos como líderes de iglesia local?

Al responder estas preguntas utilizamos un paradigma muy básico de investigación que involucraba tres perspectivas. Aunque los estudiantes dedicados de las Escrituras describen este diseño de maneras diferentes, nosotros hemos utilizado la metáfora de los tres lentes (representada en la figura 1).

Una perspectiva bíblica

Para responder a las preguntas que presentamos antes, nuestro primer paso era mirar por los *lentes de las Escrituras,* observando cuidadosamente todo lo que la Biblia dice con relación a los líderes de la iglesia local. Esto limitaba fundamentalmente nuestro enfoque, pero no de manera exclusiva, al libro de los Hechos y las cartas del Nuevo Testamento. Es aquí donde encontramos las iglesias locales y dos grupos de líderes: ancianos y obispos (dos títulos que se usan de forma intercambiable) y los diáconos, incluyendo tanto hombres como mujeres.

Figura 1

Una perspectiva bíblica y pragmática acerca del liderazgo de los ancianos (Paradigma de la investigación)

Este «enfoque» por supuesto, también incluye aquellos líderes que fueron llamados y que tenían el don de tener un ministerio *itinerante* de fundar iglesias (apóstoles, profetas, evangelistas, pastores y maestros), quienes a menudo estaban involucrados en fundar iglesias locales y nombrar líderes: hombres como Pedro, Juan, Pablo, Bernabé, Silas, Lucas, Timoteo y Tito. Al mirar por los lentes de las Escrituras, hemos podido hacer observaciones que nos permitieron formular principios supraculturales, principios que perduran en todas las culturas y que creemos que son base para ayudar a desempeñar hoy las funciones del liderazgo en la iglesia local.

Para citar a Grenz, la Biblia debe ser la «voz principal» en cualquier «conversación teológica» para poder ser fieles a nuestra herencia evangélica.[2] No debemos mirar primero a los esbozos y categorías sistemáticos que hacen los teólogos, no importan cuán perspicaces puedan ser. Más bien, debemos darle una mirada fresca a lo que Dios ha dicho en las páginas de la Biblia. Esta ha sido nuestra meta en este estudio.

Una perspectiva histórica

La historia bíblica fluye de manera natural en la historia extrabíblica de la iglesia, lo que nos ayuda a comprender qué sucedió en las iglesias locales después de la era del Nuevo Testamento. De los padres de la iglesia primitiva hemos aprendido lecciones valiosas que nos dieron una visión importante de lo que sucedió más allá del período que se describe en el sagrado texto de la Biblia.

Miramos *a través de los lentes de la historia* para consultar a aquellos que nos precedieron, percatándonos, como señala Grenz, que «no somos la primera generación desde la iglesia primitiva que busca formarse en la comunidad de Cristo en el mundo». Debemos entender que nuestra herencia teológica proporciona un punto de referencia para nosotros hoy. «Esta herencia nos ofrece ejemplos de intentos previos de cumplir con el mandato teológico, de los cuales podemos aprender».[3]

Quizá uno de los mayores beneficios de estudiar la historia es eliminar aquellas cosas de nuestro enfoque actual del liderazgo que no estén en armonía con las funciones y directivas bíblicas y acentuar aquellos enfoques que han estado en armonía con los principios de la Escritura. Una vez más Grenz lo dice bien: «Mirar al pasado nos alerta con respecto a algunas trampas que debemos evitar, algunas de las minas que pudieran hacernos tropezar y algunos de los callejones sin salida que no meritan que los exploremos».[4]

Una perspectiva cultural

Obtener perspectivas del tercer lente, *los lentes de la cultura,* es absolutamente esencial. Sin una comprensión continua de la manera en que las personas piensan, se sienten y funcionan en una cultura dada, es imposible tanto interpretar la Escritura de manera adecuada como aplicar los principios bíblicos a varias culturas del mundo. Jesús, por su puesto, comprendía esta noción perfectamente en su ministerio a las personas de diversos trasfondos culturales. Y Pablo sobresale como nuestro ejemplo más dinámico al convertirse en «todo para todos, a fin de salvar a algunos por todos los medios posibles» (1 Corintios 9:22). Pablo comprendía la cultura y utilizaba las perspectivas culturales sin comprometer los absolutos divinos. ¡Lo mismo debiéramos hacer nosotros!

Aquí Grenz nos ofrece una palabra de advertencia, con la que concordamos de todo corazón. Nunca debemos ver lo que pensamos que es «la voz del Espíritu en la cultura» cuando esto contradice el texto de la Biblia. Más bien debemos evaluar la comprensión cultural con respecto a la verdad bíblica, y no al revés. Aunque la comprensión de la cultura podría desafiarnos a evaluar las interpretaciones históricas de la Escritura, dicha comprensión no debe impulsar el proceso. Si es así, corremos el peligro de emitir juicios que no estén en armonía con la voluntad que Dios reveló en su Palabra.

Una perspectiva pragmática

Ningún líder puede *funcionar* sin algún tipo de *forma.* Por ejemplo, no podemos «enseñar» ni «predicar» (funciones) sin algún tipo de metodología (formas). De hecho, no podemos realizar *ninguna* función ordenada por Dios sin desarrollar maneras de hacerla (ver figura 1).

Es aquí donde las Escrituras básicamente guardan silencio, y lo hacen por diseño divino. Si el Espíritu Santo hubiera designado formas específicas de realizar funciones específicas, estaríamos muy limitados al practicar el cristianismo bíblico en otras culturas del mundo y en momentos diferentes de la historia.

Esto nos lleva a la esencia de este estudio. Si nosotros, como líderes de la iglesia local, vamos a desarrollar las mejores maneras posibles de implementar las funciones bíblicas, primero que nada debemos comprender claramente dichas funciones y cómo estas se extienden en la historia y la cultura. Esto significa que debemos ver con claridad los principios supraculturales que emergen de este tipo de estudio bíblico. Una vez que seamos capaces de enunciar y comprender con claridad estos principios, estaremos listos para evaluar las formas actuales y para crear nuevos modelos en nuestras iglesias locales que estén en armonía con el plan de Dios que se desarrolló durante el primer siglo, sin importar dónde estemos ubicados en el mundo y a pesar de la naturaleza de nuestra comunidad, el tamaño de la iglesia y/u otras dinámicas socioeconómicas. Si en verdad son supraculturales, estos principios funcionarán en comunidades que sean rurales o urbanas, primitivas o modernas. En especial, funcionarán en el centro de una gran ciudad o en una pequeña aldea indígena en el corazón de la selva brasilera.

Si no funcionan en comunidades tan diversas, *no* son verdaderamente supraculturales o sencillamente no sabemos cómo aplicarlos. Es posible que estemos tan influenciados por nuestra propia cultura que tengamos dificultades para pensar y funcionar más allá de esos parámetros. Por eso es tan importante tener una perspectiva total cuando se realiza un ministerio desde el punto de vista bíblico, histórico y cultural.

Revisar las funciones y rediseñar las formas

Permíteme decir que este estudio incluye la historia bíblica y nuestra propia historia en FBCN. Aunque he anotado los resultados de nuestro proceso hasta aquí, seguimos discutiendo las implicaciones para nuestra iglesia, a pesar de que lo que hemos aprendido surgió de nuestra propia comunidad de fe. Creemos firmemente que aprender a realizar un ministerio eficaz es una experiencia continua. Juntos, queremos seguir estudiando la historia bíblica, revisar nuestras observaciones y depurar los principios supraculturales que creemos que han surgido de este estudio. En un sentido práctico, nuestra meta es continuar desarrollando y rediseñando «formas» de estar en armonía con los principios bíblicos. No solo debemos seguir evaluando nuestras conclusiones con relación a los principios mediante estudios bíblicos, históricos y culturales frescos, sino que siempre debemos asegurarnos de que nuestras formas *nunca* se conviertan en fines en sí mismas, sino que sean solo un medio para alcanzar los fines divinos que Dios mismo reveló.

NOTAS

1. Grenz, Stanley J., *Renewing the Center: Evangelical Theology in a Post- Theological Era* [Renovar el centro: La teología evangélica en una era posteológica] Baker, Grand Rapids, MI, 2000, pp. 206-11.

2. Ibíd., p. 206.

3. Ibíd., pp. 208-9.

4. Ibíd, p. 209.

DOS

NUESTRO MARCO
DE REFERENCIA

En una ocasión durante nuestro estudio en conjunto, uno de mis compañeros ancianos hizo una declaración muy importante. «Gene, necesitamos asegurarnos de definir nuestros términos», dijo él. ¡Tenía razón!

Los términos son importantes. En un editorial de *Christianity Today* (CT) se afirmaba esta conclusión, especialmente mientras intentamos comunicar nuestras ideas a diferentes personas procedentes de varios trasfondos eclesiológicos y culturales en un mundo posmoderno. CT afirmaba: «A medida que el cristianismo ve un aumento en las contextualizaciones culturales y étnicas, definir nuestros términos y principios básicos se convertirá en algo de importancia primordial».[1]

Para que puedas comprender un tanto rápido nuestro propio marco de referencia, este capítulo incluye algunas de las *premisas* y *definiciones* básicas que han afectado la manera en que hemos percibido e interpretado los datos *bíblicos, históricos* y *culturales*. Al considerar el amplio rango de puntos de vista que tienen muchos cristianos con relación a las funciones y formas del liderazgo en la iglesia local, así como de la manera de estudiar e interpretar la Biblia, sin duda anticipamos preguntas e incluso desacuerdos. Sencillamente te invitamos a que evalúes con detenimiento lo que creemos ser observaciones y conclusiones válidas.

Premisas básicas

Con relación a las Escrituras

Creemos que la Biblia, en su totalidad, incluyendo el Antiguo y el Nuevo testamentos, es la Palabra de Dios y, citando al apóstol Pablo, es «útil para enseñar, para reprender, para corregir y para instruir en la justicia, a fin de que» todos los cristianos estén «enteramente capacitado[s] para toda buena obra» (2 Timoteo 3:16-17).

En este estudio nuestros ancianos examinaron particularmente el Nuevo Testamento para recibir *enseñanza* y *capacitación* de lo que Dios dice acerca del liderazgo de la iglesia local y para ser *reprendidos* y *corregidos* cuando nuestras conclusiones fueran inadecuadas o erróneas y nuestras aplicaciones no estuvieran en armonía con la Palabra de Dios. Esto, creemos nosotros, es una experiencia de aprendizaje divino que nos permitirá estar «enteramente capacitados» para cumplir con nuestros roles de liderazgo de manera eficaz.

Ya que creemos que el Espíritu Santo inspiró a los autores de la Escritura para que quedara constancia de la Palabra de Dios, también creemos que el Espíritu Santo puede iluminar nuestras mentes para comprender lo que él ha escrito. Además, seguimos pidiéndole al Espíritu de Dios que nos ayude a desarrollar metodologías adecuadas para aplicar creativamente lo que hemos aprendido de las Escrituras.

Con relación al proceso

Creemos que el Espíritu Santo utiliza el proceso de grupo para permitirles a los creyentes llegar a una comprensión y a conclusiones bíblicas correctas. Esta es la naturaleza del «cuerpo de Cristo». Somos una comunidad que vive en una cultura determinada. Pablo dejó claro que creceremos en nuestra relación con Dios y del uno con el otro cuando «cada miembro realiza su propia actividad» y cuando «cada ligamento» funcione debidamente (Efesios 4:16). Esta dinámica es vital para impedir que cualquiera de nosotros saque conclusiones erróneas de las Escrituras y de cualquier otra fuente de verdad debido a las tendencias subjetivas a las que todos somos dados por ser seres humanos. Lamentablemente, la edad no nos protege de involucrarnos en una manera poco clara de pensar. El aprendizaje es un proceso continuo, no es cuestión de la cantidad de años en el ministerio.

Con relación a la verdad

Como ya se dijo, creemos que la Biblia es la fuente principal para descubrir la verdad de Dios. Sin embargo, también creemos que «toda verdad es la verdad de Dios». Hay varios investigadores y profesionales que han acumulado conocimiento, obtenido comprensión y aprendido habilidades significativas acerca de un liderazgo eficaz mediante la investigación sociológica así como de la experiencia en sentido general.

Por ejemplo, mientras me involucraba en esta investigación, tuve el privilegio exclusivo de entrevistar a Ken Blanchard, autor de *El manager al minuto*, un libro que estuvo en la lista de bestseller del New York Times durante dos años consecutivos. Es interesante que Ken escribiera este libro antes de hacerse cristiano y nadie que lo lea puede negar que está lleno de sabiduría muy práctica acerca de cómo ser un buen gerente. Además, gran parte de su sabiduría se relaciona y amplía lo que aprendemos de las Escrituras.

Por lo tanto, hay un significativo conjunto de obras literarias, incluyendo las seculares, que «contienen» verdad. *Nuestro desafío es descubrir qué es verdad.* Para hacerlo, debemos utilizar cuidadosamente la verdad revelada de Dios en las Escrituras para que nos sirva como criterio de evaluación de lo que parece ser una verdad extrabíblica. Y una vez que descubramos la verdad, tanto bíblica como extrabíblicamente, debemos considerar con cuidado esa verdad y actuar conforme a lo que sabemos (Filipenses 4:8).

DEFINICIONES BÁSICAS

A continuación aparecen algunos de los términos que utilizamos durante nuestro estudio. De hecho, ya encontraste estas palabras en el capítulo introductorio.

Historia: La narración de sucesos relacionados con la iglesia y la cultura a gran escala que son extrabíblicos y a los que identificamos como historia de la iglesia.

En este estudio hemos examinado particularmente lo que podemos aprender de la historia de las funciones y formas de líderes de iglesias locales que se desarrollaron inmediatamente después del primer siglo. Un ejemplo es Ignacio, que escribió en algún momento al final del primer siglo o al comienzo del segundo para promover un patrón de tres niveles para el liderazgo de la iglesia local.

Cultura: Cómo piensan, sienten y actúan las personas de una localidad y comunidad determinadas incluyendo las formas y estructuras que desarrollaron para satisfacer sus necesidades y perpetuar sus valores.

Afortunadamente, muchos de nuestros ancianos han tenido la oportunidad de ministrar en otras culturas durante los últimos años: en Rusia, Ucrania, África, Pakistán, Rumania, Birmania y Méjico. Estas experiencias son inestimables cuando se intenta descubrir y aplicar principios supraculturales y eternos del Nuevo Testamento.

Funciones: Actividades en las que los creyentes se involucran para satisfacer ciertas necesidades espirituales y para alcanzar ciertas metas para llevar acabo los mandamientos y directrices bíblicos.

Por ejemplo, cuando Pablo y Bernabé no pudieron resolver la controversia de la circuncisión en Antioquía, fueron a Jerusalén a reunirse con los «*apóstoles y ancianos*» (Hechos 15:2, énfasis del autor, a partir de ahora todas las cursivas que se añaden a los textos bíblicos son del autor). Juntos comunicaron, dialogaron y consultaron el Antiguo Testamento y finalmente redactaron una carta que se leería en las iglesias donde esto era un problema (Hechos 15:1-29).

Directrices: Enseñanzas, exhortaciones y mandamientos que aparecen en la Escritura para llevar a cabo las funciones del liderazgo en la iglesia local.

Un ejemplo de una directriz aparece en la primera epístola de Pedro a los creyentes que estaban esparcidos por «el Ponto, Galacia, Capadocia, Asia y Bitinia» (1 Pedro 1:1). En esta epístola, él exhortó a los ancianos de estas iglesias a que fueran «*pastores del rebaño de Dios*», que tuvieran «*afán de servir, como Dios quiere*» y que fueran «*ejemplos para el rebaño*» (5:2-3).

Formas: Patrones, metodologías, medios y técnicas que se crean para llevar a cabo las funciones y directrices bíblicas.

Principios supraculturales: Pautas doctrinales que surgen de las funciones y directrices bíblicas y que pueden aplicarse en cualquier cultura del mundo y en cualquier momento de la historia.

Interacción entre funciones y formas

En conclusión, de nuestro estudio de las Escrituras ha salido un concepto muy importante y, a cambio, ha seguido guiando nuestro pensamiento mientras evaluamos nuestras observaciones y conclusiones bíblicas. En esencia, este concepto es el siguiente:

Es posible describir funciones y directrices sin describir formas, pero es imposible llevar a cabo las directrices e involucrarse en las funciones sin crear formas.

Por ejemplo, los líderes cristianos del mundo del primer siglo debían predicar y enseñar (1 Timoteo 5:17). Sin embargo, los autores del Nuevo Testamento a menudo describían estas directrices y funciones sin describir las «formas» que se utilizaban en la «predicación» y en la «enseñanza». Sin embargo, cualquier que se involucre en este tipo de comunicación está consciente de que es imposible hacerlo sin utilizar algún tipo de forma y metodología.

Ser capaces de diferenciar las «funciones» y las «formas» es ser capaz de distinguir entre lo que nunca debe cambiar y lo que debe cambiar para cumplir con la Gran Comisión de nuestro Señor Jesucristo.

NOTA

1. «CT Predicts: More of the Same» [CT predice: Más de lo mismo], *Christianity Today*, 6 de diciembre de 1999, p. 37.

TRES

DESCUBRIR LOS PRINCIPIOS SUPRACULTURALES

En una ocasión un grupo de líderes espirituales y yo nos reunimos en nuestra iglesia para examinar cuidadosamente lo que enseña la Biblia acerca de cómo usar nuestras posesiones materiales. Después de seis meses de estudio intensivo, delineamos 126 principios para guiar a los cristianos dondequiera que vivieran en el mundo, ya fuera en una villa primitiva en Nigeria, África, o en una ciudad afluente como Dallas, Texas.

En muchos aspectos el estudio bíblico más reciente sobre el liderazgo de la iglesia local ha sido un proceso de grupo y un esfuerzo comunitario muy similar. Hemos utilizado las mismas reglas básicas para descubrir los principios supraculturales para dirigir una iglesia local.

REGLAS BÁSICAS

Formulamos cuatro directrices mediante las cuales desarrollar los principios supraculturales.

REGLA 1: *Para formular principios bíblicos debemos analizar toda la Escritura acerca de un tema en particular.*

Nuestro equipo de líderes hizo un estudio a fondo del liderazgo de la iglesia según se detalla en las Escrituras. Mientras estudiábamos juntos, analizamos particularmente tanto las *funciones* (actividades) como las *directrices* (exhortaciones, instrucciones, etc.). Estas *funciones* aparecen más a menudo en el libro de Hechos. Esto es lógico ya que Lucas dejó constancia de los hechos (o actividades) de los líderes de la iglesia durante la época en que la iglesia surgió en Jerusalén y según se extendió por el mundo romano. Por ejemplo, cuando Pablo y Bernabé fundaron las iglesias en Listra, Iconio y Antioquía en su primer viaje misionero al mundo gentil, regresaron más tarde a estas ciudades y «En cada iglesia nombraron ancianos...» (Hechos 14:23). Esto ilustra una «función» o «actividad» que Pablo y Bernabé realizaban en su ministerio itinerante.

Las *directrices* o «exhortaciones» aparecen con más frecuencia en las epístolas, las cartas que se escribieron a iglesias locales o a hombres como Timoteo y Tito que estaban ayudando a establecer estas iglesias. Por ejemplo, cuando Pablo le escribió a Tito luego de dejarlo en Creta para que «en cada pueblo nombrara ancianos», le dio instrucciones muy específicas sobre qué cualidades buscar al nombrar los ancianos (Tito 1:5-9). La primera y más importante es: «el anciano debe ser intachable» (1:6). Esto ilustra una «directriz».

En cierto sentido, las *funciones* y *directrices* son «las dos caras de una moneda». La historia de Lucas en Hechos es fundamentalmente una descripción de las *funciones* de los líderes de la iglesia según Dios los usó para hacer surgir las iglesias locales. Las epístolas incluyen *directrices* para estas iglesias locales al igual que para los líderes de estas iglesias locales, instruyéndolos en cuanto a cómo deben funcionar. Es por eso que vemos las funciones fundamentalmente en las narraciones de la Escritura y las directrices fundamentalmente en las secciones didácticas.

REGLA 2: *Al estudiar un tema en particular en las Escrituras, debemos seguir la revelación progresiva de Dios.*

Para determinar los principios supraculturales con relación a cualquier aspecto de la iglesia y cómo esta debe funcionar, debemos estudiar la Palabra de Dios según se reveló. Para hacer esto con relación al liderazgo de la iglesia local, nuestros ancianos comenzaron el estudio del liderazgo en el libro de Hechos. Al mismo tiempo, consultamos secciones de las epístolas ya que estas se escribieron de manera cronológica en armonía con los sucesos del libro de Hechos (ver figura 2). Para hacer que este estudio sea más significativo, sugerimos que se impriman las Escrituras que se mencionan en la figura 2 y que las estudies atentamente por tu cuenta.

REGLA 3: *Debemos estar seguros de interpretar correctamente las Escrituras.*

Al estudiar la revelación bíblica cronológicamente, siempre debemos mirar al texto en el contexto más amplio de la Biblia. Afortunadamente, tenemos muchas herramientas útiles para ayudarnos en este proceso: traducciones interlineales, concordancias de griego y español, varias traducciones de la Biblia, estudios de palabras, comentarios, publicaciones y estudios históricos.

Nuestro equipo investigativo se dedicó a este proceso semana tras semana. Después de cada sesión interactiva, yo escribía resúmenes acumulativos de nuestras observaciones que más adelante utilizábamos en sesiones posteriores para revisar y mantener la continuidad del proceso.

Lamentablemente, cuando estudiamos los sucesos bíblicos y los mandamientos fuera de contexto, podemos llegar a conclusiones falsas con relación a las responsabilidades de los líderes de la iglesia local. Por ejemplo, hay grupos que se denominan a sí mismos «iglesias neotestamentarias», que han desarrollado una visión del liderazgo de la iglesia que crea un sistema autoritario y hermético que en realidad manipula y abusa de sus seguidores, y todo en nombre del cristianismo. Esto es lamentable y quebranta por completo lo que Jesús le enseñó a los apóstoles en el Aposento Alto cuando les lavó sus pies, el que quiera ser el mayor tiene que ser siervo (Juan 13:12-17; cf. Lucas 22:24).

REGLA 4: *Debemos hacer observaciones generales que resuman nuestros descubrimientos más específicos.*

Después de examinar cuidadosamente cada referencia al liderazgo de la iglesia, a medida que estos pasajes se presentaban cronológicamente, comenzamos a hacer observaciones más generales. Después de examinar los «árboles», entonces analizamos «el bosque». En otras palabras, cuando hacemos observaciones de la historia bíblica, necesitamos ver los asuntos específicos en relación con el todo.

Figura 2
Cronología del liderazgo de la iglesia local

FECHA	EL LIBRO DE HECHOS Y LAS EPÍSTOLAS	SUCESOS
45 d.C.	Hechos 11:30	Ancianos en Judea
45-47 d.C.	Santiago 5:13-16	Oraciones de los ancianos y el ministerio de sanidad
47 d.C.	Hechos 14:21-23	Pablo y Bernabé nombran ancianos
48-49 d.C.	Gálatas 6:6	Apoyo financiero para los líderes espirituales
49 d.C.	Hechos 15:1-32	Apóstoles y ancianos en Jerusalén
49-50 d.C.	Hechos 16:4	Envío de la carta compuesta por los apóstoles y ancianos
51 d.C.	1 Tesalonicenses 5:12-13	Respetar y honrar a los obispos
58 d.C.	Hechos 20:17-38	Directivas de Pablo a los ancianos efesios y obispos
58 d.C.	Hechos 21:17-26	Pablo se reúne en Jerusalén con Santiago y los ancianos
61 d.C.	Filipenses 1:1	Pablo saluda a los obispos y diáconos en Filipo
63 d.C.	1 Timoteo 3:1-13	Requisitos para ser anciano y diácono
63 d.C.	1 Timoteo 4:13-14	Pablo, el cuerpo de los ancianos y el don de Timoteo (2 Timoteo 1:6)
63 d.C.	1 Timoteo 5:17-18	Apoyo financiero para algunos ancianos
63 d.C.	1 Timoteo 5:19-20	Proteger y disciplinar a los ancianos
63 d.C.	1 Pedro 5:1-4	Directrices de Pedro para los ancianos y los obispos
65 d.C.	Tito 1:5-16	Requisitos para los ancianos y obispos
64-68 d.C.	Hebreos 13:7, 17, 24	Directrices para imitar a los líderes espirituales

Las siguientes preguntas nos ayudaron a hacer dichas observaciones:

☐ ¿Qué hemos aprendido de cada referencia?

☐ ¿A quién se menciona?

☐ ¿Por qué se menciona?

☐ ¿Qué funciones y directrices se mencionan?

☐ ¿Qué funciones y directrices se repiten?

☐ ¿Cómo se denomina a los líderes?

☐ ¿Cómo se nombra a estos?

☐ ¿Cuáles son sus requisitos?

☐ ¿Cuándo sucedió cada suceso?

☐ ¿Cuál es la dinámica cultural?

☐ ¿Cuáles son las necesidades específicas de cada iglesia?

Durante este proceso pudimos comenzar a fraguar principios supraculturales, recordando que si en realidad son supraculturales, pueden aplicarse a cualquier cultura del mundo y a cualquier momento de la historia. Si no es posible crear una forma relevante que esté en armonía con un principio en particular, es muy posible que no hayamos planteado el principio de manera correcta. Si esto sucede, necesitamos regresar y dar un vistazo más de cerca. En otras palabras, mientras más cuidadosa y exhaustivamente examinemos la Biblia, utilizando los lentes de la historia y la cultura, más podremos aclarar nuestras observaciones y conclusiones y más capaces seremos de depurar los principios que vemos emerger de nuestro estudio de la Palabra de Dios.

Sana doctrina

En este estudio hemos utilizado el término «principio supracultural» para describir una verdad bíblica que es normativa y transferible. Si estos «principios» que hemos delineado al estudiar la historia bíblica son en realidad un verdadero reflejo de lo que la Escritura enseña, estos pueden alinearse con lo que el Nuevo Testamento denomina la «sana doctrina» (ver 1 Timoteo 1:10; 2 Timoteo 1:13; 4:3; Tito 1:9).

La verdad y enseñanza bíblicas *(didajé)* es en realidad un contenido en el que podemos confiar. Es fidedigno. Por lo tanto, los principios supraculturales relacionados con cómo funcionar como líderes de una iglesia local son realmente una parte de la «palabra fiel» de Dios (Tito 1:9). Sin embargo, debemos reconocer que tal vez estos principios no estén a la misma altura que otras doctrinas bíblicas.

Por ejemplo, si no comprendemos y creemos que «por gracia [somos] salvados mediante la fe... no por obras», podremos perdernos la vida eterna (Efesios 2:8-9). Esta doctrina es fundamental y esencial para convertirnos en hijos de Dios (Juan 1:10-13). Por otra parte, si no comprendemos y aplicamos los principios bíblicos con relación al «liderazgo de la iglesia local», los miembros de la iglesia que dirigimos sencillamente no serán todo lo que Dios quiere que sean como creyentes: «a una humanidad perfecta que se conforme a la plena estatura de Cristo» (Efesios 4:13). No experimentaremos las más grandes bendiciones de Dios en nuestro ministerio. Es verdad, quizá esto afecte las recompensas eternas que Dios nos da por un liderazgo fiel, pero *no* afectará nuestra salvación eterna (ver 1 Corintios 3:10-16).

Luego de hacer esta diferencia, nunca debemos considerar el entender y aplicar los principios del liderazgo de la iglesia local como algo sin importancia o algo a lo que solo debamos prestarle mucha atención cuando sea conveniente. ¡Este proceso debe ser una prioridad!

SEGUNDA PARTE

LA HISTORIA BÍBLICA

Los capítulos siguientes cuentan la «historia bíblica» del liderazgo de la iglesia local. Comenzamos con un capítulo base que explora lo que quisieron decir los escritores del Nuevo Testamento cuando se referían a la «iglesia» (ekklesia).

Desde ese momento en adelante, analizaremos lo que podemos aprender de los «ancianos» de la iglesia de Jerusalén. Al seguir el desarrollo de esta historia con respecto a la expansión de la iglesia, viajaremos con Pablo en sus viajes misioneros y, al mismo tiempo, consultaremos las cartas que él escribió y que guardan correlación con sus esfuerzos para fundar iglesias. También analizaremos las epístolas del Nuevo Testamento que tratan el tema del liderazgo de la iglesia local.

CUATRO

LA *EKKLESIA* DE DIOS (33 d.C.)

 DE REGRESO A LA FUENTE

Antes de continuar, estudia el apéndice A en el que se presenta cada texto en el libro de Hechos y en las epístolas donde se utiliza el término griego traducido como iglesia o iglesias.

Este estudio bíblico sobre el liderazgo debe comenzar con la historia de la iglesia que surgió el día de Pentecostés. El término *ekklesia* se utiliza más de cien veces en el Nuevo Testamento. De hecho, es prácticamente imposible comprender la voluntad de Dios para nuestras vidas como creyentes sin comprender este maravilloso «misterio de Cristo» que «es revelado a sus santos apóstoles y profetas por el Espíritu» (Efesios 3:4-5).

Fuera de los Evangelios, la mayor parte del Nuevo Testamento es la historia de las «iglesias locales» y cómo quería Dios que estas funcionaran. Es verdad, Jesucristo vino a poner el fundamento y a edificar su *ekklesia* (Mateo 16:18) y cuando le dijo a Pedro «edificaré mi *iglesia*», sin dudas estaba pensando en algo más amplio que establecer una «iglesia local» en Cesarea de Filipo, donde ocurrió esta conversación (Mateo 16:13-20). Sin duda alguna, él se estaba refiriendo a esa gran empresa de los redimidos, su novia que finalmente su unirá a él en la cena de las bodas del Cordero (Apocalipsis 19:6-8).

Por otro lado, Jesús también estaba anticipando la multitud de *iglesias locales* que se establecerían en Judea y en Samaria y por todo el imperio romano y, más adelante, en todo el mundo que conocemos hoy. Esta historia comienza en el libro de Hechos y se extiende durante un período significativo en el primer siglo (aproximadamente desde el año 33 d.C. hasta el 63 d.C.). Además, durante este margen de tiempo se escribieron la mayoría de las cartas del Nuevo Testamento a estas iglesias locales, o a hombres como Timoteo y Tito quienes estaban ayudando a establecer estas iglesias.

La iglesia universal

Antes de pasar a analizar el enfoque del Nuevo Testamento en las *iglesias locales,* examinemos más detenidamente la *iglesia universal* que Jesús vino a edificar. El apóstol Pablo a menudo utilizó el término *ekklesia* en su sentido más amplio. Esto se cumple especialmente en su carta a los Efesios (ver apéndice A). Pablo, a través de esta epístola, describió a creyentes que se convierten en parte del cuerpo de Cristo en cualquier momento desde Pentecostés hasta ese momento en que la iglesia estará «cara a cara» con el Salvador (ver Efesios 1:22-23; 3:10-11, 20-21; 5:23-25, 27, 29, 32).

Sin embargo, Pablo también utilizó el término *ekklesia* en un sentido universal para referirse a todos los creyentes del primer siglo que estaban esparcidos por todo el mundo romano. Por ejemplo, cuando escribió a los gálatas y a los corintios, él confesó que como no creyente había «perseguido a la *iglesia* de Dios (Gálatas 1:13; ver también 1 Corintios 15:9; Filipenses 3:6). Es obvio que Pablo estaba pensando en los creyentes de Jerusalén, donde él comenzó su ataque a la iglesia, pero también en todos los seguidores de Cristo a través de Judea e incluso en lugares tan lejanos como Damasco en Siria. En su testimonio posterior ante el rey Agripa, él dijo que «perseguí hasta en las ciudades extranjeras» a aquellos que habían aceptado a Jesucristo como el verdadero Mesías (Hechos 26:11).

LA IGLESIA LOCAL

Aunque no hay duda alguna de que los autores bíblicos utilizaron el término *ekklesia* en un sentido universal, en la mayoría de los casos, ochenta y dos veces para ser exacto, utilizaron esta palabra para referirse a los creyentes que vivían en zonas geográficas específicas. En otras palabras, aproximadamente el ochenta por ciento de las veces en que estos autores utilizaron la palabra «iglesia» o «iglesias», se estaban refiriendo a lo que nosotros denominamos «iglesias locales» (ellos se refirieron a un *grupo de iglesias locales* treinta y cinco veces y a *iglesias locales específicas* cuarenta y ocho veces).

Sin embargo, no debemos mirar a estas «iglesias locales» con los lentes de nuestros modelos estructurales del siglo veintiuno. En la mayoría de los casos, los autores del Nuevo Testamento se estaban refiriendo a todos los creyentes profesos de una *ciudad* o *comunidad* en particular. Lucas citó «la iglesia que estaba en Jerusalén» (Hechos 8:1) y «la iglesia que estaba en Antioquia» (13:1). Al describir el primer viaje misionero de Pablo, Lucas hace alusión a «cada iglesia» en *Listra, Iconio y Antioquía* [de Pisidia] (14:21-23).

Al definir la «iglesia», tenemos la tendencia de enfocarnos en la definición literal de la palabra *ekklesia,* que en realidad significa «asamblea» o «congregación» de personas. Sin embargo, esta definición es demasiado estrecha cuando observamos la manera en que los creyentes funcionaban en el mundo del Nuevo Testamento. Los autores bíblicos utilizaban la palabra para describir a los cristianos, ya fuera que se reunieran para adorar y practicar ciertos rituales o que estuvieran esparcidos por una comunidad en particular: en sus hogares, en el trabajo, de compras, visitando familiares o recreándose en el balneario local. Además, cada familia de creyentes en una comunidad, hablando de manera ideal, era una «iglesia en miniatura» y el padre era el principal líder espiritual (1 Timoteo 3:4-5).

PERSONAS EN COMUNIDAD

Para comprender el significado bíblico de la iglesia local tenemos que pensar en términos de personas con una relación, no en estructuras ni en lugares de reunión ni en edificios. Los escritores del Nuevo Testamento utilizaban tres conceptos básicos de manera casi exclusiva para *describir la iglesia como el pueblo de Dios en comunidad*. Se les llamaban discípulos, hermanos y santos.

Discípulos

El término «discípulo» literalmente significa tanto «aprendiz» como «seguidor». Era un concepto común en el mundo del primer siglo. El Evangelio de Juan se refiere a los «discípulos» de Juan el Bautista (1:35) y a los «discípulos» de Moisés (9:28). También se identificaban a los seguidores de Jesús como sus «discípulos», muchos de los cuales con el tiempo dejaron de seguir a Jesús (6:66).

Cuando encontramos este término en el libro de Hechos, que se utiliza treinta veces, nos encontramos con «discípulos» que comprendían de manera mucho más completa que Jesucristo era el Mesías prometido y el Salvador del mundo. No eran solamente «aprendices» y «seguidores», sino creyentes que el Espíritu Santo bautizó en el cuerpo de Jesucristo. Todos eran cristianos nacidos de nuevo, aunque lógicamente en niveles diferentes de madurez cristiana.

Cuando Lucas identificaba a estos creyentes como «discípulos», lo hacía *solo* en el contexto de las iglesias locales, no de la iglesia universal. De hecho, Lucas utilizaba los términos «discípulos» e «iglesias» de manera intercambiable. Por ejemplo, cuando Pablo salió para su segundo viaje misionero, él «pasó por Siria y Cilicia, confirmando a las iglesias» (Hechos 15:41). Sin embargo, cuando salió en su tercer viaje misionero, «salió, recorriendo por orden la región de Galacia y de Frigia, confirmando a todos los discípulos» (18:23).

Hermanos

Los autores bíblicos utilizaron el término «hermanos» con más frecuencia que ninguna otra palabra para referirse a las personas que conformaban la iglesia local. Por ejemplo, Santiago utilizó esta palabra básica dieciocho veces en su epístola. Y, en general, encontramos este concepto más de doscientas veces a lo largo del libro de Hechos y de las epístolas.

Observa, sin embargo, que la palabra griega *adelphoi*, que se traduce como «hermanos» a menudo se utiliza genéricamente para referirse tanto a hermanos como a hermanas en Cristo. Esto se cumple en varios idiomas. Por ejemplo, en español el término *hermanos* puede utilizarse para referirse exclusivamente a hombres (hermanos) o puede utilizarse para referirse tanto a hombres como a mujeres (hermanos y hermanas). Lamentablemente en inglés no tenemos una palabra equivalente que describan tanto a hombres como a mujeres. En algunos casos la Biblia utiliza esta palabra en sentido masculino, pero muchas veces se utiliza para referirse tanto a hombres como a mujeres que son creyentes en Jesucristo, miembros de la familia de Dios. Y, como veremos, al parecer el término «hermanos» también se utilizaba a veces de manera más restringida para referirse a los líderes de las iglesias locales (ver Hechos 12:17; 16:2; 21:17).

Como era de esperar, *adelphoi* se utiliza mucho para describir las relaciones íntimas de la familia de Dios dentro de las *iglesias locales*, no para la iglesia universal. Esto, por supuesto, tiene sentido ya que era imposible que la gran mayoría de los cristianos del Nuevo Testamento se relacionaron con personas de otras zonas geográficas.

Santos

Hagios («santos») es otra palabra que los autores del Nuevo Testamento utilizaban a menudo para describir a los nacidos de nuevo en una iglesia local. Este término aparece casi cincuenta veces en el Nuevo Testamento, casi siempre en el contexto de las iglesias locales.

Por ejemplo, Pablo se dirigió a los creyentes corintios como *santos* (2 Corintios 1:1), a pesar de que la mayoría de estos vivían vidas que estaban muy lejos de ser santas (1 Corintios 3:1-3). No obstante, debido a su fe en Jesucristo y a su verdadera experiencia de salvación, Dios los veía por medio de la muerte y resurrección de Cristo perfectamente *hagios*, o santos.

Esta es la manera en la que Dios ve a todos los que son verdaderamente salvos en las iglesias locales. Si no fuera así, nadie podría heredar la vida eterna. Es por eso que la doctrina de la salvación por gracia mediante la fe y no por obras es tan importante. Ninguno de nosotros, mediante su propio esfuerzo, puede vivir una vida perfecta ni puede calificar para ganarse la entrada al reino eterno de Dios.

Sin embargo, aunque no podemos alcanzar en esta vida la norma de Dios en cuanto a la santidad, ni de manera individual ni como iglesia, incluso así es su voluntad que todos seamos santos como él es santo (1 Pedro 1:15-16). Como miembros participantes de las iglesias locales, debemos renovar nuestras mentes y no «[amoldarnos] al mundo actual, sino [ser] transformados» (Romanos 12:2). Dicho de otra manera, como discípulos de Cristo y como hermanos y hermanas en Cristo, debemos conformarnos más y más a la imagen de Cristo, reflejando el fruto del Santo *(hagios)* Espíritu en todas nuestras relaciones los unos con los otros (Gálatas 5:16-26).[1]

El mismo plan en la actualidad

Esto es en esencia un estudio bíblico acerca del *liderazgo en la iglesia local.* Cuando descubramos el plan de Dios para el primer siglo, descubriremos el plan de Dios para nosotros hoy. Este plan, por supuesto, comenzó cuando Jesucristo escogió y preparó a doce hombres a quienes se les llamó por primera vez «discípulos» y luego se les identificó como «apóstoles» (Mateo 10:2; Marcos 6:30; Lucas 6:13). Y justo antes de su regreso al cielo, él encargó a once de estos que «hicieran discípulos en todas las naciones» y que bautizaran y enseñaran a estos discípulos a obedecer todas las cosas que él les había enseñado (Mateo 28:19-20).

Al pasar al libro de Hechos, Lucas describe lo que sucedió cuando Jesús regresó al cielo y envió su Espíritu Santo. Nació en Jerusalén una iglesia local que con el tiempo se multiplicaría muchas veces por todo el mundo romano. Y, como en Jerusalén, un grupo de líderes piadosos dirigiría estas comunidades locales de creyentes.

NOTA

1. Para un análisis cuidadoso con relación a la manera en que los términos «discípulos», «hermanos» y «santos» se utilizaron para describir a aquellos que formaban una iglesia local, ver de Gene A. Getz, *La medida de una iglesia*, CLIE, Terrassa, España, 1984, Apéndice B, pp. 249-64 [del inglés].

CINCO

LOS ANCIANOS DE JERUSALÉN (45 d.C.)

DE REGRESO A LA FUENTE

Antes de continuar leyendo, toma un tiempo para leer los primeros once capítulos del libro de Hechos. Considera la pregunta siguiente: ¿Qué podemos leer acerca de la selección y nombramiento del liderazgo?

Pudiera sorprenderte que Lucas nunca mencionara a los líderes de las iglesias locales (ancianos) hasta aproximadamente doce años después de Pentecostés. Sin embargo, esto no significa que él no considerara esto como un tema muy importante.

El escenario es la iglesia en Antioquía de Siria. Por alguna razón no dicha, algunos de los creyentes en Jerusalén que tenían el don de profecía viajaron a esta ciudad. Uno de ellos era Agabo, quien «se puso de pie y predijo por medio del Espíritu que iba a haber una gran hambre en todo el mundo» (Hechos 11:28a). Como fue profetizado, así sucedió y cuando ocurrió, Lucas describió lo que pasó en Antioquía: «cada uno de los discípulos, según los recursos de cada cual, enviaría ayuda a los hermanos que vivían en Judea. Así lo hicieron, mandando su ofrenda a los *ancianos* por medio de Bernabé y de Saulo» (vv. 29-30).

El contexto general

El martirio de Esteban precipitó una intensa persecución contra los creyentes de Jerusalén. Lucas escribió: «*todos, excepto los apóstoles*, se dispersaron por las regiones de Judea y Samaria» (Hechos 8:1). Podría parecer que se estaba refiriendo a «todos» los creyentes de Jerusalén, pero un análisis cuidadoso del contexto indica que pudiera haberse estado refiriendo específicamente a los otros seis hombres (aparte de Esteban) que se designaron para servir a las viudas griegas (6:1-7).

El mensaje conmovedor e incisivo de Esteban ante el Sanedrín provocó una ira intensa que lo llevó a su martirio mientras Saulo consentía en su muerte (7:1–8:1). Este suceso trágico precipitó una gran persecución contra la iglesia. En medio de esta confusión, Lucas contó buenas noticias. Felipe fue a Samaria a proclamar a Cristo. Luego se encontró con el eunuco etíope, lo llevó a la fe y prosiguió su viaje por Judea hasta que llegó a Cesarea, su ciudad natal (8:40; 2 1:8).

¿Qué pasó con los otros cinco hombres dedicados y llenos del Espíritu que fueron escogidos para atender las mesas en Jerusalén? Parece que junto con Felipe «se dispersaron por las regiones de Judea y Samaria» (8:1). Sin embargo, Lucas retoma la historia más adelante afirmando que «Los que se habían dispersado a causa de la persecución que se desató por el caso de Esteban llegaron hasta Fenicia, Chipre y Antioquía» (11:19). Inicialmente predicaron el evangelio solo a los judíos, pero varios de estos hombres que habían crecido en Chipre y en Cirene rompieron filas y fueron a Antioquía y les predicaron a los griegos acerca de Cristo (11:20-21). Como resultado, nació una iglesia en esta ciudad que era en su mayoría gentil.

Recuerda también que uno de aquellos siete hombres, Nicolás, realmente era un gentil, «un prosélito de Antioquía» (6:5). Es muy probable que él convenciera a varios de estos hombres, quizá Prócoro, Nicanor, Timón y Parmenas, a venir con él a su ciudad natal para predicar el evangelio a sus conciudadanos gentiles.

La iglesia en Antioquía

A pesar de quienes eran estos hombres, nació una iglesia estratégica en esta enorme ciudad pagana que entonces tenía aproximadamente medio millón de personas. En algún momento aparecieron en escena Agabo y algunos compañeros profetas de Jerusalén y predijeron la hambruna que crearía graves necesidades en las iglesias en Judea. Como se dijo antes, los creyentes de Antioquía decidieron ayudar a sus compañeros creyentes de Judea. Luego de recoger una ofrenda especial, ellos enviaron «su ofrenda a los ancianos por medio de Bernabé y de Saulo» (Hechos 11:30).

Es notable que esta es la primera referencia de Lucas a los líderes de la iglesia local en el libro de Hechos. Se les denomina *ancianos y* ya que Agabo y sus compañeros profetas habían venido de Jerusalén, podemos asumir que se estaba refiriendo a los «ancianos» en la iglesia de Jerusalén.

Algunas preguntas significativas

Dos preguntas clave

La referencia un tanto breve pero descriptiva de Lucas a los «ancianos» plantea dos preguntas muy importantes:

1. *Ya que habían pasado aproximadamente doce años desde Pentecostés, ¿cuándo fueron nombrados estos ancianos en Jerusalén?* No hay forma de responder a esta pregunta de manera definitiva. Solo podemos especular que sucedió después de que los siete hombres fueran designados para cuidar de las viudas griegas a quienes se estaba desatendiendo en la distribución diaria de alimentos, que debe haber sido temprano en la historia de la iglesia (Hechos 6:1-2). Esta conclusión se basa en el hecho de que los apóstoles todavía estaban directamente involucrados en el ministerio de supervisión. De haber tenido ancianos funcionando en este momento, parece ser que los apóstoles los habrían involucrado en dar solución a este problema.

2. *¿Quién seleccionó y nombró a los ancianos en Jerusalén?* De nuevo, solo podemos especular al intentar responder esta pregunta. En el

contexto sí tenemos algunos posibles indicios que se encuentran en la selección de Matías y de los siete judíos griegos.

La selección de Matías

Justo antes del nacimiento de la iglesia tenemos un ejemplo en que los apóstoles seleccionaron y nombraron a un líder espiritual que reemplazara a Judas. Pedro delineó los requisitos. Tenía que ser un hombre que hubiera viajado con los apóstoles desde que Juan bautizó a Jesús y hasta que él ascendió. Esto significaba que tenía que haber sido testigo de la muerte y resurrección de Cristo (Hechos 1:21-22).

José Barsabás y Matías reunían los requisitos, pero no se nos dice cómo los apóstoles redujeron su elección a estos dos hombres. Para determinar la voluntad de Dios en cuanto a cuál de ellos debía unirse al equipo apostólico, oraron específicamente y «echaron suertes», lo que significaba que probablemente hubieran escrito los nombres de estos hombres en dos piedras, las colocaron en un jarrón y la piedra que saliera primero indicaba quién debía ser el sucesor de Judas. Matías fue escogido y se unió a los otros apóstoles.

Este método implicaba elementos tanto humanos como divinos. Por el lado humano, al parecer los propios apóstoles escogieron dos hombres como candidatos basándose en los requisitos predeterminados de un apóstol: testigos oculares del ministerio, la muerte y la resurrección de Cristo. Por el lado divino, específicamente le pidieron a Dios su dirección al escoger a uno de los dos.

Aunque hay ciertos elementos en este método que sin dudas son importantes, como establecer ciertos requisitos espirituales y luego pedir la dirección de Dios, ciertamente la Biblia no presenta este «método» como un modelo para seleccionar y nombrar líderes espirituales. Hasta donde sabemos, nunca más se utilizó.[1]

Los siete judíos griegos

La designación de siete hombres para que atendieran a las viudas griegas-judías nos da otra ilustración que implica la selección del liderazgo.

El proceso se basó fundamentalmente en el consenso humano. Ellos les dieron instrucciones a los griegos que presentaron la queja para escoger a «siete hombres» que también fueran creyentes judíos de habla griega que tuvieran ciertos requisitos. Debían ser hombres que fueran «llenos del Espíritu y de sabiduría» (Hechos 6:3). Complacidos con la sugerencia, los representantes griegos hicieron la selección y los trajeron «a los apóstoles, quienes oraron y les impusieron las manos» (6:6), confirmando que los griegos habían hecho una selección adecuada. Luego oraron por ellos mientras enfrentaban esta tarea un tanto tediosa.

Es posible que los apóstoles hayan utilizado un método similar para seleccionar a los «ancianos» en Jerusalén, solo que esta vez escogieron creyentes judíos que reunieran los requisitos y que fueran «judíos hebreos», aquellos hombres que vivían en Jerusalén o en sus inmediaciones.

Una tercera pregunta importante

He aquí una tercera pregunta importante con relación a estos primeros ancianos: *¿Qué requisitos habrán buscado los apóstoles para seleccionar y nombrar a los ancianos?*

Pasarían al menos otros treinta años antes de que Pablo presentara por escrito los requisitos para los ancianos/obispos. Por lo tanto, no tenemos seguridad con relación a ningún perfil de madurez en particular. Sin embargo, no debemos olvidar lo que los apóstoles aprendieron sobre la madurez espiritual justo antes de la muerte y resurrección de Cristo, lo cual sin dudas debe haberles ayudado a formular un criterio para escoger hombres que «administrarían» y «pastorearían» una iglesia local.

LOS ÚLTIMOS DÍAS CON CRISTO

Jesús pasó los últimos años preparando a estos doce hombres para el nacimiento de la iglesia. Sin embargo, precisamente unos pocos días antes de la crucifixión todavía seguían lamentable inmaduros. Incluso, mientras Jesús pasaba la copa durante la cena de la pascua y anunciaba la traición de Judas «Tuvieron además un altercado sobre cuál de ellos sería el más importante» (Lucas 22:24).

Fue durante esta experiencia final en la que estaban juntos que Jesús les enseñó la lección más grande sobre el desarrollo del carácter. Él ocupó el lugar de un siervo y les lavó los pies. Aunque en ese momento no lo sabían, Jesús sencillamente estaba ilustrando toda la medida de su amor (Juan 13:1): su muerte en la cruz (Filipenses 2:5-8). Además, ellos no tenían idea de que lo abandonarían en su «hora de la muerte». Incluso Pedro, quien dijo que daría su propia vida por Jesús, negó que lo hubiera conocido jamás.

La llegada del Espíritu Santo

Pero todo esto estuvo destinado a cambiar cuando el Espíritu Santo descendió sobre estos hombres el día de Pentecostés. Este dramático suceso marcó su transformación final. ¡Desaparecieron sus celos orgullosos y su deseo de poder y prestigio! Y Jacobo, el mismo hombre que planeó con su hermano y con su madre sentarse a la diestra de Jesús en el reino, demostró el máximo acto de amor cuando literalmente derramó su sangre en su martirio. Su hermano, Juan, al comienzo descrito por Jesús como «uno de los hijos del trueno» llegó a conocerse como el «apóstol del amor» y años después plasmó por escrito lo que Jesús quiso decir realmente cuando les dijo que «amaran unos a otros» como él los había amado. Sin dudas, profundamente conmovido ante la muerte de su hermano en manos de Herodes (12:1-2), él escribió estas palabras especiales: «En esto conocemos lo que es el amor: en que Jesucristo entregó su vida por nosotros. Así también nosotros debemos entregar la vida por nuestros hermanos» (1 Juan 3:16).

El gran mandamiento

Aunque los apóstoles continuaron madurando en Cristo, después del nacimiento de la iglesia, definitivamente fueron hombres diferentes después de que el Espíritu Santo descendió. Se convirtieron en siervos de Dios y en siervos los unos de los otros. Motivados por el Gran Mandamiento (Mateo 22:37-39, de amar a Dios y los unos a los otros), comenzaron a cumplir con la Gran Comisión (28:18-20). En esencia, aprendieron la lección más importante sobre el desarrollo del carácter. Aunque el apóstol Pablo no explicó las manifestaciones específicas de esta cualidad fundamental hasta que hizo un bosquejo de los requisitos para los líderes espirituales en las epístolas pastorales, el amor a Dios y hacia los demás constituyó el fundamento de lo que significa seguir el ejemplo de Cristo en el servicio.

Podemos, sin dudar, asumir que el Gran Mandamiento constituyó la base para los nombramientos del liderazgo en los primeros días de la iglesia. Aunque no se nos dice cómo los ancianos/obispos fueron seleccionados en la iglesia de Jerusalén, podemos estar seguros de que los apóstoles estuvieron directamente involucrados y que buscaron hombres que compartieran su compromiso con este «nuevo mandamiento». Aunque el Espíritu Santo pudiera haber revelado de manera sobrenatural quiénes debían ser estos hombres, es muy probable que los apóstoles sencillamente buscaran hombres que fueran judíos temerosos de Dios que rápidamente comenzaron a reflejar el fruto del Espíritu Santo en sus vidas una vez que se convirtieron en creyentes. Después de todo, de los miles que respondieron al evangelio, es probable que hubiera muchos como Bernabé, Esteban y Felipe quienes pronto fueron aptos para supervisar la iglesia como líderes siervos.

Una historia dinámica

Al continuar develando esta historia del liderazgo bíblico, obtendremos más comprensión de cómo funcionaba el liderazgo de la iglesia local en las iglesias Neotestamentarias. Esto nos permitirá ver de una manera bastante clara cómo deben funcionar los líderes en el siglo veintiuno, en el Medio Oriente donde todo comenzó, en las Américas, en Europa, en África, en Asia y en todos los lugares del mundo. Aunque al llegar al final de la historia todavía tendremos preguntas sin respuestas, especialmente en los detalles metodológicos, descubriremos principios que nos guiarán en todas las situaciones culturales. De hecho, descubriremos que estas omisiones tienen un diseño divino. Así que, quédate con nosotros mientras proseguimos develando esta dinámica historia bíblica.

NOTA

1. Hay algunos que creen que los apóstoles cometieron un error cuando escogieron a Matías. Señalan al hecho de que el apóstol Pablo fue la elección de Dios para apóstol y que fue él quien debió haber reemplazado a Judas, a pesar de que esto sucedió más adelante en la historia de la iglesia primitiva. Aunque los apóstoles ciertamente no están exentos del error humano, es difícil demostrar que cometieron un error en este caso. Es verdad que el mismo Jesucristo llamó a Pablo a ser un apóstol cuando iba en camino a Damasco. Sin embargo, parece ser pura especulación decir que los apóstoles no estaban cumpliendo con la voluntad de Dios cuando escogieron a Matías. Ver de Stanley D. Toussaint, *The Bible Knowledge Commentary: An Exposition of the Scriptures* [Comentario del conocimiento bíblico: una exposición de las Escrituras], eds. Juan F. Walvoord y Roy B. Zuck, edición del Nuevo Testamento, Victor, Wheaton, IL, 1985, p. 357.

UN MINISTERIO DE ORACIÓN Y SANIDAD (45-47 d.C.)

DE REGRESO A LA FUENTE

Antes de leer este capítulo toma un tiempo para leer la epístola de Santiago. Considera la pregunta siguiente: ¿Qué pudiera haber producido enfermedades físicas, psicológicas y espirituales en estos creyentes?

Santiago, el medio hermano de Jesús, era el líder principal de los ancianos en Jerusalén.[1] Esto se hará cada vez más claro según continuemos develando esta historia bíblica. No se nos dice cuándo comenzó a ocupar esta posición, pero sí sabemos que el rey Herodes asesinó al «otro» Jacobo, apóstol y hermano de Juan, aproximadamente en la misma época en que la iglesia de Antioquía envió su regalo de dinero a Jerusalén (Hechos 12:1). Pedro también fue arrestado e iba rumbo al mismo destino cuando milagrosamente salió liberado de la prisión.

Santiago no solo servía como el líder principal de la iglesia en Jerusalén, sino que escribió una carta significativa «a las doce tribus que se hallan dispersas por el mundo» (Santiago 1:1b), que sin dudas se refiere a sus compañeros judíos temerosos de Dios que habían venido a Jerusalén de todas partes del mundo neotestamentario para celebrar la fiesta de Pentecostés (Hechos 2:5-11). Muchos de estos creyentes ciertamente estaban entre los primeros tres mil que recibieron a Jesucristo como el Mesías y Salvador después del mensaje de Pedro (2:41). Pero, en algún momento, regresaron a sus hogares, expusieron este mensaje mesiánico ante todo con sus vecinos y amigos judíos.

Santiago, inspirado por el Espíritu Santo, se dirigió en su carta a estos judíos creyentes. Basado en el contenido, él debe haber escrito esta epístola aproximadamente en la misma época en que la hambruna se esparció por todo el mundo romano (45-47 d.C.). Esto daría un significado peculiar a sus preocupaciones cuando escribió:

> Hermanos míos, ¿de qué le sirve a uno alegar que tiene fe, si no tiene obras? ¿Acaso podrá salvarlo esa fe? Supongamos que un hermano o una hermana no tienen con qué vestirse y carecen del alimento diario, y uno de ustedes les dice: «Que les vaya bien; abríguense y coman hasta saciarse», pero no les da lo necesario para el cuerpo. ¿De qué servirá eso? Así también la fe por sí sola, si no tiene obras, está muerta. (Santiago 2:14-17)

Aunque Santiago estaba muy preocupado por la satisfacción de las necesidades físicas, cuando terminó su carta, mencionó otra preocupación significativa que nos da la próxima referencia específica a los líderes de la iglesia local. Una vez más se les llama «ancianos».

Una responsabilidad fundamental

Santiago nos presenta la primera responsabilidad importante de los ancianos que se describe en la Escritura: un ministerio de oración y sanidad:

> ¿Está afligido alguno entre ustedes? Que ore. ¿Está alguno de buen ánimo? Que cante alabanzas. ¿Está enfermo alguno de ustedes? Haga llamar a los *ancianos de la iglesia* para que oren por él y lo unjan con

aceite en el nombre del Señor. La oración de fe sanará al enfermo y el Señor lo levantará. Y si ha pecado, su pecado se le perdonará. Por eso, confiésense unos a otros sus pecados, y oren unos por otros, para que sean sanados. La oración del justo es poderosa y eficaz. (Santiago 5:13-16)

Cuando Santiago escribió esta carta a los creyentes que estaban esparcidos por todo el mundo gentil, había iglesias judías en aquellas zonas dirigidas por «ancianos». Sin embargo, nunca se nos dice cómo o cuándo se nombraron estos líderes.

Más preguntas significativas

La pauta de Santiago para los creyentes a que «[llamen] a los ancianos de la iglesia» presenta algunas preguntas muy específicas que hemos intentado responder de forma más categórica en el apéndice B. Sin embargo, a continuación aparecen algunas respuestas breves:

1. *¿A qué tipo de enfermedades se estaba refiriendo Santiago?* Santiago no limitó las peticiones de oración a ciertos tipos de enfermedades. Ya fuera que la enfermedad estuviera arraigada en lo físico, lo psicológico o lo espiritual, los creyentes tenían la libertad de pedir oración a los ancianos de la iglesia.

2. *¿Cómo se relacionaba la enfermedad a la que Santiago hace referencia con lo que los creyentes judíos estaban experimentando en términos de persecución?* Está claro, según el contexto, que Santiago estaba refiriéndose a asuntos a los que hizo referencia en toda su carta: «diversas pruebas» (1:2, 12), así como al «sufrimiento» que a menudo acompaña a la prueba (5:10). En este aspecto, estos creyentes estaban enfrentando los resultados físicos, psicológicos y espirituales del estrés: fatiga, desánimo y duda.

3. *¿Cómo se relacionan estas enfermedades a las que Santiago hace referencia con actitudes y acciones pecaminosas?* Santiago también trató el asunto a lo largo de su carta: uso inadecuado de la lengua (1:26; 3:1-12), mostrar favoritismo y crear sentimientos de rechazo (2:1-12), luchas, conflictos y calumnias (4:1-2, 11). Es por eso que

Santiago exhortó a estos creyentes a que «confesaran» sus «pecados unos a otros» y que «oraran unos por otros» para que «fueran sanados» (5:16).

4. *¿Garantiza Santiago la cura de todas las enfermedades si los ancianos oran con fe por las personas?* En ninguna parte de la Escritura se nos garantiza que siempre seremos sanados de toda enfermedad. Si esto fuera cierto, podríamos detener el proceso de envejecimiento. Incluso, el apóstol Pablo no fue sanado de su «aguijón» en la carne. Aunque nunca se nos dice qué era este «aguijón», estaba causando alguna enfermedad difícil de algún tipo. Pablo le suplicó a Dios que le quitara este «aguijón», pero Dios no quitó la dolencia. Sin embargo, proveyó la gracia para soportar el dolor, emocional y físicamente (2 Corintios 12:8-10).

5. *¿Cómo se compara el ministerio de sanidad de los ancianos en las iglesias locales con el ministerio de sanidad de Jesús y de los apóstoles, incluyendo a Pablo?* Para una respuesta detallada a esta pregunta, por favor ve a la presentación exhaustiva en el apéndice B. Sin embargo, una cosa está clara en esta carta: el enfoque de Santiago estaba en el bienestar de todos los creyentes. La oración por sanidad no era para confirmar el llamado y la posición de los ancianos ni para verificar el evangelio sino para ministrar a cada miembro del cuerpo de Cristo que desea oración por sanidad.

6. *¿Y qué de la «unción con aceite»?* ¿Qué relación tiene esto con este proceso de oración? Creemos que realmente el aceite se usaba en la época del Nuevo Testamento como un bálsamo sanador. Sin embargo, creemos que esta práctica es muy adecuada en la actualidad como un símbolo de nuestra preocupación y del toque sanador de Dios.

Una palabra final

En conclusión, está claro a partir incluso de una lectura sencilla de la carta de Santiago que cuando a los creyentes no les va bien física, emocional y espiritualmente, deben sentirse libres para pedirles a los líderes espirituales de sus iglesias que oren por ellos. De más está decir, por supuesto, que estos líderes deben comunicar esa oportunidad y luego estar disponibles para satisfacer dichas peticiones. No es casualidad que las instrucciones de Santiago aparezcan tan temprano en la historia bíblica del liderazgo de la iglesia local. Orar por los enfermos sería una función prioritaria.

NOTA

1. Durante la misma época en que mis compañeros ancianos y yo estábamos involucrados en este estudio, apareció un reportaje controversial en *Biblical Archeology Review* [Revista de arqueología bíblica]. Según Andre Lemaire: «Una caja de piedra caliza para huesos (llamada "osario") ha aparecido en Israel y podría haber contenido alguna vez los huesos de Santiago, el hermano de Jesús. Lo sabemos por las extraordinarias inscripciones que están grabadas en un lado del osario y que dice en claras letras arameas: "Santiago, hijo de José, hermano de Jesús». Lemaire, quien es un reconocido y competente epigrafista (un especialista en inscripciones antiguas), afirma además que en su opinión este descubrimiento «es genuinamente antiguo y no es una falsificación». Ver Andre Lemaire, «Burial Box of James, The Brother of Jesus» [Caja de entierro de Santiago, el hermano de Jesús], *Biblical Archeology Review*, p. 28, Noviembre/Diciembre, 2002, pp. 25-33.

SIETE

LA PRIMERA MISIÓN DE FUNDAR IGLESIAS (47 d.C.)

DE REGRESO A LA FUENTE

Antes de continuar, lee la narración de Lucas en Hechos 13:1–14:28. Observa especialmente el nombramiento de los ancianos. Ya que estas iglesias probablemente no tenían más de uno o dos años, ¿dónde Pablo y Bernabé descubrieron hombres que fueran lo suficientemente maduros como para ser líderes espirituales?

La próxima referencia de Lucas a los «ancianos» nos permite presenciar por primera vez la designación propiamente dicha de los ancianos. Sucedió en el primer viaje misionero al mundo gentil. Después de iniciar iglesias en cuatro ciudades significativas en el sur de Galacia, Pablo y Bernabé «regresaron a Listra, a Iconio y a Antioquía [de Pisidia]» (Hechos 14:21) para establecer a estos nuevos creyentes en su fe. Lucas deja constancia de que Pablo y Bernabé «En cada iglesia nombraron ancianos y, con oración y ayuno, los encomendaron al Señor, en quien habían creído» (14:23).

Nuevamente quedamos con algunas preguntas sin respuesta,

pero antes de explorar estas preguntas y sus posibles respuestas, establezcamos una vez más el marco.

El marco más amplio

A medida que en el libro de Hechos se desarrolla la historia bíblica sobre el liderazgo, Lucas abre una ventana a un escenario notable. Después que Bernabé y Pablo terminaron su misión benevolente en Jerusalén, regresaron a Antioquía y estaban adorando al Señor y adorando con otros tres hombres que eran «profetas y maestros» (Hechos 13:1). Definitivamente esta no era una reunión estratégica en la que estos cinco hombres daban ideas y debatían cómo alcanzar al mundo gentil. En este punto de la historia ellos, repentina e inesperadamente, recibieron un mensaje muy directo de Dios: «el Espíritu Santo dijo: "Apártenme ahora a Bernabé y a Saulo para el trabajo al que los he llamado"» (13:2).

Ya que parece que los cinco hombres eran «profetas y maestros», deben haber recibido esta revelación de forma simultánea. Si fue así, esto añadió una confirmación incuestionable a que este mensaje realmente provenía de Dios.

Este fue un momento único en la historia bíblica. Esta instrucción divina dio inicio a un alcance a los gentiles que había estado en la mente de Dios desde que le habló directamente a Abraham en Ur y le prometió que a través de él «serán bendecidas todas las familias de la tierra» (Génesis 12:3). Esta promesa profética hecha a Abraham milenios antes, ahora se realizaría cuando estos cinco hombres recibieron un mensaje muy específico del Señor, encargándoles a Bernabé y a Saulo que llevaran el mensaje de salvación por medio de Jesucristo tanto a judíos como a gentiles. Dios, siglos antes, habló a un solitario pagano idólatra, asegurándole que él sería el canal para presentar el Salvador al mundo entero. Ahora el Señor les habló a cinco hombres dedicados y dotados espiritualmente en la iglesia de Antioquía que serían partícipe de hacer esta promesa realidad.

Al parecer, en este momento, todavía no había ancianos en Antioquía. Más bien estos cinco «profetas y maestros» ayudaban a dar dirección general a esta iglesia. Al responder a este mensaje preciso del Espíritu

Santo, Simeón, Lucio y Manaén se hicieron responsables. Impusieron las manos a Bernabé y a Pablo y «los despidieron». Con Bernabé a cargo, estos dos hombres escogieron a Juan Marcos como ayudante y a partir de este punto en adelante, siguieron la dirección del Espíritu Santo mientras «bajaron a Seleucia, y de allí navegaron a Chipre» (Hechos 13:4).

UN CAMBIO EN EL LIDERAZGO: EL PRIMER VIAJE MISIONERO DE PABLO

Cuando este equipo misionero llegó a la isla de Chipre, hubo un cambio notable en el liderazgo. Después que Pablo encontró a un falso profeta y lo dejó ciego temporalmente, Bernabé, quien sin dudas era el líder cuando salieron de Antioquía, reconoció el llamamiento apostólico único de Pablo y voluntariamente se convirtió en el segundo al mando. Con pocas excepciones, Lucas invirtió sus nombres a partir de este momento. A medida que estos hombres se trasladaban, Lucas señala: «Pablo y sus compañeros se hicieron a la mar desde Pafos, y llegaron a Perge de Panfilia» (13:13).

Antioquía de Pisidia

Llegaron a este fértil valle costero donde abundaban las historias relacionadas con los bandidos que deambulaban por los Montes Tauros. Juan Marcos pronto se acobardó y regresó a Jerusalén mientras que Pablo y Bernabé prosiguieron por un camino muy tortuoso en las montañas. Ciento sesenta kilómetros después, llegaron a otra ciudad llamada Antioquía en la provincia de Pisidia (ver mapa I). Esta, que abarcaba unos 600 mil metros cuadrados, dominaba la región. Allí Pablo y Bernabé descubrieron un fuerte contingente de judíos y «prosélitos fieles» (Hechos 13:43).

El sábado entraron los dos a la sinagoga y cuando Pablo fue invitado a hablar, presentó el evangelio de Jesucristo desde el Antiguo Testamento. Como resultado de este ministerio, varios judíos y gentiles aceptaron su mensaje. En un sábado hubo tal interés que «casi toda la ciudad se congregó para oír la palabra del Señor» (13:44). A pesar de la persecución de los judíos no creyentes, muchos creyeron y vinieron a la fe en Cristo (13:48).

El primer viaje misionero

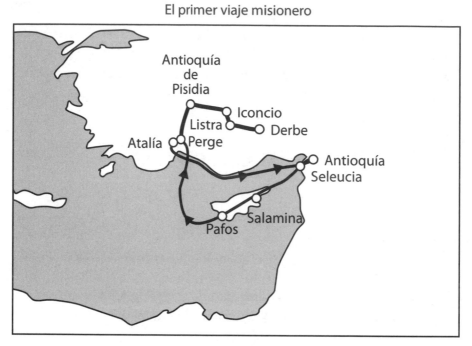

Iconio

La misma dinámica se produjo en Iconio. Pablo y Bernabé entraron a la sinagoga judía y «hablaron de tal manera que creyó una multitud de judíos y de griegos» (14:1). Nuevamente enfrentaron la persecución. En esta ocasión, tanto los judíos no creyentes como los gentiles, se les enfrentaron y tuvieron que salir huyendo de la región de Licaonia.

Listra

En un inicio, estos valientes misioneros fueron bien recibidos en Listra, pero por motivos equivocados. El Espíritu Santo le permitió a Pablo sanar de manera milagrosa a un hombre lisiado que nació cojo. Asombrados y alborozados, esta gente llegó a la conclusión de que Pablo y Bernabé eran dioses griegos que habían venido a la tierra y querían adorarlos. Pero su popularidad terminó cuando los airados judíos de Antioquía e Iconio pusieron a las multitudes en su contra. No cabe duda de que ya que Pablo había realizado la sanidad, de hecho, la misma gente que quería adorarlo lo apedreó y lo arrastró fuera de la ciudad.

Aunque Pablo fue dado por muerto, milagrosamente Dios lo levantó y él y Bernabé se fueron al este, hacia Derbe. Allí también hicieron muchos discípulos (14:21).

NOMBRAMIENTO DE LOS ANCIANOS

Después de fundar una iglesia en Derbe, Pablo y Bernabé desanduvieron sus pasos y «regresaron a Listra, a Iconio y a Antioquía», llamadas por los historiadores el Triángulo Pisidiano. Lucas dejó claro el propósito de ellos: *fortalecer* a estos discípulos y *animarlos* a «perseverar en la fe» (14:22). Pero antes de irse de cada ciudad, «en cada iglesia nombraron ancianos» (14:23).[1]

Este fue un momento solemne, como lo fue en Antioquía de Siria cuando el Espíritu Santo llamó a Pablo y a Bernabé a realizar este viaje. Ellos designaron a estas personas para que ocuparan puestos de liderazgo en su iglesia local y «los encomendaron al Señor» con «oración y ayuno», advirtiendo a todos estos creyentes que seguirían enfrentando persecución y dificultades en su andar espiritual.

Entonces, Pablo y Bernabé regresaron a la costa y finalmente regresaron a su lugar de residencia en Siria. Habían estado fuera aproximadamente tres años. Cuando regresaron, reunieron a la iglesia y le dieron un informe de lo que Dios había hecho, especialmente entre los gentiles. Este, por supuesto, fue un informe muy alentador ya que la mayoría de los cristianos en Antioquía también eran gentiles convertidos.

MÁS PREGUNTAS SIGNIFICATIVAS

Al reflexionar en la «designación de los ancianos» en estas iglesias, una vez más enfrentamos algunas preguntas muy intrigantes:

1. *¿Cómo fueron capaces Pablo y Bernabé de descubrir líderes que fueran aptos después de un tiempo tan breve —quizá un año más o menos— después de que se fundaran las iglesias?* Ya que había varios judíos comprometidos y gentiles devotos en esas ciudades,

estos hombres que respondieron al evangelio habrían crecido rápidamente en su fe. Y cuando Pablo y Bernabé regresaron a estas iglesias, podemos estar seguros de que buscaron a estos hombres.

2. *¿Utilizaron Pablo y Bernabé sus dones proféticos para tomar esta determinación?* Basado en la información limitada que Lucas registró sobre el ministerio de ellos en estas tres ciudades, no podemos responder a esta pregunta con certeza. Ya que el Espíritu Santo habló directamente mediante cinco «profetas y maestros» en Antioquía para comisionar a Pablo y a Bernabé, es posible que él también hubiera hablado por medio de estos hombres para determinar quiénes entre los convertidos a Cristo estaban listos para ser líderes espirituales. Sin embargo, también es posible que Pablo y Bernabé sencillamente emitieran juicios basados en la reputación que estos hombres ya habían desarrollado en sus respectivas comunidades.

3. *¿Tenían los discípulos de cada iglesia «voz y voto» para recomendar a estos líderes?* Como veremos en un capítulo futuro, cuando Pablo regresó a Listra en el segundo viaje misionero, escogió a Timoteo para que lo acompañara en su equipo misionero. El factor clave al hacer esta elección fue que «los hermanos en Listra y en Iconio hablaban bien de Timoteo» (Hechos 16:2). No sería sorprendente que este también fuera un factor importante en la selección y nombramiento de los ancianos en estas ciudades. Como veremos en el desarrollo de esta historia bíblica, una «buena reputación» entre los creyentes se convierte en algo más y más importante al seleccionar a los líderes espirituales.

NOTA

1. Observa que cuando Pablo y Bernabé nombraron ancianos en Listra, Iconio y Antioquía, estas «comunidades de fe» se llamaban «iglesias» antes de que tuvieran ancianos. Esto también se cumplió en Antioquía de Siria y probablemente en muchas otras iglesias en todo el mundo del Nuevo Testamento. En otras palabras, no es necesario tener ancianos oficiales para «ser una iglesia». Dondequiera que haya una comunidad de creyentes, ahí tienes una *ekklesia*.

OCHO

LA CONTROVERSIA DE LA LEY Y LA GRACIA (49 d.C.)

DE REGRESO A LA FUENTE

Antes de continuar, lee Hechos 15:1-35. Observa detenidamente el proceso tanto humano como divino implicado cuando los «apóstoles y ancianos» de Jerusalén resolvieron esta controversia de la ley y la gracia.

Después que Pablo y Bernabé regresaron de su primera misión en el mundo gentil, enfrentaron un grave problema teológico en la iglesia de su lugar de residencia. Algunos hombres de Judea vinieron a Antioquía y estaban enseñando a los creyentes gentiles que no podían ser salvos a menos que se circuncidaran. Imagina la confusión, la inseguridad y el resentimiento que esto creó. Tanto Pablo como Bernabé asumieron este desafío en debates públicos, pero sin resultado alguno. Por lo tanto, «se decidió que Pablo y Bernabé, y algunos otros creyentes, subieran a Jerusalén para tratar este asunto con los apóstoles y los ancianos» (Hechos 15:2).

Esto no era cuestión de un debate público con aquellos judíos que rechazaban a Jesucristo como el Mesías y Salvador. Más bien era un desacuerdo entre los creyentes con respecto a qué era necesario para que los gentiles fueran salvos. Por consiguiente, cuando la reunión tiene lugar en Jerusalén, leemos que «algunos creyentes que pertenecían a la secta de los fariseos y afirmaron: "Es necesario circuncidar a los gentiles y exigirles que obedezcan la ley de Moisés"» (15:5).

Este no era un asunto que pudiera resolver cualquier grupo de líderes de una iglesia local, ni siquiera Pablo o Bernabé quienes tenían órdenes directas y específicas del Espíritu Santo de llevar el evangelio al mundo gentil (13:1-3). Esta fue la primera vez, hasta donde sabemos, desde el comienzo de la iglesia unos quince años antes, que los «apóstoles y ancianos» en el lugar de origen del cristianismo tuvieron que trabajar juntos para responder a la pregunta teológica más importante de toda la historia cristiana.

Un proceso dinámico

Es interesante analizar qué sucedió cuando estos hombres abordaron este asunto, especialmente en vista de algunas de las revelaciones especiales que hemos encontrado hasta ahora en esta historia del liderazgo. Incluso Pablo y Bernabé, quienes eran «profetas y maestros», no pudieron aclarar este asunto teológico basados en una revelación inmediata y directa de Dios. Más bien, luego de tener un prolongado «debate», Pedro, en representación de los apóstoles, refirió una *experiencia profética* anterior que tuvo en el techo de una casa en Jope y, posteriormente, cómo Cornelio (un gentil) se salvó por la gracia del Señor Jesucristo y nada más (10:1–11:18; 15:7-11). Pablo y Bernabé entonces confirmaron la experiencia de Pedro al informar lo que experimentaron en su primer viaje misionero, cómo Dios había hecho «señales y prodigios» y cómo muchos de los gentiles se salvaron por gracia mediante la fe (15:12).

Jacobo, el medio hermano de Jesús y anciano líder en Jerusalén, fue el próximo en hablar y confirmó el testimonio de Pedro con relación a los gentiles citando al profeta Amós. Incluso entonces Jacobo no afirmó tener una revelación directa en ese momento, sino que sencillamente presentó su opinión, su «juicio», con respecto a cómo resolver el problema (15:13-21).

Sin embargo, una vez que estos hombres se involucraron en este prolongado proceso que implicaba debate, informes y discusión, parece que el Espíritu Santo confirmó directamente sus conclusiones mediante Judas y Silas, dos hombres «que tenían buena reputación entre los hermanos» (v. 22) y a quienes Lucas identificó como profetas (v. 32). Estos hombres también fueron escogidos por los apóstoles y ancianos y por «toda la iglesia» para ayudar a Pablo y a Bernabé a entregar la carta. Observa particularmente las secciones destacadas abajo en su pequeña carta:

> Los *apóstoles* y los *ancianos*, sus *hermanos*, A los gentiles en Antioquía, Siria y Cilicia: Saludos. Nos hemos enterado de que algunos de los nuestros, sin nuestra autorización, los han inquietado a ustedes, alarmándoles con lo que les han dicho. Así que de común acuerdo hemos decidido escoger a algunos hombres y enviarlos a ustedes con nuestros queridos hermanos Pablo y Bernabé, quienes han arriesgado su vida por el nombre de nuestro Señor Jesucristo. *Por tanto, les enviamos a Judas y a Silas para que les confirmen personalmente lo que les escribimos. Nos pareció bien al Espíritu Santo y a nosotros no imponerles a ustedes ninguna carga aparte de los siguientes requisitos*: abstenerse de lo sacrificado a los ídolos, de sangre, de la carne de animales estrangulados y de la inmoralidad sexual. Bien harán ustedes si evitan estas cosas (15:23-29).

Cuando los miembros de este equipo misionero llegaron a Antioquía, presentaron esta carta a toda la iglesia. Y una vez más el Espíritu Santo habló directamente y permitió a Judas y a Silas entregar algunos mensajes proféticos y alentadores, confirmando el contenido de la carta.

Más preguntas significativas

El proceso y la decisión que se tomó en el concilio de Jerusalén presenta más preguntas sobre el liderazgo de la iglesia. Por ejemplo...

1. Ya que Pablo y Bernabé eran ambos «profetas y maestros», ¿por qué el Espíritu Santo no habló directamente a través de ellos en Antioquía para acallar a estos falsos maestros?

2. En vista de la estatura espiritual de Pedro y Jacobo, su llamamiento como líderes y sus dones espirituales, ¿por qué no recibieron revelación directa del Espíritu Santo en ese momento para que pudieran pasarla a los demás «apóstoles y ancianos» mientras estaban reunidos?

3. ¿Quiénes realmente estuvieron implicados cuando «los apóstoles y los ancianos, de común acuerdo con toda la iglesia, decidieron escoger a algunos de ellos y enviarlos a Antioquía con Pablo y Bernabé» (Hechos 15:22)?

Al contemplar las respuestas a estas preguntas debemos comprender que algo único estaba sucediendo. Se estaba produciendo una transición gradual mientras Dios daba más y más responsabilidad a los líderes cristianos para que tomaran las decisiones basados en previas revelaciones y experiencias. Dios no siempre intervenía para decirles a los creyentes qué hacer y decir, ni incluso durante los primeros años de la iglesia antes de que se escribieran las Escrituras como las tenemos hoy.

Algo más es evidente. En los primeros años de la iglesia, *el Espíritu Santo decidía cuándo hablar directamente* a través de hombres y mujeres y cuándo ser un *animador* «silente» para que los creyentes pudieran tomar las decisiones basados en lo que él ya había revelado.

TENER UN DIÁLOGO EN COMUNIDAD

Con el acceso de tanta información con relación a la obra divina de Dios en la historia, no debía sorprendernos que Dios nos haya dado a todos una responsabilidad tan grande. Es por eso que creemos que este estudio sobre el liderazgo de la iglesia local es tan importante y estratégico. Dios quiere que comprendamos claramente su voluntad, pero él no ha prometido hacer el proceso sencillo o fácil. Al igual que los «apóstoles y ancianos» de Jerusalén, nosotros también necesitamos dialogar «en comunidad», pedirle a Dios la sabiduría y la dirección del Espíritu Santo para que podamos comprender la revelación maravillosa de Dios en las Escrituras y aprender cómo aplicar hoy en nuestras iglesias lo que hemos aprendido de la Biblia.

Es por eso que este estudio ha sido tan emocionante para mí personalmente, y también para mis compañeros ancianos. Ha involucrado a un grupo de doce hombres que han estudiado juntos la Palabra de Dios y que con un mismo sentir le han pedido a Dios sabiduría por medio del Espíritu Santo para que podamos comprender con exactitud la historia bíblica y la voluntad de Dios para nosotros como grupo de ancianos que están comprometidos a ser pastores fieles del rebaño de Dios en nuestra iglesia local.

JUICIOS BASADOS EN EL CARÁCTER (49-50 d.C.)

 DE REGRESO A LA FUENTE

Antes de proceder, lee Hechos 15:36–16:5. ¿Cuáles son los elementos humanos en estas dos historias de jóvenes protegidos, Juan Marcos y Timoteo?

Con relación a los próximos dos eventos de esta historia en desarrollo, Lucas confirmó la transición que diseñó Dios y que estaba ocurriendo en términos de dar a los creyentes más responsabilidad para tomar decisiones sabias. El enfoque estaba en escoger a dos posibles líderes jóvenes, Juan Marcos y Timoteo, para ayudar a fundar y desarrollar iglesias locales.

Imagina el alivio que Pablo y Bernabé deben haber sentido una vez que los «apóstoles y ancianos» en Jerusalén resolvieron esta controversia de la ley y la gracia, por lo menos en un pergamino. Tenían en sus manos un documento escrito, firmado y sellado por los «apóstoles y ancianos» en Jerusalén. Pablo, en particular, debe haberse sentido apoyado.

Pero en este momento Pablo y Bernabé se enfrentaban a un nuevo desafío: comunicar el contenido de esta poderosa carta, no solo a la iglesia en Antioquia sino a otros creyentes gentiles en Siria y Cilicia (Hechos 15:23). Aunque Lucas no registró cómo se iniciaron las demás iglesias en esta zona, definitivamente existían y necesitaban este mensaje alentador de aclaración.

Las preocupaciones más amplias de Pablo

Las preocupaciones de Pablo pronto se extendieron a las fronteras de Siria y Cilicia. Un día él compartió su carga con Bernabé: «Volvamos a visitar a los creyentes en todas las ciudades en donde hemos anunciado la palabra del Señor, y veamos cómo están» (15:36). Aquí, por supuesto, Pablo se estaba refiriendo fundamentalmente a las iglesias en la región de Galacia, en Derbe, Listra, Iconio y Antioquía de Pisidia. A estas alturas, probablemente él ya había escrito la carta a los gálatas, que debió haber sido recibida. Ya que Pablo había hablado muy directamente con respecto a la «ley y la gracia», él habría estado muy preocupado por cuán bien estos creyentes habían recibido este mensaje. Después de todo, él no ocultaba el hecho de que estaba enojado y perturbado con aquellos que intentaban «tergiversar el evangelio de Cristo» (Gálatas 1:6-7), los mismo asuntos que los «apóstoles y ancianos» de Jerusalén habían aclarado en su carta. ¿Cómo respondieron los creyentes gálatas a su amor firme? Lógicamente, esto debe haber acongojado mucho el corazón de Pablo cuando propuso este segundo viaje.

Un debate inesperado

Bernabé estuvo de acuerdo con la propuesta de Pablo, pero una vez más él quería llevar consigo a Juan Marcos. Pero inmediatamente Pablo se opuso a la idea. Este joven los había «abandonado» en el primer viaje y Pablo no quería correr el riesgo de que ocurriera otra vez.

El informe de Lucas de lo que sucedió después no deja nada a la imaginación. Estos dos devotos misioneros tuvieron una fuerte discusión, literalmente, «un conflicto tan serio» (Hechos 15:39). Ambos hombres se plantaron en su posición ¡y no cederían un ápice! Por consiguiente, «acabaron por separarse». Bernabé se quedó con Juan Marcos y se embarcaron rumbo a Chipre, pero Pablo escogió a Silas para que lo acompañara en su segundo viaje misionero.

Este desacuerdo sin dudas era cuestión de si Juan Marcos debía tener una segunda oportunidad. Al principio ellos necesitaban un asistente y este joven estaba disponible. Sin embargo, al mirar atrás, Pablo creía firmemente que habían cometido un error al escoger a Marcos. Basado en el desempeño de este joven, Pablo no creía que él tuviera la fibra espiritual para servir en este puesto. Pero está claro que Bernabé quería darle a su primo otra oportunidad para probarse a sí mismo. Sin embargo, no pudieron ponerse de acuerdo y decidieron tomar caminos separados.

La segunda misión de Pablo

Mientras Pablo y Bernabé y los dos profetas (Silas y Judas) estaban en Antioquía ministrando juntos, Pablo debe haber presentado en público su preocupación por volver a visitar las iglesias que él y Bernabé habían iniciado en su primer viaje. Al parecer, él había desarrollado una estrecha relación con Silas y quizá había sugerido que los acompañara a él y a Bernabé por Siria y Cilicia y luego por la región de Galacia. Evidentemente Silas sintió la necesidad de regresar primero a Jerusalén, pero estuvo de acuerdo con unirse al equipo cuando llegaran a Listra. Mientras tanto, Pablo y Bernabé tuvieron su desacuerdo con relación a Juan Marcos. Como resultado, con la carta de Jerusalén en su poder, Pablo partió solo «por Siria y Cilicia, consolidando a las iglesias» (15:41).[1]

Al salir de Cilicia, Pablo cruzó la frontera de Pisidia y probablemente regresó a Derbe, la última iglesia que él y Bernabé iniciaron en su primer viaje (ver su ruta en «El segundo viaje misionero de Pablo», mapa 2). De ahí regresó a Listra, donde, en el primer viaje, lo apedrearon y lo dieron por muerto pero él milagrosamente se recuperó (14:19-20).

El segundo viaje misionero

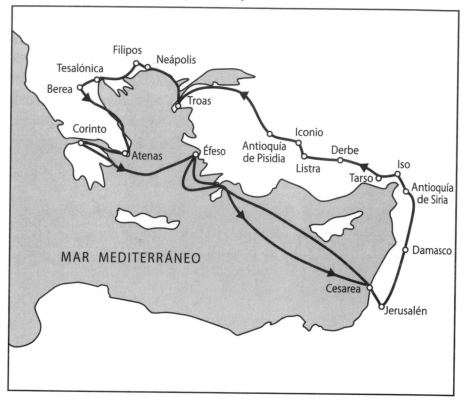

La conversión de Timoteo

Sin dudas, un joven llamado Timoteo había estado junto a estos discípulos, observando la curación sobrenatural de Pablo (Hechos 14:19-20). Después que escuchó a Pablo decir que Jesucristo era el Mesías prometido, Timoteo al parecer recibió al Señor Jesucristo como su Salvador personal. Quizá este fue el momento al que Pablo más tarde hizo referencia en su segunda carta a este joven, cuando le recordó que él había obtenido «la sabiduría necesaria para la salvación mediante la fe en Cristo Jesús» (2 Timoteo 3:15).

El crecimiento espiritual de Timoteo

Cuando Pablo llegó a Listra en el segundo viaje, conoció personalmente a Timoteo, quizá por primera vez. Este joven había continuado creciendo en su fe cristiana, tanto así que los «*hermanos* en Listra y en Iconio *hablaban bien* de Timoteo» (Hechos 16:2). Al parecer, estos hombres eran los «ancianos» que Pablo y Bernabé habían nombrado en estas dos iglesias en su primer viaje, de la misma manera en que Pedro debe haberse referido a los ancianos de Jerusalén cuando les dijo a los creyentes «Cuéntenles esto a Jacobo y a los hermanos» con relación a su milagrosa huida de la prisión (12:17). Esta conclusión también se basa en la referencia de Pablo en su primera carta a «los ancianos» quienes «impusieron las manos» a Timoteo (1 Timoteo 4:14). Es lógico que en este ejemplo Pablo se estuviera refiriendo a los mismos hombres, los «*hermanos* en Listra y en Iconio [que] hablaban bien de Timoteo».

Si esta suposición es correcta, esta recomendación de los líderes de la iglesia local, no solo en la ciudad natal de Timoteo sino en la vecina ciudad de Iconio, treinta y dos kilómetros al norte, habría tenido mucha influencia en la manera de pensar de Pablo. Es evidente que esta vez él fuera más cauteloso al escoger un ayudante. Él no quería cometer dos veces el mismo error.

Antecedentes de la familia de Timoteo

En este momento, sin dudas, podemos leer entre líneas. Pablo debe haber dado seguimiento a este informe «generalizado» con más profundidad, llegando a conocer a los padres de Timoteo y a su madre en particular. Él descubrió que Eunice era una judía creyente, que probablemente aceptó a su Mesías al mismo tiempo que su hijo Timoteo. Sin embargo, Pablo también descubrió que el padre de Timoteo era un gentil, probablemente no era cristiano (Hechos 16:1).

Pablo también descubrió que Eunice le había enseñado a Timoteo «desde [su] niñez... las Sagradas Escrituras». Además, Timoteo tuvo la gran influencia de la «fe sincera» tanto de su madre como de su abuela (2 Timoteo 1:5; 3:14-15). Como judías temerosas de Dios, ellas eran grandes modelos de piedad, a pesar del padre pagano que Timoteo tenía.

La idea es esta: Pablo se propuso revisar el trasfondo del hogar de Timoteo y su reputación como un cristiano dedicado. Y nuevamente, es evidente que Dios le dio a Pablo la libertad para escoger a Timoteo como su compañero de viaje, así como él y Bernabé tuvieron la libertad de escoger a Juan Marcos para que los acompañara en su primer viaje misionero.

A estas alturas Silas había llegado de Jerusalén, y estos tres hombres juntos iban por las ciudades y entregaban las decisiones que los apóstoles y ancianos de Jerusalén habían tomado (Hechos 16:4). Como resultado de esta alentadora carta, las iglesias siguieron creciendo espiritual y numéricamente (16:5).

Una palabra final

Estas dos historias que involucran a Juan Marcos y a Timoteo demuestran que Dios estaba dando más y más responsabilidad a los líderes del Nuevo Testamento para discernir si los líderes espirituales estaban calificados o no. Cuando leamos las cartas de Pablo a Timoteo y a Tito, donde se delinean los requisitos para los ancianos/obispos, veremos cuán importante es escoger a los líderes basados en el carácter.

NOTA

1. Algunos manuscritos griegos contienen la declaración: «pero Silas decidió quedarse» (Hechos 15:34), después Lucas dice que Judas y Silas regresaron a Jerusalén (Hechos 15:33). En lo personal, he llegado a la conclusión de que algún copista debe haber añadido esta explicación para aclarar por qué Silas pudo unirse a Pablo en el segundo viaje misionero. Sin embargo, el contexto parece indicar que Pablo comenzó solo el segundo viaje y luego Silas se le unió en Listra. (Observa los pronombres en singular de los versículos 15:41 y 16:1.)

DIEZ

RESPETO Y ESTIMA (51 d.C.)

 ## DE REGRESO A LA FUENTE

Antes de proceder, lee Hechos 17:1-9 así como 1 y 2 Tesalonicenses. ¿Qué indicios puedes encontrar en el contexto general que expliquen por qué Pablo mencionó el «arduo trabajo» de estos líderes así como su responsabilidad de «amonestar» a los creyentes?

Durante el segundo viaje misionero de Pablo, él escribió su segunda carta, en esta ocasión a una iglesia que él, Silas y Timoteo iniciaron en Tesalónica. En la sección final de la epístola, en lugar de dirigirse directamente a los líderes espirituales, él exhortó a todos los creyentes a que los amaran, respetaran y estimaran por su posición y por la responsabilidad que Dios les había dado, así como por su arduo trabajo. Esta es la primera vez en la historia bíblica que «vemos las cosas desde el banco de la iglesia»: «Hermanos, les pedimos que sean considerados con los que *trabajan arduamente* entre ustedes,[1] y los *que guían y amonestan* en el Señor. Ténganlos *en alta estima, y ámenlos* por el trabajo que hacen» (1 Tesalonicenses 5:12-13a).

Pablo no identificó a estos líderes con un título específico. Más bien describió sus funciones generales de «administrar» y «supervisar» la iglesia y, en este caso, de amonestar a los creyentes.

LA ENTRADA A UN NUEVO TERRITORIO

Luego de visitar las iglesias en la región de Galacia y de leer la carta que redactaron los «apóstoles y ancianos», Pablo y sus acompañantes se aventuraron a un territorio virgen. Una vez más el Espíritu Santo habló directamente, en esta ocasión les dio instrucciones geográficas específicas. Hasta donde sabemos ellos nunca habían estado en este camino ni conocían a muchas personas que lo hubieran transitado. Los sistemas de guía por satélite vendrían dos mil años después. Sin embargo, cuando Dios quiso, estos hombres tuvieron acceso a un sistema de guía divino. Por consiguiente, «el Espíritu Santo les había impedido que predicaran la palabra en la provincia de Asia» (Hechos 16:6). Dios tenía otro plan para alcanzar este territorio, el cual se reveló durante el tercer viaje misionero (16:8-10).

Al continuar el viaje, Pablo y sus acompañantes «llegaron cerca de Misia» (mapa 2). Allí «intentaron pasar a [la provincia de] Bitinia», pero una vez más «el Espíritu de Jesús» no se los permitió (16:7). No se nos dice específicamente cómo el Espíritu Santo se comunicaba con estos dos misioneros, pero podemos asumir que les hablaba a Pablo y/o a Silas directamente (13:1-3).

Estos embajadores de Cristo, viajando más al oeste, llegaron a Troas, una ciudad en la costa del Mar Egeo. Es evidente que Lucas se encontró con ellos allí y se unió al equipo (observa cómo Lucas utilizó el pronombre personal «nosotros» en Hechos 16:10-11, en comparación con «ellos» en Hechos 16:7-8). Aquí Pablo tuvo una de sus revelaciones más dramáticas hasta este momento en término de en qué lugar debían predicar el evangelio. Él «tuvo una visión en la que un hombre de Macedonia, puesto de pie, le rogaba: "Pasa a Macedonia y ayúdanos"» (16:9). Pablo, Silas, Timoteo y ahora Lucas, siguieron las instrucciones específicas de Dios y entraron en un territorio europeo donde tuvieron un ministerio muy exitoso fundando iglesias, primero en Filipos y luego en Tesalónica, en Berea, en Atenas y en Corinto.

Una seria preocupación

Después que Pablo y sus acompañantes salieran de Tesalónica debido a la intensa persecución, se preocuparon mucho por estos creyentes relativamente nuevos. ¿Habían soportado las pruebas o habían regresado a la idolatría? Para obtener una respuesta a esta pregunta, Pablo y Silas estuvieron de acuerdo en permanecer en Atenas mientras Timoteo regresaba a Tesalónica para evaluar la situación. Cuando Timoteo regresó, trajo un informe muy positivo. Los cristianos tesalónicos estaban «firmes en el Señor» (1 Tesalonicenses 3:6-8).

Pablo no perdió tiempo en escribir su primera carta, dándole gracias a Dios por «la obra realizada por su fe», por «el trabajo motivado por su amor» y por «la constancia sostenida por su esperanza en nuestro Señor Jesucristo» (1 Tesalonicenses 1:3). Sin embargo, él tenía una preocupación seria que ya había tratado mientras ministraba entre ellos (2 Tesalonicenses 3:10). Algunos de estos nuevos creyentes todavía eran perezosos, eludiendo su responsabilidad de ganarse la vida. En cambio, vivían a costa de los demás para satisfacer sus necesidades físicas. Al parecer, algunos de estos creyentes, quizá usando la promesa de la segunda venida de Cristo como una excusa para ser haraganes, estaban descuidando sus responsabilidades domésticas.

Una vez más Pablo trató el tema de animarse «a procurar vivir en paz con todos, a ocuparse de sus propias responsabilidades y a *trabajar con sus propias manos*. Así les he mandado, para que por su modo de vivir se ganen el respeto de los que no son creyentes, *y no tengan que depender de nadie*» (1 Tesalonicenses 4:11-12).

Una tarea retadora

Al parecer, los líderes espirituales de Tesalónica continuaron donde Pablo se había quedado, *amonestando* a aquellos que no estaban trabajando para ganarse la vida. Como era de esperarse, su mensaje no sería bien recibido, al menos por algunos de estos creyentes perezosos y carnales.

Por consiguiente, Pablo los exhortó a que *no* se resistieran a las exhortaciones de sus líderes con respecto a esta tendencia a la holgazanería. Más bien debían «considerarlos» y «estimarlos», «[amarlos] por el trabajo que hacen». Después de todo, *es* una tarea difícil amonestar a los cristianos que no están viviendo dentro de la voluntad de Dios y luego enfrentar su resistencia y sus críticas.

No hay duda que algunos les preguntaron a los ancianos: «¿Quién eres tú? ¿Qué autoridades tienes sobre nosotros? ¿Qué derecho tienes a amonestarnos?» Pablo respondió preguntas como estas explicando que sus líderes fueron nombrados para supervisar la iglesia «en el Señor». En otras palabras, estaban representando a Jesucristo quien enseñó a los creyentes que ellos son «la sal de la tierra» y «la luz del mundo» (Mateo 5:13-16). Como cristianos, debemos ganarnos «el respeto de los que no son creyentes» (1 Tesalonicenses 4:12), no ser un testimonio negativo para nuestros vecinos incrédulos.

En este momento Pablo apeló a todos los creyentes de Tesalónica para que apoyaran a sus líderes amonestándose unos a otros. Tareas como esta son la responsabilidad de toda la iglesia, no solo de su liderazgo. Así, Pablo escribió: «les rogamos *que amonesten a los holgazanes*» (5:14).

Más preguntas significativas

Como con la mayoría de los sucesos que hemos encontrado hasta ahora con relación al liderazgo de la iglesia local, nos surgen algunas preguntas que nos hacen reflexionar:

1. *¿Quién designó a los líderes espirituales en la iglesia de Tesalónica?*
   No estamos seguros de cuándo y de si fue Pablo quien nombró a estos líderes. Es posible que Lucas realizara esta función en las iglesias de Macedonia (Filipos, Berea y Tesalónica), ya que él se quedó en Filipos para establecer esta nueva iglesia.

   De acuerdo al relato histórico de Lucas sabemos que él estaba con Pablo, Silas y Timoteo cuando cruzaron el Mar Egeo y llegaron a Filipos. Es por eso que él escribió «Zarpando de Troas, *navegamos*» y «*fuimos* a Filipos» (Hechos 16:11-12). Y cuando sus

compañeros misioneros se fueron de Filipos, Lucas afirmó que
«*se fueron*» y «*llegaron* a Tesalónica», indicando que él se había
quedado atrás (16:40; 17:1).

No encontramos nuevamente a Lucas como compañero de viaje de Pablo hasta siete u ocho años después al salir juntos de Filipos
cuando el tercer viaje misionero estaba por terminar.[2] Una vez más
se incluye a Lucas en el relato histórico cuando escribió: «Pero
nosotros zarpamos de Filipos después de la fiesta de los Panes sin
levadura» (20:6). Es lógico llegar a la conclusión de que durante
esta época Lucas pudiera haber servido como un «supervisor general» en las iglesias de Macedonia y con el tiempo nombró líderes
espirituales en cada ciudad como hizo Tito en Creta (Tito 1:5).

2. *¿Cómo se les llama a los líderes espirituales en la iglesia de Tesalónica?* No se nos da una respuesta específica a esta pregunta,
pero pudiera haber sido *obispos* y *diáconos,* los mismos términos
utilizados para dirigirse a los líderes de la iglesia en Filipos. Podemos especular basándonos al menos en tres factores: la mezcla de
creyentes judíos y gentiles en esta iglesia, el origen de Lucas como
un gentil creyente y su influencia al fundar iglesias en la región de
Macedonia.

Durante el primer encarcelamiento de Pablo en Roma, él escribió una carta a la iglesia de Filipos en la que saludaba a «los
obispos [supervisores] y *diáconos*» de esta iglesia (Filipenses 1:1).
Ya que Lucas se quedó en Filipos después que Pablo, Silas y Timoteo se marcharon a Tesalónica, tiene sentido que con el tiempo se
involucrara en el nombramiento de líderes espirituales en la iglesia
filipense.

Además, como ya hemos visto, es lógico llegar a la conclusión
de que Lucas también podría haber viajado a Berea y a Tesalónica
para ayudar a nombrar líderes espirituales en estas ciudades. Si
es así, no sería sorprendente que a los líderes de Tesalónica se les
llamara *obispos* en lugar de ancianos.

3. *¿Por qué escogería Lucas el término "obispo" (episkopos) en lugar
de anciano (presbíteros)?* Ya que las iglesias de Macedonia en su
mayoría estaban compuestas por muchos creyentes gentiles que
«se convirtieron a Dios dejando los ídolos» (1 Tesalonicenses 1:9),

y ya que el propio Lucas era un cristiano gentil, es lógico llegar a la conclusión de que él también debió haber sido muy sensible, en el sentido cultural, a las necesidades de estas iglesias. Después de todo, estas ciudades eran colonias romanas (ver Hechos 16:12), y el término *episkopos* (obispo) se utilizaba para identificar a un líder o superintendente de cada colonia.

Por lo tanto, el término «obispo» sería mucho más predominante y familiar que el término anciano. Como veremos, Pablo comenzó a utilizar estos términos de «ancianos» y «obispos» de manera intercambiable para identificar a los líderes espirituales de las iglesias locales. A partir de este momento en la historia bíblica observaremos cuán a menudo sucedía esto.

NOTAS

1. De la palabra griega *proistamenous*. El participio griego que Pablo utilizó es la misma palabra básica que usó más adelante cuando le escribió a Timoteo con relación a los líderes espirituales (ver 1 Timoteo 3:5; 5:17).

2. El segundo viaje de Pablo duró aproximadamente tres años y el tercer viaje hasta seis años. Por lo tanto, Lucas puede haberse quedado en Filipos durante siete u ocho años.

LOS ANCIANOS EFESIOS (58 d.C.)

DE REGRESO A LA FUENTE

Antes de proceder, lee Hechos 19:1–20:1; 10:17-38. ¿Qué podemos aprender del modelo del ministerio de Pablo?

El próximo episodio en la historia bíblica es el escenario más descriptivo y abarcador hasta el momento. Es una exposición muy conmovedora de las profundidades del corazón de Pablo. El fariseo que una vez fue duro y muy enfocado en sus tareas y que aprobó la muerte de Esteban, se había convertido en un pastor de pastores, sensible y compasivo.

LISTO PARA «HACER VELAS PASANDO ÉFESO»

Pablo iba camino de Jerusalén, aunque el Espíritu Santo seguía informándole mediante varios discípulos que iba derecho a enfrentar una seria resistencia al mensaje de la gracia (Hechos 21:4, 10-11). Como sabía que se demoraría si entraban en la provincia de Asia,

Pablo decidió «hacer velas pasando por Éfeso», pero no podía ignorar algunas preocupaciones que tenía con los ancianos/obispos efesios. Motivado por su profundo amor por estos compañeros pastores, desembarcó en Mileto, una villa costera, y envió a alguien a pedirles que hicieran el viaje de un día para que se encontraran aquí con él (ver Éfeso en el mapa que aparece en la próxima página).

Cuando estos hombres llegaron, Pablo reflexionó en su propio ministerio de tres años en Éfeso y les encargó y les advirtió de manera muy específica:

> Tengan cuidado de sí mismos y de todo el rebaño sobre el cual el Espíritu Santo los ha puesto como obispos para pastorear la iglesia de Dios, que él adquirió con su propia sangre. Sé que después de mi partida entrarán en medio de ustedes lobos feroces que procurarán acabar con el rebaño. Aun de entre ustedes mismos se levantarán algunos que enseñarán falsedades para arrastrar a los discípulos que los sigan. Así que estén alerta. Recuerden que día y noche, durante tres años, no he dejado de amonestar con lágrimas a cada uno en particular. (Hechos 20:28-31)

La primera visita de Pablo a Éfeso

La primera experiencia de Pablo en Éfeso se remontaba a los últimos días de su segunda misión. Él había «desplegado velas» y regresado a Antioquia de Siria. Sin embargo, decidió detenerse en esta ciudad, la capital de la provincia romana de Asia (ver mapa, 82). Éfeso, superada en tamaño e importancia solo por Roma y Antioquía, era una metrópolis próspera y un lugar central para la adoración pagana. La gente venía de toda la provincia a rendir tributo a la pagana diosa Artemisa. Sin embargo, como en muchos lugares del mundo romano, había judíos que vivían en Éfeso y que todavía seguían a Jehová.

Como hacía Pablo a menudo, comenzó su testimonio en la sinagoga, «donde se puso a discutir con los judíos» con relación al Mesías prometido. Aunque encontró apertura al evangelio y una invitación a quedarse más tiempo, él «no accedió» y les prometió que regresaría si Dios así lo quería (Hechos 18:18-21).

El tercer viaje misionero

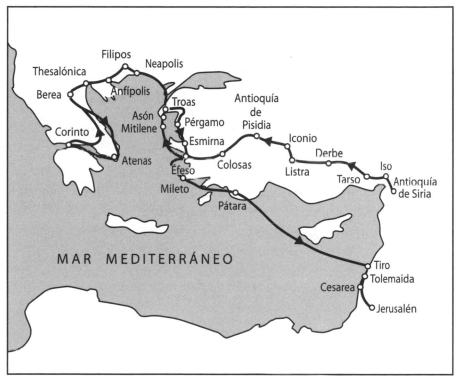

UNA SEGUNDA JERUSALÉN

Pablo *sí* regresó y pasó tres años en Éfeso. En muchos aspectos esta ciudad se convirtió en una «segunda Jerusalén» en cuanto a ser un centro influyente del evangelio. Cuando Pablo llegó, encontró *doce hombres* que creían en Jesús pero que solo estuvieron expuestos a las enseñanzas de Juan el Bautista (19:1-7). Ni siquiera habían escuchado de la tercera persona de la Trinidad. Pero cuando Pablo les impuso las manos, «el Espíritu Santo vino sobre ellos» (19:6) tal y como sucedió el Día de Pentecostés cuando la iglesia nació en Jerusalén. Al igual que los apóstoles, estos doce hombres también comenzaron a «hablar en lenguas y a profetizar», sin dudas hablando de manera milagrosa en diferentes idiomas y dialectos que se hablaban en esta región de Asia (19:1-6; comparar con 2:5-11).

Pablo se animó e intensificó su ministerio en la sinagoga, pero con el tiempo enfrentó una fuerte resistencia. Entonces mudó su base de operaciones a una escuela donde continúo explicando las Escrituras, no solo el día de reposo sino día tras día. Con fidelidad continuó este ministerio evangelizador y apologético «por espacio de dos años, de modo que todos los judíos y los griegos que vivían en la provincia de Asia llegaron a escuchar la palabra del Señor» (19:10).[1]

SE REANUDA EL TERCER VIAJE

Luego de un ministerio de tres años en Éfeso, Pablo continuó por las provincias de Macedonia y Acaya, visitando las iglesias que él, Silas y Timoteo habían iniciado en el segundo viaje misionero (ver mapa 3). Con el tiempo llegó a Filipos donde una vez más Lucas se le unió y comenzaron su viaje hacia Jerusalén. Entonces pararon en Mileto y Pablo mandó a buscar a los líderes de Éfeso (Hechos 20:17).

El ejemplo de Pablo a los líderes

Cuando Pablo se reunió y confraternizó con estos hombres, les recordó la manera en que él vivió mientras ministraba entre ellos. Como un poderoso ejemplo a otros líderes, él había mostrado:

☐ *Humildad y compasión.* A pesar de la persecución de sus hermanos judíos, Pablo había «servido al Señor con toda humildad y con lágrimas» (20:19). Nadie podía cuestionar su dedicación al Señor y a ellos. Es imposible hacer este tipo de afirmación a menos que sea completamente verdad.

☐ *Enseñanza y predicación fiel.* Pablo habló públicamente en la escuela de Tiranos, hablando de todo lo que les ayudaría a crecer en su fe cristiana. Sin embargo, también les enseñaba «en las casas», al parecer pasando tiempo con la familia de cada líder (20:20).

☐ *Un ministerio evangelizador.* Pablo predicó el evangelio de la gracia de Dios a todo el que quisiera escuchar, tanto judíos como gentiles, animándoles a que se volvieran de sus pecados y pusieran su fe en el Señor Jesucristo (20:21).

☐ *Un ministerio de discipulado.* Pablo no solo predicó el evangelio de la gracia de Dios, sino que una vez que las personas respondían con arrepentimiento y fe, él enseñaba a estos nuevos creyentes cómo vivir la vida cristiana (20:27).

☐ *Motivos puros.* Pablo nunca se aprovechó de estos creyentes en forma material. En este sentido, él fue un gran ejemplo para estos ancianos/obispos efesios. De hecho, en ocasiones suplió sus propias necesidades y las necesidades de sus compañeros misioneros (20:33-35).

Exhortaciones de Pablo

Antes de irse, Pablo exhortó a los líderes de la iglesia de Éfeso a que permanecieran diligentes en sus diversas tareas:

☐ *Responsabilidad.* Pablo instó a estos hombres a que «[tuvieran] cuidado de sí mismos», a que fueran «obispos» [supervisores] los unos de los otros, tanto en su estilo de vida cristiano como en su ministerio, que fueran responsables los unos delante de los otros (Hechos 20:28).

☐ *Supervisión.* Pablo les instó a que «[cuidaran]… de todo el rebaño», para administrar bien a toda la iglesia (20:28a).

☐ *Pastorear.* Pablo instó a los ancianos que fueran «[pastores] de la iglesia de Dios», a que cuidaran de estos creyentes y se aseguraran de que los falsos maestros y profetas engañosos, a los que él llama lobos feroces, no los arrastraran. Él les advirtió que algunos de su grupo se levantarían para enseñar falsedades y así ganar seguidores (20:28b-30).

☐ *Fidelidad.* Pablo instó a estos líderes a que no bajaran la guardia sino que siguieran su ejemplo al advertir a los creyentes constantemente con compasión sincera y con profunda preocupación (20:31).

La doxología de Pablo

Pablo culminó su estancia en Mileto al encomendar a todos estos líderes espirituales a la gracia de Dios. Cuando estaban a punto de concluir su tiempo juntos, se arrodillaron y oraron y cuando se pusieron en pie, todos «lloraban inconsolablemente mientras lo abrazaban y lo besaban», creyendo que probablemente nunca verían otra vez a su mentor apostólico de este lado del cielo. De hecho, Pablo y Lucas literalmente tuvieron que zafarse de los ancianos para abordar el barco y continuar hacia Jerusalén.

NOTA

1. Con frecuencia Lucas utilizaba la palabra «todos», no en un sentido absoluto sino en este caso, al gran número de personas que visitaba Éfeso de toda Asia.

DOCE

REQUISITOS PARA EL LIDERAZGO (63 d.C.)

DE REGRESO A LA FUENTE

Antes de proceder, lee Hechos 20:17–28:30 y la primera carta de Pablo a Timoteo. Mientras lees esta carta pastoral, recuerda que Pablo había salido de la cárcel, estaba en algún lugar de Macedonia, y Timoteo estaba en Éfeso tratando con ciertos hombres que estaban enseñando una falsa doctrina y causando controversias y divisiones en la iglesia (1 Timoteo 1:3).

Más de quince años después que Pablo y Bernabé nombraran los ancianos en su primer viaje misionero —en Listra, Iconio y Antioquía de Pisidia—, Pablo escribió una carta a Timoteo delineando los criterios para determinar si un hombre reunía los requisitos para ser un líder espiritual en la iglesia.

Pablo había dejado a Timoteo en Éfeso para que manejara la crisis en el liderazgo. Al parecer, lo que Pablo advirtió en Mileto había sucedido. «Algunos supuestos maestros», especialmente creyentes judíos, estaban enseñando «doctrinas falsas» y prestando «atención a leyendas y genealogías interminables», creando «controversias» y divisiones entre el pueblo de Dios (1 Timoteo 1:3-4; ver Hechos 20:30). Pero también es obvio que los actuales ancianos/obispos no eran la única causa del problema. Había otros que querían convertirse en líderes y no estaban calificados. Por consiguiente, Pablo delineó un modelo (1 Timoteo 3:1-7) para seleccionar y nombrar a estos hombres.

Antes de analizar específicamente estos requisitos, sigamos la pista a las actividades de Pablo después que se despidiera de los ancianos efesios en Mileto, antes de su primer encarcelamiento en Roma aproximadamente tres años después.

Para ganar perspectiva

Cuando Pablo llegó a Jerusalén, él y sus compañeros de viaje se reunieron con «Jacobo, y todos los ancianos». Para entonces, los apóstoles deben haber llevado su ministerio más allá de «Judea y Samaria» y estaban proclamando el evangelio hasta lo que ellos consideraban «los confines de la tierra» (Hechos 1:8). Podemos estar bastante seguros de que Pedro acabó en Roma. Aparte de eso, solo podemos apoyarnos en la tradición y la especulación. A pesar de lo que les sucedió a estos hombres ya que sus nombres desaparecieron de las páginas de la historia del Nuevo Testamento, sabemos de seguro que sus ministerios cambiaron el curso de la historia.[1]

Cuando Pablo se reunió con los ancianos de Jerusalén, les dio un informe completo de su ministerio, concluyendo con un tiempo de alabanza en relación a lo que Dios había hecho entre los gentiles. Sin embargo, este positivo tiempo de adoración quedó apagado por las noticias de que miles de judíos creyentes en Jerusalén todavía estaban mezclando la ley y la gracia. Irónicamente, muchos creyentes judíos todavía estaban confundidos con relación al mismo asunto que se aclaró y se puso por escrito en Jerusalén más de diez años antes (Hechos 20:20-25).

Persecución y encarcelamiento

Como predijeron varios profetas por todo el camino mientras Pablo viajaba hacia Jerusalén, la atmósfera rápidamente se volvió hostil cuando algunos judíos de Asia (que obviamente no eran creyentes) vieron a Pablo en el templo. Anteriormente habían visto a Trófimo, quien era de Éfeso, con Pablo. Suponiendo lo peor, ellos informaron que él había llevado a este gentil al área del templo que estaba fuera de los límites para los no judíos. Como obviamente estaban conscientes de su ministerio de tres años en Éfeso y de la cantidad de judíos que habían aceptado al Mesías, ellos agitaron a toda la ciudad en contra de Pablo (Hechos 21:27-31).

No se trataba de un disturbio pequeño. La hostilidad era tan intensa que, de hecho, algunos tramaron matar a Pablo (Hechos 23:12-15), irónicamente, esto fue una repetición de lo que él había hecho años antes como líder judío no salvo cuando aprobó la muerte de Esteban y comenzó a perseguir a la iglesia. Para salvar la vida de Pablo, los romanos lo llevaron a Cesarea, donde estuvo encarcelado durante dos años. Aunque vinieron hombres de Jerusalén a acusarlo frente a varios oficiales romanos, no tenían acusaciones que justificaran un encarcelamiento y mucho menos una sentencia de muerte.

Como ciudadano romano, Pablo finalmente apeló al César, lo que dio como resultado su prisión domiciliaria en Roma, el capítulo final del relato histórico de Lucas. Durante este período de dos años, Pablo escribió sus cartas a Filemón, a los filipenses, a los colosenses y a los efesios. La única referencia específica a los líderes de las iglesias locales en estas epístolas es su saludo a «los obispos y diáconos» en Filipos (Filipenses 1:1) y posiblemente a Filemón, quien puede haber servido como líder espiritual de la iglesia que se reunía en su casa junto con Arquipo (Filemón 2).[2]

Otro viaje misionero

Al cabo de dos años, Pablo fue liberado y al parecer hizo un cuarto viaje misionero. Él y Timoteo viajaron una vez más a la provincia de Asia y visitaron Éfeso. Pablo entonces viajó a Macedonia, dejando a Timoteo detrás para lidiar una crisis de liderazgo. Preocupado de que su joven compañero pudiera completar una tarea tan desafiante, en algún momento Pablo escribió una carta a este joven, dándole instrucciones muy específicas en cuanto a los requisitos para aquellos que debían administrar y pastorear la iglesia. (En esa carta, Pablo también delineó los requisitos para los «diáconos», los cuales analizaremos en el capítulo 13.)

UNA NOBLE TAREA

Pablo veía la posición de «anciano/obispo» como un papel muy importante y cualquier que tuviera el deseo de servir de esta manera estaría buscando un ministerio valioso, recto y responsable. Sin embargo, Pablo también dejó bien claro que un hombre que sirviera en esta posición debía demostrar cualidades de carácter que reflejaran una madurez como la de Cristo. Al parecer, algunos de los hombres que ya eran «ancianos/obispos», quizá algunos de los que Pablo había exhortado en Mileto, estaban «[enseñando] falsedades para arrastrar a los discípulos que los sigan» (Hechos 20:30). Sin embargo, había obviamente otros hombres en Éfeso que también querían ser líderes espirituales pero que definitivamente no estaban demostrando un carácter noble, lo que los descalificaba para estar involucrados en esta «noble función» (1 Timoteo 3:1).[3] Por lo tanto, Pablo delineó quince cualidades para medir un carácter semejante al de Cristo.

Antes de analizar específicamente estas cualidades, he aquí dos observaciones importantes. Primero, Pablo implicó que cualquier cristiano podía aspirar a este rol. No había un llamamiento divino ni especial asociado con esta tarea. Segundo, el criterio principal para la selección y aprobación era la madurez en Jesucristo.

EL PERFIL DE LA MADUREZ

Estas son las quince cualidades que Pablo especificó en 1 Timoteo 3:1-7 para un anciano/obispo calificado. Una vez más son medidas de la madurez en Cristo.

CUALIDAD 1: «Intachable»

Pablo comenzó la lista con una cualidad central: «Así que el obispo debe ser intachable» (3:2a; ver también Tito 1:6). En esencia, esto significa que un líder espiritual debe tener «buena reputación» tanto entre los creyentes como entre los no creyentes. Es por eso que Pablo concluyó esta lista diciendo con relación a cualquiera que sirva en este rol «que hablen bien de él los que no pertenecen a la iglesia» (3:7), es decir, los no creyentes.

CUALIDAD 2: *«Esposo de una sola mujer»*

Este requisito ha dado lugar a diversas interpretaciones (descritas en el capítulo 20). Creemos que Pablo estaba tratando fundamentalmente con la pureza moral, razón por la cual él enumera esta cualidad inmediatamente, afirmando que un anciano/obispo debe ser «intachable». No hay nada que edifique de manera más significativa la reputación de un hombre que ser fiel a una mujer, su esposa. Sin embargo, nada destruye más rápidamente que la inmoralidad. En esencia, Pablo estaba diciendo que si no podías confiar en que un hombre le fuera fiel a su esposa, no podrías confiar en él en otros aspectos de su vida, especialmente en el aspecto de la honestidad y la integridad.

CUALIDAD 3: *«Moderado»*

Con esta palabra (del griego *nephalios),* Pablo estaba describiendo un hombre que tuviera un enfoque claro en la vida. Que fuera estable y firme, y que su pensamiento fuera claro, que reflejara fe, esperanza y amor (1 Tesalonicenses 5:8).

CUALIDAD 4: *«Sensato»*

Los traductores de la versión en inglés *The New American Standard Bible* escogieron la palabra «prudente». El término griego *(sophron)* significa literalmente «ser de mente sana». De hecho, la palabra puede traducirse de varias maneras: ser «discreto», «sobrio» y «sensato».

CUALIDAD 5: *«Respetable»*

El uso más descriptivo de la palabra «respetable» *(kosmios)* aparece en la carta de Pablo a Tito cuando él instó a los esclavos a que «en todo hagan honor a la enseñanza de Dios nuestro Salvador» (Tito 2:10). Nuestra palabra española «cosméticos» proviene de la misma palabra básica *(kosmios).* En esencia, Pablo estaba enseñando que nuestras vidas deben ser como «cosméticos para el evangelio», hacer que el evangelio sea atractivo por la manera en que vivimos nuestras vidas.

CUALIDAD 6: *«Hospitalario»*

Hablando en sentido general, «ser hospitalario» se refiere a la manera en que utilizamos nuestras posesiones materiales, especialmente los hogares en que vivimos y la comida que comemos. Todos los cristianos deben ser hospitalarios, pero esta es una cualidad que debe caracterizar a cada líder espiritual, sin importar cuáles sean sus recursos.

CUALIDAD 7: *«Capaz de enseñar»*

Pablo utilizó *didaktikos,* el término griego básico para «ser capaz de enseñar», solo dos veces en sus cartas. La segunda vez fue en su segunda carta a Timoteo para describir cómo este joven debía relacionarse con aquellos que no estuvieran de acuerdo con él (2 Timoteo 2:23-25). Aquellos que han desarrollado esta cualidad en su carácter deben ser capaces de comunicarse de una manera pacífica, no a la defensiva ni amenazante.

CUALIDAD 8: *«No debe ser borracho»*

La mayoría de los eruditos están de acuerdo en que la mayoría de las referencias al vino tanto en el Antiguo como en el Nuevo Testamento se refieren al jugo de uva fermentado; por tanto, Pablo escribió que un líder espiritual no debe ser *«adicto* al mucho vino» (Tito 2:3), ya que es imposible ser adicto a una bebida que no sea alcohólica. Desde una perspectiva bíblica más amplia, Pablo estaba diciendo que los líderes espirituales nunca deben (1) excederse ni tomar demasiado (Proverbios 23:29-30); (2) ni ser la causa de que otros pequen al utilizar su libertad en Cristo (Romanos 14:21); y (3) nunca volverse adictos de nada, incluyendo la comida (Proverbios 23:20-21).

CUALIDAD 9: *«No pendenciero»*

Pablo advirtió a los líderes que evitaran la ira fuera de control, física y verbalmente. Una persona así de violenta *(plektes)* es literalmente un «matón», alguien que está «listo para dar un puñetazo», una «persona belicosa, contenciosa y buscapleitos».

CUALIDAD 10: «Amable»

Ser «gentil» es lo opuesto de ser violento. Hay varias palabras griegas que se traducen como «gentil» y aquí Pablo escogió *epieikes*, una palabra que describe a una persona que es «paciente», «equitativa», «justa» y «razonable».

CUALIDAD 11: «Apacible»

Apacible, una persona que evita debates y discusiones. Es una característica muy básica del carácter que describe a un líder que es «capaz de enseñar».

CUALIDAD 12: «Que no sea amigo del dinero»

Las Escrituras no enseñan que el «dinero» en sí mismo sea malo. Ni tampoco enseñan que esté mal tener dinero en abundancia. Es por eso que Pablo afirmó que aquellos que sean escogidos para posiciones de liderazgo deben ser «libres», no del dinero, sino «del *amor* al dinero». Deben modelar generosidad y actitudes y acciones no materialistas ante aquellos a quienes pastorean.

CUALIDAD 13: «Gobernar bien su casa»

Si un hombre está casado y tiene hijos, un criterio básico para determinar si está listo para un puesto clave de liderazgo en la iglesia es cuán bien está funcionando como líder espiritual en su hogar. Pablo veía una familia bien ordenada como una prueba verdadera de la madurez de un hombre y de su capacidad de guiar a otros cristianos. Sin embargo, hay muchas malas interpretaciones con relación a lo que Pablo quiso decir con este requisito. A menudo establecemos una norma que Pablo no tenía en mente. Desde luego, él estaba pensando en hijos adultos que ya estaban casados y cómo una conducta «desenfrenada y desobediente» estaba afectando la reputación de su padre tanto en la iglesia como en la comunidad de los no creyentes (Ver el capítulo 20 para una explicación más completa.)

CUALIDAD 14: *«No un recién convertido»*

Pablo alertó con relación a designar hombres para el liderazgo que fueran nuevos cristianos. Si lo hacemos, estamos poniendo a esa persona a expensas de un ataque directo de Satanás y ese punto de ataque será el sentir orgullo.

CUALIDAD 15: *«Que hablen bien de él los que no pertenecen a la iglesia»*

Por último, el obispo necesitaba tener una buena reputación en la comunidad local. Así como un líder espiritual debe tener una buena reputación entre los creyentes y ser «intachable» (la primera cualidad), su reputación con los de afuera debe ser incuestionable.

Este es el primero de dos perfiles de madurez muy detallados que Pablo dio para seleccionar y nombrar ancianos/obispos. Cuando Pablo dejó a Tito en Creta para que estableciera la iglesia, estableció una segunda lista de requisitos (Tito 1:5-9). En el capítulo 19, compararemos estos dos criterios y analizaremos cuidadosamente las «similitudes» y las «diferencias».[4]

NOTAS

1. Para un estudio profundo de cada apóstol, ver de Gene A. Getz, *The Apostles: Becoming Unified Through Diversity* [Los apóstoles: Unificarse por medio de la diversidad], Broadman & Holman, Nashville, TN, 1998, pp. 1-2.

2. Algunos creen que Pablo se estaba refiriendo a los «ancianos» u «obispos» en su carta a los Efesios cuando se refirió a personas dotadas que eran «pastores y maestros» (ver Efesios 4:11-12). Para otro punto de vista, ver la sección «Observación 5» en el capítulo 22 y en el apéndice C.

3. La palabra griega que se traduce como «noble» en la NVI es *kalos*. Esta palabra a menudo se utiliza para describir «obras» que agraden a Dios.

4. Para una descripción detallada y una aplicación de estas cualidades que se delinean en 1 Timoteo 3:1-7 y en Tito 1:5-9, ver, de Gene A. Getz, *La medida de un líder*, ELA, México.

TRECE

AYUDANTES PARA LOS ANCIANOS/SUPERVISORES: LOS DIÁCONOS (63 d.C.)

 DE REGRESO A LA FUENTE

Antes de proceder, lee 1 Timoteo 3: 1-13 y Tito 1:1-9. ¿Por qué Pablo le ordenó a Timoteo que nombrara tanto ancianos/obispos y diáconos en Efeso pero solo ancianos/obispos en las iglesias de Creta?

Cuando estaba en prisión domiciliaria en Roma, Pablo escribió a los filipenses y saludó no solo a los *«obispos»* sino también a aquellos que identificó como «diáconos» (1:1). Esta es la primera vez que se utiliza el término «diáconos» *(diakonoi)* en la historia bíblica para nombrar a un grupo de personas que servirían en este tipo de calidad oficial. Al parecer, durante los seis a ocho años que Lucas ministró como un representante apostólico en la iglesia de Filipos, no solo nombró a aquellos que «pastorearían el rebaño» sino también a los que ayudarían a los obispos (o a estos pastores o supervisores) en su ministerio.

Unos años después que Pablo fuera puesto en libertad, nuevamente utilizó esta terminología cuando escribió su primera carta a Timoteo, mencionando no solo los requisitos para los ancianos/obispos sino también para los diáconos (1 Timoteo 3:8-13).

Obras de servicio

Antes de analizar estas características del carácter, observa que los autores bíblicos utilizaron los términos básicos *diakoneo* (servir), *diakonia* (servicio), y *diáconos* (siervo) para describir *el ministerio que todos los creyentes* deben tener dentro del cuerpo de Cristo. Por ejemplo, cuando Pablo les escribió a los Efesios, él afirmó que el plan de Dios es que todos los creyentes estén capacitados para «la obra de servicio [*diakonia*]» (Efesios 4:12). Aunque estaban aquellos que servían al cuerpo de Cristo de manera especial, cada creyente debe ser un «diácono» o «siervo» (*diakonos*) que participe en la edificación del cuerpo de Cristo (v. 16).

Los hombres de Hechos 6

La primera ilustración de este tipo de «servicio» especial (*diakonia*) tuvo lugar en la iglesia de Jerusalén cuando los apóstoles les pidieron a los judíos griegos que escogieran a siete hombres competentes de entre ellos que pudieran ocuparse de las viudas griegas. Su servicio permitió a los apóstoles seguir concentrándose en las responsabilidades principales que Dios les había dado: «[dedicarse de] lleno a la *oración* y al ministerio de la *palabra*» (Hechos 6:4).

Aunque estos «hombres de Hechos 6» no se identifican como «diáconos», este suceso singular sirve como modelo al aclarar por qué se designaron líderes oficiales con este título en diversas iglesias. Así como los siete hombres de Jerusalén *ayudaban a los apóstoles* para satisfacer una necesidad cultura única del momento, también los «diáconos» fueron comisionados después en las iglesias para *ayudar a los ancianos/obispos en la realización de sus responsabilidades pastorales,* lo que incluía ayudarse a satisfacer necesidades culturales únicas.

Una secuencia supracultural y cultural

Cuando Pablo y Bernabé regresaron a Listra, Iconio y Antioquía de Pisidia en su primer viaje misionero, primero que nada «en cada iglesia nombraron *ancianos*» (Hechos 14:23). No hay referencia a «diáconos». Y cuando Pablo dejó a Tito en Creta, él debía «[poner] en orden lo que quedaba por hacer y en cada pueblo [nombrar] ancianos de la iglesia» (Tito 1:5). Nuevamente no se mencionan a los «diáconos».

¿Quiere decir esto que nunca se nombraron «diáconos» en estas iglesias? En lo absoluto. Sencillamente se nombraron en otro momento posterior. Los ancianos/obispos se nombraron primero por dos razones. Primero, todos los creyentes necesitaban pastores calificados que ante nada los alimentaran con la Palabra de Dios. Esta es una necesidad espiritual que cruza las culturas y siempre es necesaria si los creyentes van a madurar en Jesucristo.

Segundo, Pablo y Bernabé nombraron ancianos/obispos y no diáconos en estas ciudades por razones prácticas y culturales. En un inicio, estas iglesias eran relativamente pequeñas y los ancianos/obispos no necesitaban diáconos que los ayudaran en la supervisión de la iglesia. Sin embargo, según las iglesias crecieron en número, también crecieron las necesidades especiales, y los ancianos/obispos enfrentaron los mismos desafíos que los apóstoles enfrentaron en Jerusalén: satisfacer esas necesidades y al mismo tiempo, mantener sus prioridades pastorales.

Esta perspectiva global también ayuda a aclarar por qué Pablo y Pedro enumeraron y describieron las «funciones» específicas de los ancianos/obispos. Estas son *responsabilidades supraculturales* (ver «Una comparación entre los ancianos/obispos y los diáconos», figura 3). El pueblo de Dios «de toda raza, lengua, pueblo y nación» (Apocalipsis 5:9) y en cualquier período de la historia necesita supervisión, enseñanza, amonestación y oración. Sin embargo, las «funciones» específicas de los diáconos nunca se explican en detalles, excepto aquella que es inherente a su título «servir» (*diakoneo*). Esta «función» genérica debe desarrollarse de diversas maneras de un lugar a otro en distintos momentos del tiempo y la historia. Por ejemplo, «servir las mesas» en Jerusalén estaba directamente relacionado con una necesidad cultural de aquel momento. Cuando la iglesia se dispersó, los siete hombres que se ocupaban de las necesidades de las viudas dejaron de realizar esta responsabilidad.

Con este trasfondo, también podemos llegar a la conclusión de que los «títulos» no son el asunto más importante cuando se trata de este tipo de servicio y ministerio. A estos hombres y mujeres muy bien podría llamárseles «asistentes», «ayudadores», «siervos» o «ministros», en dependencia del marco cultural. Esto armoniza con lo que ya hemos observado con respecto a aquellos que van a administrar y pastorear el rebaño. En algunos casos, se les llamaba «ancianos» y en otros, se les llamaba «obispos», dependiendo nuevamente de la dinámica cultural.

Figura 3
Una comparación entre los ancianos/obispos (supervisores) y los diáconos

TÉRMINOS	REQUISITOS	FUNCIONES
Ancianos/obispos		
Primeros en ser nombrados; puestos permanentes	Descritos en detalle (1 Timoteo 3:1-7; Tito 1:5-9)	Administrar/pastorear de maneras que sean *definidas de un modo supracultural*; por ejemplo, supervisar, enseñar, amonestar, orar, delegar
Diáconos		
Nombrados solo si es necesario; el puesto puede ser temporal	Descritos en detalle (1 Timoteo 3:8-13)	Servir de varias maneras que a menudo se definen *culturalmente*

Diaconisas
Una interpretación de 1 Timoteo 3:11

Pablo, al perfilar los requisitos para seleccionar hombres que sirvieran como «diáconos», insertó un párrafo que es enigmático incluso para los traductores de la Biblia. Él mencionó cuatro requisitos para las mujeres, utilizando la palabra griega *gunaikas*, que puede utilizarse para describir a cualquier mujer adulta que esté casada, que nunca se haya casado o que sea viuda o divorciada (1 Timoteo 3:11). Esto, por supuesto, representa un desafío para los traductores ya que tienen que determinar lo que quiso decir Pablo basado en el contexto general.[1]

La mayoría de los líderes cristianos a lo largo de los siglos no han aceptado la interpretación de que Pablo se estuviera refiriendo a las «esposas de los diáconos». Más bien, la opinión común es que estaba tratando los requisitos para «mujeres» que también sirven como diáconos. Es por eso que Williams en su traducción acuñó el término «diaconisa». Esta interpretación de hecho parece encajar mejor en el contexto, especialmente porque Pablo no delineó los requisitos para las «esposas» de los ancianos/obispos, un rol incluso más estratégico en la iglesia.

Sin embargo, los líderes de la iglesia han llevado esto un poco más allá y concluido que Pablo se estaba refiriendo a tres «cargo/oficios» en su carta a Timoteo: ancianos/obispos, diáconos y diaconisas. Esto es interesante ya que el término «cargo» nunca se utiliza en el Nuevo Testamento ni para describir el puesto de ancianos/obispos ni el de diáconos.[2]

Una interpretación alternativa

Aunque este enfoque de «los tres cargos» se ha practicado a menudo en la historia de la iglesia, creemos que hay una interpretación más lógica cuando consideramos otros factores textuales, contextuales y culturales. Cuando analizamos la historia bíblica, parece que hay un solo papel de liderazgo principal en la iglesia, es decir, el de ancianos/obispos quienes son responsables de administrar y pastorear al pueblo de Dios, así como los padres son los principales responsables de guiar a sus familias. Los diáconos, por otra parte, son hombres y mujeres competentes que están para *ayudar* a los ancianos/obispos en sus ministerios pastorales.

Esta interpretación incluye a las mujeres no casadas como a las casadas, quienes pueden servir como «diaconisas» al ayudar a los ancianos/obispos sin descuidar sus responsabilidades familiares. Esto incluiría a mujeres como Priscila quien sin duda sirvió como ayudante del apóstol Pablo, junto con Aquila, su esposo (Hechos 18:1-3, 18; Romanos 16:3). También incluiría a mujeres como Febe, una sierva (o diaconisa) de la iglesia de Cencrea (Romanos 16:1).[3]

Requisitos de los diáconos

Con este trasfondo, ahora podemos analizar las cualidades específicas del carácter que Pablo describió en 1 Timoteo 3:8-13 tanto para hombres como para mujeres que sirven en el papel de diáconos.

REQUISITO 1: *«Honorables»*

Pablo utilizó el término griego *senmos* para describir una cualidad general tanto para hombres como para mujeres (1 Timoteo 3:8a, 11a, LBLA). Como dice la Biblia: «también los diáconos deben ser *dignos*» (3:8) y «De igual manera, las mujeres [que ocupen puestos de diaconisas] deben ser *dignas*» (3:11).

REQUISITO 2: *«Sinceros»*

Este requisito de sinceridad (del griego *dilogos*) demuestra honestidad e integridad en la comunicación como lo traduce la NVI, mientras que La Biblia de las Américas traduce *dilogos:* «de una sola palabra», es decir, mantener la palabra.

REQUISITO 3: *«No amigos del mucho vino»*

Esta es la misma cualidad básica que Pablo requería de los ancianos/obispos (ver «El perfil de la madurez» en el capítulo 12). En esencia, en la iglesia no debe servir ningún anciano/obispo o diácono que sea «dados a mucho vino» (1 Timoteo 3:8, RVR 1960).

REQUISITO 4: *«No codiciosos de las ganancias mal habidas»*

Probablemente Pablo concentró la atención en este requisito de una manera específica para los diáconos porque a menudo se les confía la tarea de manejar el dinero de la iglesia (1 Corintios 16:3-4). Nunca debían «meter las manos en la masa».

REQUISITO 5:   «*Guardar, con una conciencia limpia, las grandes verdades de la fe*»

En las iglesias del Nuevo Testamento estaban surgiendo líderes que usaban la verdad bíblica para «buscar ganancias deshonestas»: manipular a las personas para que dieran dinero que se usaba de manera egoísta. Pablo enseñó y modeló que este tipo de conducta era desmesurado (1 Tesalonicenses 2:5).

REQUISITO 6:   «*Que primero sean puestos a prueba*»

Pablo no menciona en el versículo 10 ningún tipo de método en particular para realizar esta prueba, lo que una vez más nos presenta la «libertad de forma» para llevar a cabo «funciones bíblicas» importantes.

REQUISITO 7:   «*No calumniadoras*»

En este punto de la lista parece que Pablo traslada sus pensamientos a las mujeres que también estaban considerándose para que sirvieran como diaconisas (1 Timoteo 3:11). Ya señalamos que tanto los hombres como las mujeres que desempeñen este papel deben ser «honorables». Sin embargo, Pablo mencionó tres requisitos adicionales muy específicos para las mujeres. El primero es que una mujer que sea diaconisa no debe ser «calumniadora».

Obviamente, esto era un problema entre las mujeres de la cultura del Nuevo Testamento ya que Pablo trató el mismo asunto en su carta a Tito, quien debía enseñar a «las ancianas… que sean reverentes en su conducta, y *no calumniadoras*» (Tito 2:3). Pablo no estaba enseñando que los hombres no tienen un problema con las «calumnias». Sin embargo, cuando comparamos los requisitos generales para los hombres que sirven como ancianos/obispos con los requisitos generales para las mujeres en roles de servicio y enseñanza, vemos un énfasis interesante. Observa las comparaciones en la figura 4.

Este patrón literario no parece ser un accidente sino más bien refleja la realidad. Normalmente, el área vulnerable de un hombre es la sexualidad, lo cual se relaciona con el requisito de ser «esposo de una sola mujer».

Por otra parte, el área vulnerable de una mujer a menudo es verbal, un uso inadecuado de la lengua. Además, esto no quiere decir que una mujer no sea tentada a ser inmoral, pero su tentación se concentra más en una comunicación inadecuada.

REQUISITO 8: «moderadas»

Aquí Pablo mencionó la misma característica que había delineado para los ancianos/obispos (1 Timoteo 3:2). En un sentido amplio, una persona «moderada» (del griego *nephaleos)* tiene un enfoque claro en la vida.

Figura 4
Una comparación de los requisitos para los ancianos y las diaconisas

HOMBRES (ANCIANOS)	DIACONISAS
En 1 Timoteo:	En 1 Timoteo:
«Debe ser intachable» (3:2a)	«Deben ser honorables» (3:11a)
«Esposo de una sola mujer» (3:2b)	«No calumniadoras» (3:11b)
En Tito:	En Tito:
«Debe ser intachable» (1:6a)	«Reverentes en su conducta» (2:3a)
«Esposo de una sola mujer» (1:6b)	«No calumniadoras» (2:3b)

REQUISITO 9: *«Dignos de toda confianza»*

Esta palabra griega para «dignos de toda confianza», *pistos,* también puede traducirse como «fiel». En otras palabras, una mujer que exhiba esta cualidad es «digna de confianza *en todo».* Obviamente, esto se aplica también a los hombres, pero por alguna razón no mencionada, Pablo creía que debía destacar este rasgo del carácter en las mujeres que estén considerándose para servir como diaconisas.

REQUISITO 10: *«Esposo de una sola mujer»*

En el versículo 12, Pablo una vez más se dirigió a los hombres, haciendo énfasis en la pureza moral. (Esta frase se discute en detalles en el capítulo 20.)

REQUISITO 11: *«Gobernar bien a sus hijos y su propia casa»*

Aquí Pablo repitió el requisito que ya había delineado para los ancianos/obispos. Si un «hombre de familia» va servir en la iglesia en cualquiera de estos roles, no podrá funcionar como debiera si es incapaz de servir como un esposo fiel y un padre exitoso (ver capítulo 20).

Ayudantes masculinos y femeninos

En esencia, los hombres y las mujeres que sirven como ayudantes de los ancianos/obispos en la iglesia, deben ser tan calificados como aquellos a quienes sirven. Esto tiene sentido ya que, Pablo, en ambas listas, estaba delineando cualidades que reflejan madurez en Jesucristo. En otras palabras, estos rasgos del carácter deben ser las metas para cada cristiano que desee vivir en la voluntad de Dios al reflejar el «fruto del Espíritu».

NOTAS

1. Por ejemplo, los traductores de la versión Reina Valera 1960 usaron la palabra «mujeres». La NVI utilizó la palabra «esposas».

2. La Biblia de las Américas usa el término «cargo» en 1 Timoteo 3:1. Traducciones antiguas del inglés utilizaron la frase «cargo de obispo» (1 Timoteo 3:1) y «cargo de diácono» (3:10, 13) cuando tradujeron los términos griegos *episkopos* y *diakonos*. Sin embargo, el término «cargo» (u obispado como en la Reina Valera) no se utiliza en el texto griego. En otras palabras, los traductores originales de la versión *King James* ayudaron a crear el concepto de los «tres cargos» que está tan extendido hoy, el cual no parece reflejar lo que los autores de la historia del Nuevo Testamento tenían en mente. Los traductores de la Nueva Versión Internacional siguen el griego al no mencionar «cargo» en relación a «obispo» o «diácono» en este pasaje de Timoteo.

3. Robert Lewis, en un artículo muy útil, presenta la idea de que las «mujeres» que Pablo tenía en mente eran «solteras» y debían ser ayudantes de los hombres que servían como diáconos. Además, nos ayuda a entender varias posiciones con relación a este pasaje de la Biblia. Robert M. Lewis, «The "Women" of 1 Timothy 3:11» [Las mujeres de 1 Timoteo 3:11], *Bibliotheca Sacra* 136, abril de 1979, p. 167.

CATORCE

EL PAPEL DE LA MUJER EN EL MINISTERIO (63 d.C.)

DE REGRESO A LA FUENTE

Antes de proceder, compara las restricciones de Pablo para las mujeres en I Timoteo 2:11-14 con lo que escribió en Gálatas 3:27-29 y en Colosenses 3:16. ¿Cómo conciliamos la igualdad «hombre y mujer» en Cristo con las restricciones que Pablo pone en cuanto al liderazgo?

Cuando Pablo trató los requisitos tanto para los ancianos/obispos como para los diáconos en su primera carta a Timoteo, él nos presenta el tema de las mujeres y sus roles de liderazgo en las iglesias del Nuevo Testamento. Esto lleva a una pregunta muy relevante, especialmente en el mundo de hoy: ¿Cómo deben las prácticas del siglo uno determinar los roles del liderazgo para las mujeres en las iglesias del siglo veintiuno?

La mayoría de los historiadores de la iglesia están de acuerdo en que entre los líderes cristianos este asunto se considera resuelto: que una mujer no debe ocupar el puesto de un anciano/obispo. Sin embargo, ya esto no es así en los marcos denominacionales como tampoco lo es en los que no tienen denominación. Hay nuevas voces que desafían los puntos de vista tradicionales.[1]

Por eso es importante, para los que nos aferremos a la autoridad bíblica, darle un vistazo fresco a este tema mediante los lentes de la Escritura, la historia y la cultura. Aunque puede que algunos de nosotros no estemos de acuerdo con ciertas tendencias nuevas en la interpretación y aplicación bíblicas, estos desafíos pueden y deben ayudarnos a todos a evaluar nuestras perspectivas teológicas y a refinar dichas perspectivas si de hecho nuestras conclusiones no están en armonía con la verdad bíblica. Con esto en mente, analicemos lo que parece indiscutible en la historia bíblica.

El cuerpo de Cristo

Cuando se trata de definir la iglesia y cómo esta funciona, el apóstol Pablo enarboló la bandera en pro de un cuerpo unido y en funcionamiento. Como autor bíblico, él fue el único en usar esta metáfora para ilustrar que la iglesia, como el cuerpo humano, «es uno solo» y que «cada miembro está unido a todos los demás» (1 Corintios 12:12; Romanos 12:5). Cuando les escribió a los gálatas, dejó bien claro que no hay diferencias de género cuando se trata de nuestra relación personal con Dios: «Ya no hay judío ni griego, esclavo ni libre, *hombre ni mujer*, sino que todos ustedes son *uno solo en Cristo Jesús*» (Gálatas 3:28).

Pablo también dejó claro que sin lugar a dudas esta verdad implica algo más que nuestra relación personal y de grupo con Cristo. Debemos estar involucrados de manera funcional en las vidas de cada uno aquí y ahora. En su carta a los Efesios, Pablo afirmó claramente que *cada miembro* del cuerpo de Cristo es vital en este proceso de madurez: «Más bien, *al vivir la verdad con amor*, creceremos hasta ser en todo como aquel que es la cabeza, es decir, Cristo. Por su acción *todo el cuerpo* crece y se edifica en amor, sostenido y ajustado por *todos los ligamentos*, según la actividad propia *de cada miembro*» (Efesios 4:15-16).

Cualquier que lea las cartas de Pablo de manera objetiva no puede pasar por alto esta verdad crucial. Todos los creyentes, tanto hombres como mujeres, son necesarios para que cada iglesia local funcione de la manera en que Dios lo planeó. Debemos permitir que «habite en [nosotros] la palabra de Cristo con toda su riqueza: *instrúyanse y aconséjense unos a otros* con toda sabiduría» (Colosenses 3:16; ver también Efesios 5:19).

Edificación de unos a otros

Cuando Pablo describió lo que los creyentes deben hacer «los unos por los otros» [*allelon*], él incluyó, con pocas excepciones, a *todos los miembros* del cuerpo de Cristo.[2] Por ejemplo, cuando escribió a los romanos, él dijo: «Por mi parte, hermanos míos, estoy seguro de que ustedes mismos rebosan de bondad, abundan en conocimiento y están capacitados *para instruirse unos a otros*» (Romanos 15:14).[3] En esta afirmación de «unos a otros», Pablo utilizó la palabra *noutheteo*, que significa «amonestar» o «advertir», lógicamente una faceta de las funciones de la «enseñanza» que se mencionan a través de todo el Nuevo Testamento.

Cuando Pablo escribió a los Tesalonicenses, él utilizó el término griego *parakaleo*, que significa «implorar», «exhortar», «consolar» o «rogar»:

☐ Por lo tanto, *anímense unos a otros* con estas palabras (1 Tesalonicenses 4:18).

☐ Por eso, *anímense y edifíquense unos a otros*, tal como lo vienen haciendo (1 Tesalonicenses 5:11).

El Espíritu de verdad

El término griego que Pablo utilizó cuando exhortó a los tesalonicenses a que se «animaran unos a otros» es el mismo término que Jesús utilizó tres veces en el Evangelio de Juan para describir la venida del Espíritu Santo. Este sería el *parakletos*, que se traduce como «consolador» (Juan 14:16, 26; 15:26). Tres veces también Jesús denominó al «consolador» que vendría como el «Espíritu de verdad» (Juan 14:16-17; 15:26; 16:13), sin dudas haciendo alusión a la revelación inspirada y divina de Dios que algunos de estos hombres enseñarían de forma oral y luego inscribirían en las Sagradas Escrituras (Hechos 2:41; 2 Timoteo 3:16-17). Cuando el «Espíritu de verdad» venga, Jesús prometió que «enseñaría» a los apóstoles «todas las cosas» y les «recordaría» todas las cosas que él les había enseñado (Juan 14:26).

Aunque Jesús dijo que los apóstoles desempeñarían un rol fundamental, único y autoritario en la enseñanza de estas verdades espirituales, Pablo dejó claro que cada miembro del cuerpo de Cristo, tanto hombres como mujeres, participaría en la responsabilidad de «enseñarse» unos a otros la verdad bíblica que reveló el Espíritu Santo. Robert L. Saucy lo enunció bien: «Por lo tanto, una consideración de la evidencia del Nuevo Testamento muestra que la función de la enseñanza en la iglesia se realizaba a través de diferentes medios, incluyendo no solo a los *maestros señalados* sino a *todos los miembros*».[4]

ANCIANOS/OBISPOS: ¿HOMBRES SOLAMENTE?

El debate

Pablo, que a menudo hizo énfasis en nuestra unidad en Cristo como hombres y mujeres y que debemos ministrarnos unos a otros incluyendo varios tipos de funciones de «enseñanza», también enseñó en las epístolas pastorales que solo los hombres deben servir como ancianos/obispos y no las mujeres. En sus cartas tanto a Timoteo como a Tito, él requirió que este líder fuera «esposo de una sola mujer» o como dice el griego: «un hombre de una mujer» (1 Timoteo 3:2; Tito 1:6). También se refirió a los «padres» cuando requirió que un hombre que se escogiera y nombrara como anciano/obispo «Debe gobernar bien su casa y hacer que sus hijos le obedezcan con el debido respeto» (1 Timoteo 3:4; ver también Tito 1:6). En la manera de pensar de Pablo, la iglesia como la «familia» o la «casa de Dios» debía ser una extensión de una unidad familiar intacta, dirigida por esposos y padres maduros espiritualmente.

Sin embargo, la pregunta que algunos líderes cristianos están presentando hoy es si sencillamente Pablo estaba considerando el marco cultural que existía tanto en el mundo judío como en el gentil cuando delineó estos requisitos. Al responder esta pregunta, algunos han llegado a la conclusión de que cuando Pablo dijo que «en Cristo... no hay hombre ni mujer», él estaba hablando de algo ideal y dejando espacio para un movimiento que con el tiempo eliminaría todas las distinciones entre los roles cuando se tratara del liderazgo en la iglesia.[5]

Como se dijo antes, la mayoría de los intérpretes bíblicos estarían de acuerdo en que Pablo, al menos en el contexto del Nuevo Testamento, sí estaba requiriendo que los ancianos/obispos fueran hombres, pero algunos discrepan en cuanto a si esto es un requisito supracultural y por ende normativo. Después de todo, Pablo afirmó que él «[se hizo] todo para todos, a fin de salvar a algunos por todos los medios posibles» (1 Corintios 9:22). ¿Es el requisito de que los hombres y no las mujeres sirvan como ancianos/obispos algo de ese «todo» que Pablo se sentiría con la libertad de cambiar en otro entorno cultural? En otras palabras, ¿estaban estos requisitos relacionados directamente con la situación social en Éfeso y en la isla de Creta (1 Timoteo 1:3; Tito 1:5)?

La conclusión: Un requisito supracultural

Basado en la investigación bíblica, histórica y cultural de nuestros ancianos, hemos llegado a la conclusión de que el requisito de Pablo en 1 Timoteo y Tito es de hecho supracultural y normativo. En otras palabras, los hombres deben ocupar esta posición de administración y liderazgo siempre que exista la iglesia y dondequiera que exista. ¿Es este principio tan importante como las doctrinas de la deidad de Jesucristo, la trinidad y la salvación por gracia mediante la fe? ¡En lo absoluto! Sin embargo, si no aplicamos bien el principio, podría de hecho dañar el objetivo que Pablo de manera tan clara expresó para la iglesia: «a una humanidad perfecta que se conforme a la plena estatura de Cristo» (Efesios 4:13).

Pero, ¿cómo podemos seguir estas instrucciones de Pablo de restringir la posición de anciano/obispo a hombres sin violar sus otras enseñanzas explícitas de que cada miembro del cuerpo de Cristo debe estar involucrado en algún aspecto del «proceso de enseñanza» que lleve a la madurez en la iglesia? Creemos que lo que a menudo ha llevado a una posición en la que se debe elegir puede resolverse cuando nos sobreponemos a los «árboles exegéticos» y vemos el «bosque». En otras palabras, a pesar de lo importante que es comprender los detalles intrincados de los textos bíblicos, en ocasiones es posible que no veamos el «cuadro general» que surge cuando examinamos más cuidadosamente la revelación de Dios mediante un proceso de tiempo.

Ayudantes de los ancianos/obispos

Como concluimos en el capítulo anterior, las mujeres competentes *pueden y deben ayudar* a los ancianos/obispos en todos los aspectos del ministerio. «Lamentablemente», como ha señalado Wayne House, «la atención durante gran parte de la historia de la iglesia ha estado en limitar a las mujeres en los roles de liderazgo, pero se ha dicho muy poco sobre las diversas maneras en que las mujeres pueden servir».[6]

Pablo, en particular, a quien algunos han criticado duramente por considerarlo predispuesto contra las mujeres, a menudo mostró un profundo aprecio por aquellas damas que le ayudaban y servían con él en el ministerio. Hasta muchas feministas creen que Pablo tenía en gran estima a las mujeres. Por ejemplo, el erudito liberal Robin Scroggs defiende los puntos de vista de Pablo cuando escribe: «Es hora, de hecho hace tiempo, de decir alto y claro que Pablo, lejos de ser un machista, *es* el único vocero seguro y coherente a favor de la liberación y la igualdad de las mujeres en el Nuevo Testamento».[7]

Diversas mujeres asistentes

Varias afirmaciones de Pablo con respecto a mujeres específicas ayudan a corroborar la conclusión de Scroggs. Con respecto a Febe, él escribió en Romanos 16:

> Les recomiendo a nuestra *hermana* Febe, *diaconisa* de la iglesia de Cencreas. Les pido que la reciban dignamente en el Señor, como conviene hacerlo entre hermanos en la fe; préstenle toda la ayuda que necesite, *porque ella ha ayudado a muchas personas, entre las que me cuento yo.* [vv. 1-2]

En este mismo capítulo final de Romanos, Pablo extendió saludos a otras mujeres y las elogió por su servicio diligente:

☐ Saluden a *María, que tanto ha trabajado* por ustedes. [v. 6]

☐ Saluden a *Trifena y a Trifosa, las cuales se esfuerzan trabajando por el Señor.* Saluden a mi querida hermana Pérsida, *que ha trabajado muchísimo* en el Señor [v. 12]

Cuando Pablo escribió a los Filipenses, nuevamente mencionó a dos mujeres, *Evodia* y *Síntique,* afirmando que ellas «han luchado a mi lado en la obra del evangelio». Además, señaló que han servido «junto con Clemente y los demás colaboradores míos» (Filipenses 4:3).

Todos los comentarios personales de Pablo sobre diversas mujeres sin dudas están relacionados con lo que hemos concluido con respecto a los diáconos (1 Timoteo 3:11). Junto con hombres competentes, las mujeres competentes debían ayudar a los ancianos/obispos en cualquier forma que fuera necesaria para ayudar a administrar y pastorear la iglesia. Aunque no se nos dice específicamente cómo las mujeres que él menciona por nombre y además tantas otras ayudaron a Pablo, sin dudas podemos asumir que estas desempeñaron roles muy específicos, incluyendo algunas responsabilidades de «enseñanza».

Priscila y su esposo

Al principio de los comentarios finales de Pablo, cuando culminaba su carta a los romanos, él expresó saludos muy especiales al equipo de un esposo y esposa a quienes llevó a Cristo en Corinto: «Saluden a *Priscila* y a *Aquila,* mis compañeros de trabajo en Cristo Jesús. Por salvarme la vida, ellos arriesgaron la suya. Tanto yo como todas las iglesias de los gentiles les estamos agradecidos» (Romanos 16:3-4).

Cuando Pablo dejó a Priscila y a Aquila en Éfeso, ellos escucharon la enseñanza de Apolos acerca de Jesucristo. Aunque lo que él decía sobre el Señor era acertado, «conocía sólo el bautismo de Juan» (Hechos 18:25). Por lo tanto, Priscila y Aquila lo invitaron a su casa «y le explicaron con mayor precisión el camino de Dios» (18:26). No es casualidad que en este caso Lucas mencionara primero el nombre de Priscila, sin dudas indicando que ella tomó la iniciativa en esta oportunidad con Apolos.

Por este incidente no debemos llegar a la conclusión de que Priscila era la líder principal de este hogar. Lucas dejó esto claro en su primera referencia a esta pareja, cuando nos presenta a «Aquila, natural del Ponto, y con su esposa Priscila. Hacía poco habían llegado de Italia» (18:2). Antes de su conversión, probablemente él era un típico esposo judío en cuanto a la manera en que veía su posición patriarcal. Pero cuando se convirtió en creyente mediante la influencia de Pablo, reconoció los dones de su esposa y su habilidad para ayudar en el discipulado de otros. De hecho, evidentemente no estaba preocupado ni se sentía amenazado cuando en ocasiones Priscila tomaba la iniciativa al relacionarse con personas que necesitaban ayuda espiritual, y puede que de hecho haya tomado la iniciativa en el proceso de comunicación.

Mujeres enseñando a otras mujeres

No hay debate acerca del punto de vista de Pablo cuando se trata de «mujeres enseñando a otras mujeres». De hecho, Tito debía instruir a las mujeres mayores de las iglesias en Creta para que enseñaran a las más jóvenes. El texto en esta carta habla por sí solo:

«A las ancianas, enséñales

☐ que sean reverentes en su conducta

☐ no calumniadoras

☐ ni adictas al mucho vino.

☐ Deben enseñar lo bueno

«y aconsejar a las jóvenes

☐ a amar a sus esposos y a sus hijos

☐ a ser sensatas y puras

☐ cuidadosas del hogar

☐ bondadosas

☐ y sumisas a sus esposos, para que no se hable mal de la palabra de Dios» (Tito 2:3-5).

Pablo presentó este modelo de la «mujer anciana, mujer joven» como una de las mayores oportunidades de enseñanza que las mujeres cristianas maduras pueden tener en la iglesia. Pueden compartir la sabiduría de sus años de experiencia, algo que incluso los hombres maduros no tienen la capacidad de hacer. Además, estas *mujeres maduras pueden hacer lo que los hombres no deben hacer* en un marco personal: comunicarse con las mujeres con respecto a asuntos muy íntimos. Es obvio que Timoteo enfrentó este desafío en Éfeso cuando Pablo lo exhortó específicamente como joven soltero a que tratara «a las ancianas, como a madres; a las jóvenes, como a hermanas, con toda pureza» (1 Timoteo 5:1-2).

Comprender un párrafo desconcertante

Ahora llegamos a los comentarios de Pablo con relación a los roles de las mujeres en la iglesia cuando le escribió su primera carta a Timoteo, comentarios que se han estudiado exhaustivamente, especialmente en los últimos años. Las feministas evangélicas han formulado preguntas penetrantes, no solo con relación a los roles de liderazgo de la mujer, sino también en cuanto a la relación con los hombres en general.

Observa los primeros comentarios de Pablo:

> La mujer aprenda en *silencio*, con *toda sujeción*. Porque no permito a la mujer *enseñar, ni ejercer dominio* sobre el hombre, sino *estar en silencio*. Porque Adán fue formado primero, después Eva; y Adán no fue engañado, sino la mujer, *siendo engañada*, incurrió en transgresión (1 Timoteo 2:11-14, RVR).

¿Cómo asociamos estas afirmaciones de Pablo con todo lo que hemos señalado hasta ahora cuando hablamos de que tanto los hombres como las mujeres ocupan puestos de «hablar» y «enseñar» en el cuerpo de Cristo? Para responder a esta pregunta primero tenemos que pensar de forma lógica. Si Pablo quiso decir que una mujer tenía que guardar «silencio absoluto» en presencia de los hombres, se hubiera contradicho a sí mismo muchas veces con respecto a lo que enseñó en otras cartas. Incluso en la iglesia de Corinto, donde emitió una prohibición muy similar (1 Corintios 14:33-35), él no les prohibió a las mujeres utilizar sus dones «de hablar» (14:26).

El cuadro en el Edén

Entonces, ¿qué quiso decir Pablo? ¿Qué tipos de «formas» de comunicación utilizadas por las mujeres violan lo que Pablo en realidad tenía en mente? Para responder a esta pregunta necesitamos observar una pauta muy importante de la carta de Timoteo que está arraigada en la historia de la creación, es decir, una mujer no debe funcionar de manera que ejerza «dominio sobre el hombre» (1 Timoteo 2:12, RVR). Para apoyar esta idea, Pablo apeló primero al orden de la creación: «primero fue formado Adán, y Eva después» (2:13), quien fue creada para que estuviera junto a Adán y fuera su «ayuda adecuada» (Génesis 2:18). Esto no significa que Eva fuera inferior a Adán. En la historia de la creación original no hay ningún indicio de desigualdad. Ambos fueron creados a imagen de Dios, reflejando la perfección del Creador (1:27). Sin embargo, aunque juntos debían «gobernar» la creación animal, desde el comienzo a Adán se le dio la responsabilidad de siervo-líder en esta relación debido a su prioridad en la creación.

Segundo, Pablo afirmó que una mujer no debe tener autoridad sobre un hombre porque fue a Eva a quien Satanás engañó y no a Adán (1 Timoteo 2:14). Por lo tanto, a través de la historia Eva y «todas sus hermanas» sufrieron las consecuencias. El erudito en hebreo Ronald Allen parece captar lo que sucedió después de la Caída con esta paráfrasis ampliada de Génesis 3:16:

> Entonces Dios le dijo a la mujer como consecuencia de su rebelión en contra de la autoridad bienhechora de Yahvéh, las próximas realidades nuevas que marcarían su vida: Traeré algo nuevo al milagro de traer hijos al mundo. Aumentaré grandemente tu dolor al dar a luz. Cuando des a luz a tus hijos será con dolor físico. También permitiré que haya dolor en la relación matrimonial con tu esposo. Tendrás la tendencia de desear usurpar el rol que le he dado a él como el líder compasivo de tu hogar, rechazando su papel y menospreciando su hombría. Y el hombre por su parte tendrá la tendencia de relacionarse contigo en una tiranía sin amor, dominando y ahogando tu integridad como una compañera igual a sí mismo.[8]

¿Significa la segunda razón de Pablo, que primero fue engañada Eva y no Adán, que todas las mujeres en lo adelante eran más propensas al engaño? Creemos que la respuesta es no. Lo que le sucedió a Eva tuvo *consecuencias en el liderazgo* que son continuas, pero no una tendencia mayor hacia el engaño que la que tienen los hombres. De hecho, muchos estudios empíricos demuestran que el género no es un asunto constante en una tendencia al engaño.[9] Cuando evalúo mis propios años de ministerio, debo admitir que en ocasiones he sido más dado a que me engañen que mi esposa. Recuerdo ocasiones en las que de haber escuchado su perspectiva, no habría cometido ciertos errores de juicio.

El cuadro en Éfeso

Con este trasfondo histórico, ahora podemos analizar más detalladamente lo que estaba sucediendo en Éfeso. Cuando Pablo le escribió a Timoteo, este parecía estar tratando un problema muy específico que quebrantaba el principio que acabamos de describir y que está arraigado en la historia de la creación. En la iglesia de Éfeso, así como en otras iglesias a lo largo de todo el mundo romano, ciertas mujeres estaban buscando tener una autoridad que estaba reservada para los hombres, es decir, funcionar en el mismo rol que los ancianos/obispos.

Desde una perspectiva humana, esto es comprensible. En la cultura romana a menudo trataban a las mujeres como esclavas. Era un mundo de hombres. Cuando estas experimentaban libertad e igualdad en Jesucristo, algunas de forma previsible también se inclinaban a una igualdad total en los roles de liderazgo. Esto obviamente se convirtió en un problema en las iglesias del primer siglo.

Creemos que esta es una razón por la cual Pablo les recordó a los cristianos del primer siglo que las mujeres no debían «[*enseñar*] *al hombre y* [*ejercer*] *autoridad sobre él*». Luego prosiguió a delinear los requisitos para esta posición oficial en la iglesia. Como concluye Robert Saucy: «Sobre la base de todo el concepto pastoral de la enseñanza y el contexto inmediato que es obviamente autoritario, la mayoría de los intérpretes entienden que Pablo está prohibiendo a las mujeres una "enseñanza" que se haga en la capacidad de líder de la iglesia».[10]

De la misma manera, C.L. Blomberg llega a la conclusión de que «el único... rol prohibido para las mujeres en el Nuevo Testamento es la posición más alta de «enseñanza autoritaria» en la iglesia».[11] Si esta interpretación es precisa, y creemos que lo es, hay muchas oportunidades estratégicas de enseñanza para las mujeres como ayudantes de los ancianos/obispos al comunicar la verdad bíblica y la sabiduría.

NOTAS

1. Bilezikian, Gilbert, *Community 101* [Curso comunidad 101], Zondervan, Grand Rapids, MI, 1997; ver también de Gilbert Bilezikian, *Beyond Sex Roles* [Más allá de los roles de los sexos], Baker, Grand Rapids, MI, 1985.

2. Para un estudio exhaustivo de los conceptos de «unos a otros» en el Nuevo Testamento, ver tres libros escritos por Gene A Getz: *Building Up One Another* [Edificándonos unos a otros],Chariot Victor, Colorado Springs, CO, 1981; *Encouraging One Another* [Animándonos unos a otros], Chariot Victor, Colorado Springs, CO, 1981 y *Loving One Another* [Amándonos unos a otros], Chariot Victor, Colorado Springs, CO, 1981.

3. En muchos de los pasajes donde *adelphoi* se traduce como «hermanos», este es un término genérico que incluye «hermanas» en Cristo. (Ver también de Gene A. Getz, *La medida de una iglesia*, CLIE, Terrassa, España, 2002, pp. 25-26 [del inglés].)

4. Saucy, Robert L., «Women's Prohibition to Teach Men: An Investigation into Its Meaning and Contemporary Application» [Prohibición para las mujeres de enseñar a los hombres: Una investigación sobre su significado y aplicación contemporánea], *The Journal of the Evangelical Theological Society* [Gaceta de la Sociedad Teológica Evangélica], marzo, 1974, p. 79 (énfasis del autor).

5. Algunos señalan que esto fue en realidad lo que sucedió en el enfoque de Pablo sobre la esclavitud. Aunque en Cristo, no hay ni «esclavo ni libre», el Nuevo Testamento no enseña que en aquel momento el sistema debía ser desmantelado ni abolido, lo que en aquella cultura habría hecho más mal que bien, especialmente para los esclavos. Más bien los autores del Nuevo Testamento exhortaron a los esclavos a servir a sus amos como si estuvieran sirviendo a Jesucristo y que los amos debían amar a sus esclavos como Cristo los amaba. Este enfoque, en esencia, con el tiempo eliminó la esclavitud en la comunidad cristiana, que al final era el plan supremo de Dios. Tenney, Merrill L., *Nuestro Nuevo Testamento*, Portavoz, Grand Rapids, MI. Ver también de William J. Webb, *Slaves, Women & Homosexuals: Exploring the Hermeneutics of Cultural Analysis* [Esclavos, mujeres y homosexuales: Explorando la hermenéutica del análisis cultural], InterVarsity, Downers Grove, IL, 2001, p. 269.

6. House, H. Wayne, «A Biblical View of Women in Ministry» [Una perspectiva bíblica de las mujeres en el ministerio], *Bibliotheca Sacra*, 145, enero, 1988, p. 47.

7. Scroggs, Robin, «Pablo and the Eschatological Woman» [Pablo y la mujer escatológica], *Journal of the American Academy of Religion* [Gaceta de la Academia Norteamericana de Religión], 40, septiembre, 1972, p. 283.

8. Allen, Ronald, *The Majesty of Man* [La majestad del hombre], Multnomah, Portland, OR, 1984, pp. 145-47.

9. Webb, William J., *Slaves, Women & Homosexuals: Exploring the Hermeneutics of*

Cultural Analysis [Esclavos, mujeres y homosexuales: Explorando la hermenéutica del análisis cultural], InterVarsity, Downers Grove, IL, 2001, p. 269.

10. Saucy, «Women's Prohibition to Teach Men», p. 79.

11. Blomberg, C.L., «Not Beyond What Is Written: A Review of Aida Spencer's *Beyond the Curse: Women called to Ministry*» [No más allá de lo que está escrito: Una revisión de la obra de Aida Spencer *Más allá de la maldición: mujeres llamadas al ministerio*], *Criswell Theological Review* [Revista teológica Criswell], primavera de 1988, p. 418.

EL MODELO
DE LA FAMILIA (63 d.C.)

 DE REGRESO A LA FUENTE

Antes de proceder, lee Efesios 5:1-6:9. ¿Qué podemos aprender de este pasaje que apoye el liderazgo masculino en la familia y en la iglesia pero que a la vez dé un fuerte apoyo a las exclusivas asociaciones de hombre-mujer en el ministerio?

Cuando Pablo delineó los requisitos para los líderes espirituales en su primera carta a Timoteo, él utilizó la «familia biológica» como un prototipo de la iglesia, la «familia de Dios». En 1 Timoteo 3 se refirió en primer lugar a los ancianos/obispos y luego a los diáconos masculinos.

> Debe gobernar bien su casa y hacer que sus hijos le obedezcan con el debido respeto; porque el que no sabe gobernar su propia familia, ¿cómo podrá cuidar de la iglesia de Dios? [vv. 4-5; ver también Tito 1:6]

> El diácono debe ser esposo de una sola mujer y gobernar bien a sus hijos y su propia casa. [v. 12]

¿Cómo se espera que funcione este «modelo de la familia» tanto en la familia como en la iglesia? ¿Y cómo se relaciona una comprensión correcta de este modelo con el papel de una mujer en el matrimonio, en la familia biológica y en la familia de Dios? ¿Introdujo Pablo un «modelo patriarcal» supracultural que limita grandemente la libertad de una mujer para participar en las funciones de «hablar» y de «enseñar» de la iglesia? Si se entiende debidamente, creemos que este «modelo» crea lo opuesto, una libertad inusual que se relaciona directamente con lo que Dios diseñó originalmente para los hombres y las mujeres.

Cuando los esposos y las mujeres, los padres y las madres se vuelven creyentes y comienzan a relacionarse unos con otros como «hermanos y hermanas comprometidos en Cristo», esta experiencia de conversión tiene el potencial de restaurar gran parte de la libertad que Dios diseñó para las mujeres y al mismo tiempo mantener los roles que él originalmente creó para los sexos. Aunque el pecado y la maldad del mundo todavía nos impactan, puede haber unidad en Cristo que impacte todas las relaciones: nuestros matrimonios, nuestras familias y nuestras iglesias locales.

Descripción del modelo de la familia

Cuando se trata de los roles de liderazgo en la iglesia y en la familia, algunos cristianos que creen en la Biblia aseveran que en Cristo ya no hay más restricciones en los roles basadas en el género. Ellos creen que se reemplazó el modelo patriarcal del Antiguo Testamento con su fuerte énfasis en el liderazgo masculino, no solo en cuanto a nuestra posición en Cristo, sino en todas las relaciones humanas. Sin embargo, hemos llegado a la conclusión de que hay otro modelo en el Antiguo Testamento que retiene los roles del liderazgo masculino en el matrimonio, la familia y la iglesia, y a la misma vez tiene la capacidad de restaurar de manera asombrosa lo que Dios tenía planeado originalmente antes de que el pecado entrara al mundo. Hemos identificado esto como «el modelo de la familia».

En el diseño divino de Dios, cada «familia biológica» cuando se convierte a Cristo, se convierte en la «iglesia en miniatura». De hecho, muchas iglesias locales comienzan con una familia extendida, como la familia de Cornelio en Cesarea.[1]

Figura 5
El modelo de la familia

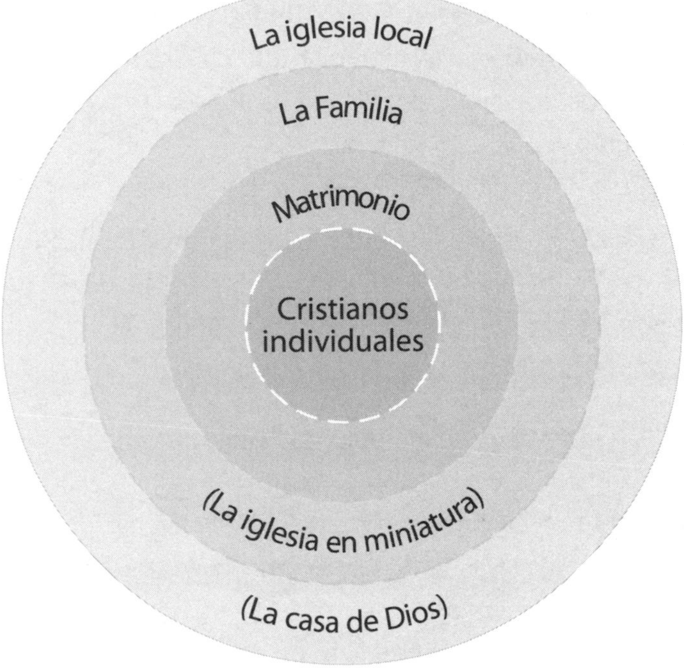

Observa los círculos en la figura 5. Comienza con el círculo más grande y luego sigue la progresión hacia el centro del círculo. Las líneas de puntos indican que todas las unidades sociales son una parte integral de la iglesia, la que está representada por el círculo más grande.

La relación esposo-esposa es, por supuesto, la relación social que engendra la unidad familiar. Pablo también utilizó esta relación íntima, el matrimonio, para ilustrar la relación de la iglesia con Jesucristo. Pablo escribió: «Porque el esposo es cabeza de su esposa, así como Cristo es cabeza y salvador de la iglesia, la cual es su cuerpo» (Efesios 5:23). Nos damos cuenta de que algunos interpretan «cabeza» como «fuente». Sin embargo, creemos que esto es muy difícil de respaldar bíblicamente.[2]

Al mismo tiempo, todas estas unidades sociales cristianas: el matrimonio, la familia y la iglesia, están compuestas de creyentes individuales (ver el centro del círculo en la figura 5). En el matrimonio, dos personas se convierten en una y forman una nueva unidad social. En la familia, el plan general de Dios es que lo que comienza como dos que se convierten en uno, se multiplique en una unidad más grande, donde se modela el amor de Dios y los hijos se crían en una unidad familiar madura. Y, según estas familias maduran y reflejan la plenitud de Cristo, se convierten en las piedras de base de la iglesia. En este sentido, las familias maduras automáticamente conforman iglesias maduras.

Sin embargo, la realidad sigue siendo que una persona puede que no se case nunca. De hecho, Pablo honró la soltería como una oportunidad para servir a Jesucristo de una manera resuelta como miembros vitales de la iglesia, la familia de Dios (1 Corintios 7:8-9, 32-35).

Aplicación del modelo de la familia

Como se dijo antes, Pablo utilizó el modelo de la familia biológica creyente cuando delineó los requisitos del carácter tanto para los ancianos/líderes como para los diáconos. Ser capaces de «gobernar bien su familia» es fundamental para ser capaces de «manejar bien la iglesia» (1 Timoteo 3:4-5, 12). Además, si está casado, un anciano/obispo o diácono debe ser leal a una mujer y solo a una mujer, su esposa (1 Timoteo 3:2, 12; Tito 1:6). Deben amar a sus esposas y servirles así como Cristo nos amó a cada uno de nosotros e incluso dio su vida para pagar por nuestros pecados (Efesios 5:25).

Con este «modelo de la familia» en mente, podemos entender con más claridad cómo quiere Dios que funcionen los líderes en la familia de Dios (ver la figura 6). Primero, Dios *no* nos ha dado un grupo de principios de liderazgo para las relaciones matrimoniales, otros para las relaciones en la familia biológica y otro más para las relaciones en la familia más amplia. Aunque cada esfera de influencia se amplía en cuanto a función y responsabilidad, los principios básicos del liderazgo son los mismos. Un esposo debe ser un *siervo-líder* para su esposa, un padre debe ser un *siervo-líder* en su familia y los ancianos/obispos deben ser *siervos-líderes* en la familia de Dios.

La relación esposo-esposa en el matrimonio

Sin embargo, este modelo centrado en Cristo nos lleva un paso más allá al demostrar el lugar de las mujeres. Aunque la esposa debe reconocer el liderazgo principal de su esposo, ambos deben «andar juntos» con un corazón y mente, amándose el uno al otro, sometiéndose el uno al otro y demostrando la unidad que existe en la comunidad eterna: Padre, Hijo y Espíritu Santo (Efesios 5:21).

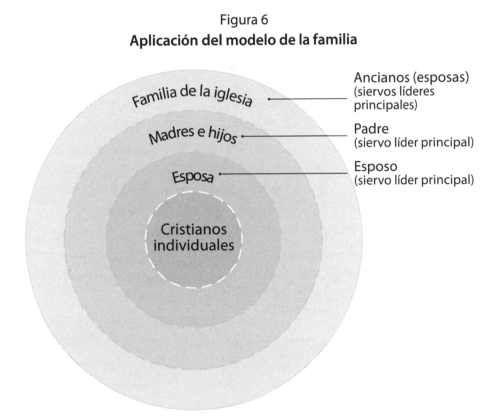

Figura 6
Aplicación del modelo de la familia

La relación padre-madre en la familia

El mismo principio se aplica a las mujeres que son madres. Aunque el padre es el líder ordenado por Dios en el hogar, él y la madre de sus hijos deben funcionar como un equipo, cada uno debe aportar a este rol de liderazgo mutuo una unidad que refleje la comunidad eterna. El padre en particular debe reflejar lo que Dios es: un Padre celestial amoroso que cuida y provee para sus hijos. Y la madre complementa este modelo con su amor y apoyo.

Con una relación restaurada con Dios y del uno con el otro, ellos guían juntos a la familia como uno en Cristo, reflejando la armonía y la unidad que fueron el plan original de Dios: «Y Dios creó al ser humano a su imagen; lo creó a imagen de Dios. Hombre y mujer los creó» (Génesis 1:27).

Los equipos de madre y padre y los solteros en la familia de la iglesia

Ya que la familia, que involucra esposos y esposas y padres y madres, sirve como un modelo para la familia más amplia en la iglesia, se deduce entonces que los ancianos/obispos y sus esposas (si están casados) sirven como equipos múltiples de padres-madres y de siervos-líderes en la iglesia. Este modelo también incluye a las parejas casadas sin hijos.

Además, este modelo proporciona un rol único para las personas que nunca se han casado. Primero, los hombres solteros calificados ciertamente pueden servir como ancianos/obispos. Segundo, las mujeres solteras calificadas pueden servir como diaconisas, sirviendo junto con los ancianos/obispos ayudándolo a realizar sus funciones administrativas y pastorales dentro de la familia de la iglesia, lo que sin dudas implica varios puestos de «enseñanza». En este modelo, las mujeres solteras calificadas sirven en los mismos roles básicos que las mujeres casadas con o sin hijos.

LÍDERES QUE REFLEJEN A JESUCRISTO

Con este modelo, los hombres son los principales siervos-líderes en la iglesia, la familia y el matrimonio, como Dios lo diseñó, pero, como coherederas en Cristo, las madres, esposas y mujeres solteras, también sirven a su lado para ayudar, opinar, enseñar, amonestar, aclarar, explicar y ayudar a tomar decisiones estratégicas. Es por eso que es tan importante nombrar líderes en la iglesia que reflejen el fruto del Espíritu Santo (Gálatas 5:22-23). Esposos y esposas, madres y padres, ancianos/obispos y sus esposas, así como solteros y solteras, deben reflejar a Jesucristo en su estilo de vida o no pueden dirigir de manera efectiva como Dios lo planeó, ni en sus familias ni en la iglesia.

Una nota con relación a los «hombres solteros» que sirven como ancianos/obispos. Es verdad que les falta cierta experiencia que solo viene cuando se es esposo-padre. Sin embargo, eso es lo bueno de tener un equipo de liderazgo múltiple. En la mayoría de los casos, la mayoría de los ancianos/obispos serán casados y serán hombres de familia. Esto es inherente al plan principal de Dios para los hombres y las mujeres. Sin embargo, los hombres solteros pueden hacer contribuciones únicas y también tienen el beneficio de la sabiduría de los otros miembros del equipo de liderazgo.[3]

En el capítulo 36, describiré cómo este modelo intercultural de la familia puede y debe funcionar en la iglesia. Si se entiende y aplica adecuadamente, este permite una libertad increíble para desarrollar «formas culturales» para que las mujeres «funcionen» en roles de liderazgo estratégicos sin quebrantar el plan de Dios para un liderazgo masculino que sea semejante a Cristo.

NOTAS

1. Para un análisis útil de «La familia en el Nuevo Testamento», ver de George W. Peters, *Saturation Evangelism* [Evangelismo de saturación], Zondervan, Grand Rapids, MI, 1970, pp. 150-159.

2. Existen algunos que interpretan la «dirección» de los esposos en el Nuevo Testamento como una referencia a la «fuente» más que como el tener «autoridad sobre». Dos artículos periodísticos muy útiles demuestran la gran debilidad de esta posición. Ver de Wayne A. Grudem, «Does κεφαλή ("Head") Mean "Source" or "Authority Over" in Greek Literature? A survey of 2,336 Examples" [¿Significa κεφαλή ("cabeza") fuente o "autoridad sobre" en la literatura griega? Un repaso de 2.336 ejemplos], *Trinity Journal* 11, primavera de 1985, 38—59. Wayne A. Grudem, «The Meaning of κεφαλή ("Head"): A Response to Recent Studies» [El significado de κεφαλή ("cabeza"): Respuesta estudios recientes], *Trinity Journal* 11, primavera de 1990, pp. 3-72. Más asequible para muchos sería el trabajo idéntico *Recovering Biblical Manhood and Womanhood* [Recuperar la hombría y la feminidad bíblicas], eds. John Piper y Wayne A. Grudem, Crossway, Westchester, IL, 1991.

3. Mark Chalemin, quien sirve como mi asistente de investigación en *Fellowship Bible Church North*, también ha estado muy involucrado en este estudio. Menciono esto para hacer énfasis en las contribuciones de un hombre soltero maduro a este proceso. Mark, como Timoteo, nunca se ha casado, al menos hasta el momento en que se escribe este libro. Aunque no es un anciano oficial, se ha reunido con nosotros durante estos debates y sus opiniones y esfuerzos investigativos han sido muy útiles.

DIECISÉIS

APOYO FINANCIERO
(63 d.C.)

DE REGRESO A LA FUENTE

Antes de proceder, lee nuevamente 1 Timoteo 5:17-18, en esta ocasión en la versión Reina Valera de 1960. Algunos creen que Pablo estaba describiendo dos roles principales para los ancianos/obispos, los que administran y los que enseñan. Basado en nuestro estudio hasta aquí y en un análisis cuidadoso de estos versículos, ¿por qué esto parece ser una falsa dicotomía?

La primera referencia de Pablo a dar apoyo financiero a un líder aparece en sus cartas a las iglesias de Galacia, escrita probablemente entre los años 48-49 d.C.[1] «El que recibe instrucción en la palabra de Dios, comparta todo lo bueno con quien le enseña», escribió Pablo (Gálatas 6:6). Ya que las iglesias en Listra, Iconio y Antioquía de Pisidia eran iglesias gálatas, y ya que Pablo y Bernabé designaron líderes espirituales en estas iglesias, podemos asumir que él estaba animando a estos creyentes a que cuidaran de sus líderes en el sentido financiero, especialmente a aquellos que les estaban enseñando la Palabra de Dios. Pablo elaboró esta exhortación en su primera carta a Timoteo, sin dejar dudas con respecto a que las iglesias deben proveer para estos hombres y sus familias:

Los ancianos que dirigen bien los asuntos de la iglesia son dignos de doble honor, especialmente los que dedican sus esfuerzos a la predicación y a la enseñanza. Pues la Escritura dice: «No le pongas bozal al buey mientras esté trillando», y «El trabajador merece que se le pague su salario». (1 Timoteo 5:17-18)

ADMINISTRAR BIEN

Administrar y pastorear

Antes de analizar más específicamente lo que Pablo quiso decir con relación al apoyo financiero de un líder, debe interpretarse de manera correcta una parte fundamental de sus instrucciones. Algunos creen que Pablo en realidad estaba dividiendo a los ancianos/obispos en dos categorías con responsabilidades separadas: Aquellos que administrar y aquellos que enseñan. Sin embargo, a partir de la historia de liderazgo que hemos estado develando hasta ahora, esto no podría ser lo que Pablo tenía en mente. Una interpretación adecuada de las instrucciones específicas de Pablo a Timoteo tampoco lleva a esta conclusión. Más bien, cada anciano/obispo deber ser un líder «administrativo» y «pastoral». Esta es una responsabilidad general y para realizar este ministerio de manera efectiva, todos los ancianos/obispos deben estar involucrados, al menos hasta cierto punto, en las funciones específicas siguientes:

- ☐ enseñar la verdad bíblica (Gálatas 6:6; 1 Timoteo 5:17; Tito 1:9)

- ☐ modelar una conducta semejante a la de Cristo (1 Timoteo 3:2; Tito 1:6; 1 Tesalonicenses 2:10-12)

- ☐ mantener pureza doctrinal (Hechos 20:29-30; Tito 1:9)

- ☐ disciplinar a los creyentes indisciplinados (Gálatas 6:1-2)

- ☐ supervisar los asuntos financieros (Hechos 11:29-30; 2 Tesalonicenses 3:10-12)

- ☐ orar por los enfermos (Santiago 5:13-15)

Lo que Pablo estaba diciéndole a Timoteo es que habrá ancianos/obispos que pasarán más tiempo que otros administrando y pastoreando la iglesia y en particular realizando las «funciones de enseñanza» principales, lo que implica animar, amonestar, instruir, corregir, capacitar, predicar, explicar, etc. Además, Pablo no estaba limitando esta responsabilidad a «enseñar las Escrituras» en un marco formal sino más bien a todo lo que está implicado en la comunicación verbal. Como sabe cualquier que ocupe un papel de liderazgo principal en la iglesia, mantener una comunicación eficiente y eficaz es clave para la unidad dentro del cuerpo de Cristo, y es uno de los aspectos más exigentes del ministerio.

No es para unos sí y para otros no

En resume, Pablo sencillamente estaba exhortando a Timoteo para que se asegurara de que se atendieran adecuadamente desde el punto de vista financiero a los ancianos/obispos que estaban pasando mucho tiempo llevando a cabo todas las responsabilidades de comunicación que involucra ser un buen pastor y un buen administrador. De ninguna manera él está estableciendo algo que funcione para unos y para otros no dentro del equipo de liderazgo, recompensando solo a los que encajen en el enfoque moderno que se concentra en los expositores bíblicos. Lamentablemente, esta interpretación recompensa a las personas que pudieran ser buenos maestros bíblicos en un marco formal pero que no pasan tiempo suficiente desarrollando y utilizando las habilidades de comunicación en todos los aspectos de un ministerio pastoral.

Una falsa dicotomía

Aquellos que dividen la exhortación de Pablo en dos categorías de ancianos/obispos, a menudo redefinen lo que significa «administrar» y «pastorear» la iglesia. Ellos superponen una definición moderna de lo que significa ser un «buen administrador», una persona que se asegura que la «maquinaria organizativa» de la iglesia esté funcionando adecuadamente. Por otra parte, aquellos que están clasificados como «maestros» y «expositores» a menudo se concentran casi exclusivamente en instruir a las personas en las Escrituras y dejan que aquellos que no están involucrados en un ministerio directamente con las personas se ocupen de las tareas «administrativas». Lamentablemente esto puede llevar a una dicotomía en el equipo de liderazgo, algo que nunca fue la intención del Nuevo Testamento.

Luego de explicar la perspectiva de Pablo, debe decirse que ser un maestro efectivo de la Biblia en el mundo de hoy es en realidad una tarea que lleva mucho tiempo y sin dudas cae en el terreno de ser reconocido con «doble honor», es decir, apoyo financiero. Sin embargo, también debe decirse que un maestro de la Biblia que pasa mucho tiempo estudiando y explicando el texto bíblico y, no obstante, descuida su papel como «pastor», perderá el contacto con las «ovejas», algo que las Escrituras nunca estimulan. Hacerlo llevará a una mentalidad de torre de marfil que puede dejar a las personas con «conocimiento intelectual» y percepciones que están fuera de contacto con su propia realidad. Esto lleva a dos problemas, especialmente si algunos ancianos/líderes se han convertido en «administradores», lo que significa que ambos «grupos» a menudo están demasiado alejados de las personas a quienes se supone que sirvan.

Funciones y formas

Como hemos visto a lo largo del estudio, la historia del Nuevo Testamento se enfoca en «funciones» y no en «formas». Esto significa que es muy importante que definamos con claridad y correctamente las funciones de los ancianos/obispos. Si no lo hacemos, desarrollaremos «formas» que perpetúan «funciones» que no están en armonía con lo que la Biblia enseña. No debe sorprendernos que esto produzca ineficiencia e incluso falta de unidad cuando se trata de ser administradores y pastores eficaces del rebaño de Dios.

«DOBLE HONOR»

El término «doble» (*diplous*) en el versículo 17 significa literalmente «dos veces más» y el término que se traduce como «honor» (*time*) significa literalmente «valor» y «estima del más alto grado». Juntas las palabras tienen tanto un significado cuantitativo como cualitativo. Pablo clasificó el «apoyo monetario» como un medio de «apreciar y honrar» el servicio fiel y el trabajo arduo.

Pablo no estaba sencillamente hablando «palabras de reconocimiento», por importante que esto pueda ser. Más bien él estaba hablando de ayuda económica, y en la mayoría de las culturas del mundo el «doble honor» se traduce en «dinero», el medio a través del cual compramos comida, ropa, construimos hogares y nos ocupamos de otras necesidades físicas y psicológicas. Para citar la ley del Antiguo Testamento que Jesús reiteró, Pablo dijo: «No le pongas bozal al buey mientras esté trillando» (v. 18; ver Deuteronomio 25:4) y «El trabajador merece que se le pague su salario» (ver Levítico 19:13; Deuteronomio 24:15; Mateo 10:10; Lucas 10:7).

Apoyar a los líderes espirituales está arraigado en el Antiguo Testamento. Dios ordenó a los israelitas que apartaran la décima parte de su cosecha anual y la décima parte de sus rebaños y ganado para sostener a los levitas y a los sacerdotes (Levítico 27:30-34; Números 18:21). Y Jesús destacó este principio cuando envió a los doce en una misión dirigida a los hijos de Israel (Mateo 10:5). Él instruyó a estos hombres que «no [llevaran] oro ni plata ni cobre en el cinturón» (v. 9) ya que debían ser sostenidos por aquellos a quienes estaban ministrando. Si a cambio las personas ministraban a los apóstoles de manera física y material, incluso si eso solo implicaba «un vaso de agua fresca», Dios mismo los recompensaría (v. 42).

En su carta a Timoteo, Pablo extendió a la iglesia este principio del Antiguo Testamento de apoyar a los líderes espirituales. Cuando los ancianos/obispos, al igual que los levitas, los sacerdotes y los apóstoles, dedican su tiempo y energía al ministerio, deben ser atendidos financieramente. Pablo también amplió la aplicación de este principio de manera considerable cuando les dijo a los corintios que «el Señor ha ordenado que quienes predican el evangelio vivan de este ministerio» (1 Corintios 9:14). En otras palabras, también debe atenderse financieramente a los que están involucrados en la fundación de iglesias (como el apóstol Pablo, Bernabé, Silas, Timoteo y Tito). Esto es doblemente importante ya que estas personas a menudo dejan sus hogares, sus comunidades y su fuente normal de ingresos para cumplir con la gran comisión.

Palabras de advertencia

Pablo y otros líderes del Nuevo Testamento, habiendo hecho énfasis en que los líderes espirituales que pasan mucho tiempo en el ministerio deben tener el sustento financiero de la iglesia, también advirtieron en contra de abusar de este privilegio. Un anciano/obispo no debe ser «amigo del dinero» (1 Timoteo 3:3) y los diáconos nunca deben ser culpables de «[codiciar]... ganancias mal habidas» (1 Timoteo 3:8; Tito 1:7). Más bien deben ser «hospitalarios» (1 Timoteo 3:2; Tito 1:8). Pedro también exhortó a estos pastores espirituales a que nunca tuvieran «ambición de dinero, sino... afán de servir» (1 Pedro 5:2).

El modelo de Pablo

Pablo estaba profundamente comprometido con modelar este principio. Aunque él, de todos los autores del Nuevo Testamento, animó a los cristianos a que apoyaran a sus líderes espirituales económicamente, también fue el más cauteloso al recibir regalos materiales, especialmente de parte de los incrédulos e incluso de nuevos cristianos. De ninguna manera él quería dar la impresión de que la vida eterna podía ganarse o de que tenía motivos materialistas al compartir las buenas nuevas. Él le recordó a la iglesia tesalonicense este aspecto cuando escribió: «Recordarán, hermanos, nuestros esfuerzos y fatigas para proclamarles el evangelio de Dios, y cómo trabajamos día y noche para no serles una carga» (1 Tesalonicenses 2:9; ver también Hechos 20:33-35).

Aunque Pablo fue cuidadoso al aceptar regalos materiales, él sí recibió ayuda financiera de creyentes que eran lo suficientemente maduros como para comprender sus motivos. Incluso cuando estaba en Tesalónica, donde no recibió regalos materiales, se regocijó cuando llegaron regalos de parte de la iglesia filipense (Filipenses 4:16). Y cuando él escribió a estos creyentes desde la prisión en Roma, uno de sus propósitos era agradecerles los regalos monetarios que una vez enviaron para satisfacer sus necesidades personales (v. 18). Pero aún en ese momento él quería que ellos supieran que lo que ellos dieron al final era un regalo para Aquel a quien él servía: «una ofrenda fragante, un sacrificio que Dios acepta con agrado» (v. 18). Y ya que Pablo estaba sirviendo a Cristo más que a sí mismo, lo que ellos daban les sería «acreditado» a su «a su cuenta [bancaria]» en el cielo (v. 17).

Ser honesto y responsable

Qué tremendo mensaje envía el modelo de Pablo a cada líder cristiano que en la actualidad está recibiendo «doble honor». Este no deja espacio para la manipulación, el egoísmo, la avaricia y la deshonestidad de ninguna forma, lo que incluye evitar cualquier conflicto de intereses y cualquier malversación de fondos. Aunque cada «obrero merece su salario», nunca debemos servir a Dios para «llenarnos los bolsillos».

Todos los que estamos en el ministerio y que recibimos sustento financiero debemos ser honorables en la manera en que gastamos nuestro tiempo y energía. De hecho, es importante que tomemos la iniciativa, siguiendo el ejemplo de Pablo, para establecer un sistema de rendir cuentas. Si no lo hacemos, puede que terminemos utilizando «nuestra libertad» de manera irresponsable. Aunque quizá nunca «cojamos dinero de la caja», puede que estemos «robando tiempo» que debe ser invertido en un esfuerzo de ministerio en particular que corresponda con nuestro sustento monetario.

NOTA

1. Eruditos reconocidos difieren con relación a cuándo fue escrita la carta a los gálatas y para quién. Por ejemplo, J.B. Lightfoot en *St. Paul's Epistle to the Galatians*, [Epístola de San Pablo a los gálatas], 10ma edición, Macmillan, Londres, Inglaterra, 1890, pp. 18-35, cree que la carta fue escrita después del segundo viaje misionero de Pablo por el norte de Galacia. Por otra parte, Sir William Ramsey en *An Historical Commentary on St. Paul's Epistle to the Galatians* [Un comentario histórico sobre la epístola de San Pablo a los gálatas], G.P. Putnam's Sons, New York, NY, 1900, ii, p. 478, arguye que «las iglesias de Galacia» eran las de Antioquia de Pisidia, Iconio, Derbe y Listra, las que Pablo estableció en su primer viaje misionero por el sur de Galacia. Merrill Tenney en *New Testament Survey* [Estudio del Nuevo Testamento], Eerdmans, Grand Rapids, MI, 1953, pp. 266-267, señala: «La importancia de la diferencia en interpretación es que la teoría del sur de Galacia permite una fecha anterior para Gálatas y una mejor explicación de su marco histórico».

DIECISIETE

PROTECCIÓN Y DISCIPLINA (63 d.C.)

DE REGRESO A LA FUENTE

Antes de proceder, lee Deuteronomio 19:15-19. ¿Qué aspectos de estas instrucciones del Antiguo Testamento se aplican a las directivas de Pablo a Timoteo?

Justo después de instruir a Timoteo con relación a la necesidad de asegurarse de que se satisfagan las necesidades materiales de ciertos ancianos/obispos en Éfeso, Pablo prosiguió con las pautas tanto para proteger como para disciplinar a los líderes espirituales que pudieran ser acusados de obrar mal:

> No admitas ninguna acusación contra un anciano, a no ser que esté respaldada por dos o tres testigos. A los que pecan, repréndelos en público para que sirva de escarmiento. (1 Timoteo 5:19-20)

En este punto Pablo puede haber estado pensando más que nada en la responsabilidad financiera. Quizá acusaron falsamente a algunos hombres de malversar el dinero. Por otra parte, quizá las acusaciones fueran justificadas y estaban aquellos que eran «codiciosos de ganancias mal habidas» que estaban aprovechándose de la gente en el sentido financiero (Tito 1:7; 1 Timoteo 3:3, 8). Lamentablemente, esto sucedió en el primer siglo y todavía sucede en el siglo veintiuno. Ya que es así, los líderes espirituales dedicados que nunca serían deshonestos ni violarían los principios éticos de ninguna manera, a veces quedan bajo una nube de sospecha.

Proteger a los líderes espirituales

Primero que todo, definitivamente Pablo estaba intentando proteger a cualquier líder de acusaciones falsas. Esta era la intención fundamental de la ley del Antiguo Testamento a la que Pablo alude en Deuteronomio: «Un solo testigo no bastará para condenar a un hombre acusado de cometer algún crimen o delito. Todo asunto se resolverá mediante el testimonio de dos o tres testigos» (Deuteronomio 19:15).

Esta pauta del Antiguo Testamento se diseñó para proteger a cualquier persona de que se le acusara injustamente, no solo a los líderes de Israel. Sin embargo, cuando Pablo le escribió a Timoteo, él aplicó esta «regla general» del Antiguo Testamento de una «manera particular» a los ancianos/obispos en las iglesias del Nuevo Testamento.

Pero esto nos lleva a una segunda observación. Pablo no estaba diciendo que a menos que haya dos o tres testigos, deba pasarse por alto o no tomarse en serio una acusación. En otras palabras, pudiera ser «cierta» o «falsa». Si es «falsa», debe corregirse, especialmente si están aquellos que perciben que la acusación no sea exacta. Es por eso que Moisés, en el marco del Antiguo Testamento, prosiguió diciendo:

> Si un testigo falso acusa a alguno de un crimen, las dos personas involucradas en la disputa se presentarán ante el Señor, en presencia de los sacerdotes y de los jueces que estén en funciones. Los jueces harán una investigación minuciosa, y si comprueban que el testigo miente y que es falsa la declaración que ha dado contra su hermano, entonces le harán a él lo mismo que se proponía hacerle a su hermano. Así extirparás el mal que haya en medio de ti. (Deuteronomio 19:16-19)

Si se acusa a un anciano/obispo falsamente, esto aumenta la necesidad de una investigación a fondo. Es una tragedia que la gente mala asesine el carácter de un líder espiritual. Resolver este tipo de problema se convierte en un proceso que consume mucho tiempo, pero debe hacerse con cuidado, rigurosamente, con oración, lo cual requiere una gran cantidad de sabiduría y discreción.

Disciplinar a los líderes espirituales

Si una investigación profunda rebela que la acusación es falsa, los ancianos/obispos deben hacer todo lo que esté en sus manos para proclamar que el acusado es inocente. Sin embargo, si la acusación es cierta, debe tratarse con el pecado. Es por eso que Pablo prosiguió afirmando en sus instrucciones que «A los que pecan, repréndelos en público para que sirva de escarmiento» (1 Timoteo 5:20). En el contexto del Antiguo Testamento, la «reprensión en público» era para que todo Israel lo supiera. Sin embargo, como hemos visto, Pablo restringió este concepto a los ancianos/obispos de la iglesia, y por ende parece que también restringió la «reprensión en público» a los compañeros que eran líderes espirituales para que estos «tomaran la advertencia» para sus propias vidas.

¿Disciplina privada o pública?

Sin embargo, esto no significa que este tipo de disciplina nunca se haga pública a toda la comunidad de la iglesia. Depende de la gravedad del pecado y de la respuesta a la disciplina que tenga el líder en particular. Por ejemplo, si la acusación implica inmoralidad, es prácticamente imposible mantener este tipo de información dentro del círculo del liderazgo, especialmente ya que este tipo de posición involucra un papel muy público. Sin embargo, cuando sí sea necesario llevarlo a toda la congregación (por ejemplo, para evitar rumores), esperemos que el anciano/obispo que sea culpable de este tipo de pecado ya haya experimentado un verdadero arrepentimiento, incluso si debe renunciar porque ya no es «irreprensible» en este aspecto de su vida. «Ser perdonado» y «recobrar la confianza» son asuntos separados cuando se trata de fracasos éticos y morales. Aunque Pablo no estaba enseñando que estos fracasos eliminan para siempre a una persona del ministerio, la perspectiva total que Pablo presentó a Timoteo sin dudas implicaba que aquellos que quieran ser restituidos deben demostrar un arrepentimiento total y absoluto y durante un tiempo deben haber reestablecido su reputación en la comunidad cristiana.

Tristemente, la necesidad de disciplinar a los «compañeros líderes» parece ser mucho más predominante que tener que defender a aquellos que son acusados en falso. Cuando el «río suena es porque piedras trae». Irónicamente, si un líder espiritual está quebrantando la voluntad de Dios, especialmente en el área moral, él tiene un sistema integrado para ocultar su pecado, es decir, las enseñanzas morales y éticas de la Escritura. ¿Quién puede acusar a un hombre que con vehemencia predica en contra de estas cosas? En realidad está usando esto como una cortina de humo para ocultar sus propios pecados.

Un testigo válido

Hay algunos que definen de manera estrecha lo que significa ser un «testigo». Ellos excluyen a una persona que diga ser «víctima» del pecado de un líder. Sin embargo, las «víctimas» también son testigos, incluso en los tribunales de hoy día. Sus testimonios no deben descartarse porque están informando acerca de un pecado que se perpetró en su contra. De acuerdo, cualquier acusación así debe investigarse cuidadosamente incluso si solo una persona está involucrada en presentar la acusación. La verdad debe prevalecer. Es en este punto que las instrucciones con relación a «dos o tres testigos» se hacen muy importantes, aunque estos dos o tres testigos también sean víctimas.

Una de las situaciones más extrañas que he encontrado personalmente involucraba a un pastor con una conducta homosexual tanto seductora como promiscua. Durante el mismo período él servía como líder principal de una iglesia en particular, enseñaba a la gente en general y especialmente a sus ancianos que los «dos o tres testigos» querían decir que al menos debía haber dos, o tal vez tres, personas que hubieran observado una conducta inmoral para que fueran testigos válidos. En otras palabras, aquellos individuos que decían ser «víctimas» de la conducta de su pastor, no se consideraban testigos «legales» y sus testimonios no debían tomarse en cuenta.

Lamentablemente, esta interpretación no solo quebranta el significado bíblico sino que prácticamente elimina cualquier manera de descubrir la verdad en estas situaciones. De hecho, un culto religioso muy conocido se ha comenzado a investigar por abuso sexual de niño y jóvenes por parte de sus «ancianos». Es triste pero ellos han seguido ocultando este horrible pecado con esta interpretación interesada. Aunque las víctimas han acusado una y otra vez a estos llamados líderes espirituales, su testimonio se ha rechazado porque no había otros «testigos» de esta conducta inmoral.

Debemos recordar que las acusaciones de inmoralidad son las más difíciles de verificar porque se hacen deliberadamente en secreto y normalmente «de tú a tú». En la mayoría de los casos estos pecados no tienen otros testigos que las propias víctimas. Por ende, esto aumenta la necesidad de una investigación todavía más cuidadosa. Aunque es posible que dos o tres individuos puedan conspirar contra un líder espiritual con la misma «mentira», no ocurre con frecuencia. La mayoría de las personas no quieren quedar enredadas en este tipo de tela de araña engañosa porque temen que probablemente serán descubiertas.

Lo que se hace más devastador para una iglesia es cuando un líder espiritual realmente es culpable y está utilizando su posición y autoridad para cubrir el pecado al negar las acusaciones y hacerse ver como la víctima en lugar del perpetrador. Lamentablemente, las personas que son inmorales también mentirán y harán lo que sea para protegerse a sí mismas.

Mantener la objetividad

Al tratar con una conducta pecaminosa en el liderazgo de la iglesia, uno de los desafíos más difíciles es desarrollar y mantener la objetividad. Por ende, lo próximo que Pablo hace es tratar este asunto con Timoteo:

> Te insto delante de Dios, de Cristo Jesús y de los santos ángeles, a que sigas estas instrucciones sin dejarte llevar de prejuicios ni *favoritis-*

mos. No te apresures a imponerle las manos a nadie, no sea que te hagas cómplice de pecados ajenos. Consérvate puro. (1 Timoteo 5:21-22)

Cuando alguien ha trabajado con otra persona de cerca en el ministerio y ha desarrollado una relación de confianza durante un largo período, se hace muy difícil ser objetivo al evaluar las acusaciones de una conducta pecaminosa. Sé que esto se ha cumplido en mi propia vida como pastor, tratar con las personas de manera objetiva, sin «parcialidad» y sin mostrar «favoritismo». Por esto es tan importante que más de un líder espiritual esté involucrado en aclarar todos los factores que tengan que ver con los que sean culpables de pecado. Fue en este punto que Pablo también le advirtió a Timoteo que no restaurara a la persona con demasiada rapidez. Esta parece ser la interpretación más razonable de lo que Pablo quiso decir cuando le advirtió a Timoteo que no se apresurara «a imponerle las manos a nadie». Toma tiempo probar los motivos verdaderos de una persona. Repito, personalmente he visto personas que han sido sorprendidas en pecado y que reaccionaron inmediatamente con «pena», incluso con lágrimas. Pero con el tiempo, quedó claro que lo lamentaban, no porque realmente estuvieran quebrantados delante de Dios sino porque habían sido sorprendidos y descubiertos.

Evitar la participación

Pablo trató otro asunto. Timoteo no solo debía tratar con estas situaciones de manera objetiva y perceptible sino que además debía tener cuidado de nunca participar en los pecados de los demás. En esencia, Pablo parecía estar diciendo que Timoteo nunca debía «encubrir el pecado volviendo la mirada» y actuando como si este no existiera. Es fácil para los cristianos preocupados justificar el secreto con la sincera idea de que están protegiendo a la persona. Sin embargo, al hacerlo, puede que estén permitiendo que la persona evite las consecuencias que Dios diseñó para ayudar a llevar a la persona a un verdadero arrepentimiento. Además, este tipo de «protección» a veces condiciona a la persona para que racionalice de manera continua y para más fracasos. Es obvio que al exponer el pecado debe hacerse con sensibilidad, pero no a costa de quebrantar los principios bíblicos. Si lo hacemos, no ayudaremos a la persona a experimentar un verdadero arrepentimiento.

Si el pecado involucra inmoralidad, debemos ser doblemente cuidadosos de no convertirnos en participantes. Por lo tanto, Pablo le advirtió a Timoteo «Consérvate puro» (1 Timoteo 5:22). En otras palabras, cuando tratamos de liberar a alguien del pecado, podemos quedar atrapados nosotros mismos, especialmente si esto ha sido una debilidad en nuestras propias vidas.

Lamentablemente, hoy sucede aquello contra lo que Pablo advirtió. He visto ancianos y diáconos embaucados y engañados por un líder espiritual fuerte. Estos no solo «encubrieron» el pecado sino que algunos con el tiempo siguieron el ejemplo de su líder y cometieron los mismos pecados. Trágicamente, una vez que esto sucedió, estos hombres comenzaron a encubrirse unos a otros y quedaron atrapados, sabiendo que si desenmascaraban a su líder, ellos también quedarían desenmascarados. Qué situación tan insidiosa, pero esto demuestra los resultados devastadores de ocultar el pecado, especialmente en el liderazgo de la iglesia.

Protección y disciplina igual para todos

Las advertencias y procesos de los que Pablo habló con relación a proteger y disciplinar a los ancianos/obispos ciertamente se aplican a todos los líderes espirituales de la iglesia, sin tener en cuenta su posición. Por ejemplo, en la mayoría de las iglesias hay pastores y maestros que no son ancianos/obispos. Hay «diáconos» y otros «asistentes» que ayudan en el ministerio. Lo que Pablo le escribió a Timoteo ofrece una instrucción que puede aplicarse a todos los ministerios de la iglesia, independientemente de la dinámica cultural. De hecho, estos se aplican a cada miembro del cuerpo de Cristo.

DIECIOCHO

PASTOREAR EL REBAÑO DE DIOS (63 d.C.)

DE REGRESO A LA FUENTE

Antes de proceder, lee Juan 9:1–10:18. Observa que cuando Jesús se identificó a sí mismo como «el buen pastor», estaba haciendo un contraste entre lo que acababa de hacer por el ciego y lo que los «pastores» religiosos de Israel le acababan de hacer a este hombre y a su familia.

Cuando el apóstol Pedro escribió a las iglesias esparcidas por Asia Menor (1 Pedro 1:1), se dirigió a los ancianos/obispos como «pastores», una palabra mucho más pintoresca y gráfica que «administradores». Aunque las dos palabras son sinónimos en la historia bíblica, el título de «pastor» capta el papel de un anciano/obispo de manera hermosa.

Lo que Pedro escribió parece ser autobiográfico y también una exhortación. Si examinamos su pasado y vemos más allá de estas palabras de ánimo en su primera carta, notaremos un retrato del propio Pedro: en un tiempo el gerente principal de un próspero negocio de pesca. Luego conoció a Jesucristo y lo siguió, quien le enseñó los caminos de un pastor afectuoso y compasivo:

> A los ancianos que están entre ustedes, yo, que soy anciano como ellos, testigo de los sufrimientos de Cristo y partícipe con ellos de la gloria que se ha de revelar, les ruego esto: cuiden como pastores el rebaño de Dios que está a su cargo, no por obligación ni por ambición de dinero, sino con afán de servir, como Dios quiere. No sean tiranos con los que están a su cuidado, sino sean ejemplos para el rebaño. Así, cuando aparezca el Pastor supremo, ustedes recibirán la inmarcesible corona de gloria (1 Pedro 5:1-4).

El buen pastor

Mientras Pedro dictaba este párrafo sobre las cualidades de un pastor, debe haber estado pensando en numerosas experiencias. Él escuchó a Jesús dar un mensaje penetrante a los fariseos de Jerusalén, después que expulsaron de la sinagoga al «ciego» a quien Jesús había sanado. En ese momento Jesús se lo encontró y, luego de abrirle los ojos físicamente, con gentileza y compasión le abrió los ojos de su corazón (Juan 9:34-39). Y no es casualidad que luego Jesús se volviera a los fariseos, estableciendo un contraste entre su ministerio para con este hombre y las acciones ásperas y sarcásticas de ellos:

> Yo soy el buen pastor. El buen pastor da su vida por las ovejas. El asalariado no es el pastor, y a él no le pertenecen las ovejas. Cuando ve que el lobo se acerca, abandona las ovejas y huye; entonces el lobo ataca al rebaño y lo dispersa. Y ese hombre huye porque, siendo asalariado, no le importan las ovejas (Juan 10:11-13).

Los fariseos se consideraban a sí mismo «líderes espirituales», pero ellos eran cualquier cosa menos «pastores». La manera en que trataron al «pobre mendigo» y a su familia demostraba su deseo voraz de poder, prestigio y posición. Ellos actuaban más como «lobos». No les importaba para nada ni el cuerpo de este hombre ni su alma.

Un anciano compañero

Las palabras de Jesús a los fariseos acerca de «pastorear» también estaban dirigidas a Pedro. Mientras el Espíritu Santo trajo a su mente esta historia y las palabras metafóricas de Jesús, él recordaría vívida y dolorosamente su papel como un «asalariado» que huyó en lugar de ser un buen pastor que no abandonaría a las ovejas cuando atacaran los «lobos». Él se había jactado en público de que si cualquiera de los apóstoles abandonaba al Señor, ¡él no lo haría! Y cuando Jesús predijo que Pedro lo negaría tres veces, Pedro arguyó que moriría con Cristo antes de repudiarlo (Lucas 22:33-34).

El final de la historia es muy conocido. Pedro sí negó al Señor y huyó en medio de la noche. Pero cuando volvió en sí, lloró amargamente y comenzó su viaje de regreso como un siervo humilde. Y años después, cuando Pedro se dirigía a los ancianos/obispos de las iglesias de toda el Asia Menor, lo hizo desde una posición de gran humildad, llamándose a sí mismo «anciano como ellos», en esencia un «compañero pastor». Aunque Jesucristo lo había llamado y nombrado a la posición de liderazgo más alta en el cristianismo, el líder de los apóstoles, él se dirigió a estos hombres desde una posición de igualdad.

Qué tremenda lección para aquellos de nosotros que ocupamos puestos principales en la iglesia. Aunque tenemos un rol de liderazgo definido, como lo tenía Pedro, ¡en realidad somos «compañeros en la función de pastores» de aquellos que sirven con nosotros!

Cualidades del pastor

Dispuesto a servir

Pedro les dio a los ancianos dos exhortaciones como pastores: que tuvieran «afán de servir» y que evitaran ser «tiranos con los que están a su cuidado». Su exhortación a tener «afán de servir» ciertamente tuvo su origen en otro recuerdo. Sucedió en el Aposento Alto cuando Jesús lavó los pies de los discípulos. Este fue otro momento embarazoso para Pedro. Él observó al Señor levantarse en medio de la cena de la Pascua y tomar el lugar de un siervo, lavándoles los pies. Avergonzado, Pedro se resistió, más que nada porque estaba muy consciente que esto fue una negligencia de él y de Juan cuando hicieron los arreglos para esta celebración. Era algo inaudito que el huésped de honor tuviera que realizar esta tarea de siervo.

Nuevamente, cuando Pedro se dirige a los ancianos/obispos en su carta, podía hablar por experiencia, al haber aprendido la lección de Jesús, quien definitivamente tenía «afán de servir», a pesar de que era su Señor y maestro. Jesús dijo: «Les he puesto el ejemplo, para que hagan lo mismo que yo he hecho con ustedes» (Juan 13:15). Una vez más, qué lección tan poderosa para los líderes de hoy. ¡Aquel que es el más grande debe ser siervo de todos! Pedro estaba transmitiéndoles esa lección a sus compañeros ancianos, y a todos nosotros.

No ser tiranos con los demás

Sin dudas Pedro tuvo otro recuerdo doloroso con respecto a lo que pasó durante la misma cena pascual con los apóstoles. Justo antes del momento en que «el buen pastor» estaba listo a dar su vida por las ovejas, los apóstoles tuvieron «un altercado sobre cuál de ellos sería el más importante» (Lucas 22:24). Aunque Santiago y Juan pueden haber precipitado esta discusión, Pedro también debe haber estado involucrado. Sin duda con tristeza en sus ojos, Jesús se dirigió a ellos con estas penetrantes palabras:

> Los reyes de las naciones oprimen a sus súbditos, y los que ejercen autoridad sobre ellos se llaman a sí mismos benefactores. No sea así entre ustedes. Al contrario, el mayor debe comportarse como el menor, y el que manda como el que sirve. Porque, ¿quién es más importante, el que está a la mesa o el que sirve? ¿No lo es el que está sentado a la mesa? Sin embargo, yo estoy entre ustedes como uno que sirve (Lucas 22:25-27).

Jesús había dado el ejemplo de un verdadero liderazgo con actitud de siervo. Nuevamente Pedro transmitió esta lección que él aprendió personalmente, no ser «tiranos con los que están a su cuidado, sino sean ejemplos para el rebaño» (1 Pedro 5:3). Esta es una lección poderosa para aquellos de nosotros que estamos en el liderazgo de una iglesia. Los verdaderos pastores guían, pero también son siervos.

Un pastor de pastores

La mayor lección de «pastoreo» de Pedro la recibió una mañana temprano a la orilla del mar de Galilea. Una vez más había regresado a lo mejor que hacía cuando era el gerente en jefe del negocio de la pesca de Zebedeo. Pero, incluso, él y otros apóstoles fracasaron en eso pues no pescaron nada en toda la noche. Una vez más, Jesús apareció y de manera milagrosa llenó sus redes.

Sin embargo, fue la conversación en la orilla lo que cambió para siempre la vida de Pedro. Tres veces Jesús le preguntó que si lo amaba, recordándole aquella amarga experiencia antes de la cruz, cuando él lo negó tres veces. Pero las palabras que sin duda seguían retumbando en sus oídos implicaban el encargo que Jesús le dio para que fuera un «pastor» para los demás apóstoles. Todavía eran «corderos» que necesitaban que se les alimentara (Juan 21:15), y aunque en realidad se suponían que ellos fueran «ovejas», necesitaban un cuidado especial (21:16) y que se les animara (21:17). Ahora se cumplía la oración de Jesús por Pedro, que su fe «no fallara» y que cuando «volviera» fuera capaz de «fortalecer a sus hermanos» (Lucas 22:32) al ser un «buen pastor» para los «pastores».

Todos los pastores espirituales necesitan un pastor porque cualquiera que sea nuestra posición, nunca dejamos de ser ovejas. Pedro, con el tiempo, se convirtió en ese tipo de hombre. Su tarea inicial era animar a los demás apóstoles y a la larga, a los ancianos/obispos que escucharían leer esta carta en sus iglesias. Aunque las lecciones que Pedro aprendió sobre ser un pastor fiel fueron dolorosas, ahora estaba preparado para el próximo gran suceso: el nacimiento de la iglesia el día de Pentecostés. Como el líder escogido por Jesús, él comenzó a hablar la Palabra de Dios con una valentía mezclada con humildad.

Nuevamente la lección está clara para nosotros hoy. «Los pastores» necesitan un «pastor». En otras palabras, los ancianos/obispos necesitan un líder siervo que guíe, pero alguien que sirva como si fuera un anciano «compañero».

Otras ovejas

Cuando Jesús se identificó a sí mismo como el «buen pastor», hizo una afirmación que al principio a Pedro se le escapó por completo, que Él tenía «otras ovejas» que no eran «de ese redil». Estas también escucharían la voz de Jesús y «habrá un solo rebaño y un solo pastor» (Juan 10:16).

Aproximadamente cinco años después de Pentecostés, Pedro por fin comprendió lo que Jesús quiso decir. Fue necesaria una visión en la azotea de una casa en Jope y un encuentro con un gentil llamado Cornelio y su familia y amigos, para demostrarle a Pedro que Jesús murió por los pecados del mundo entero, no solo por los hijos de Israel. Luego de esa experiencia él declaró: «Ahora comprendo que en realidad para Dios no hay favoritismos, sino que en toda nación él ve con agrado a los que le temen y actúan con justicia» (Hechos 10:34-35).

Cuando Pedro se dirigía a estos ancianos/obispos que pastoreaban iglesias que estaban esparcidas por las naciones: Ponto, Galacia, Capadocia, Asia y Bitinia, estaba muy consciente de que una gran cantidad de estos hombres habían sido antes paganos gentiles (1 Pedro 4:3-4). Pero esto ya no era un problema para Pedro. ¿Imaginas a un judío creyente llamando a gentiles convertidos sus «compañeros»? Hacía mucho tiempo que Pedro había aprendido que en Cristo «no hay judío ni griego, esclavo ni libre, hombre ni mujer», sino que todos somos «uno solo en Cristo Jesús» (Gálatas 3:28).

Sí, Pedro fue llamado de una manera especial a ser un «apóstol a los judíos» y Pablo un «apóstol a los gentiles» (Gálatas 2:8). Pero ambos comprendieron claramente que en el «redil» de Dios solo hay «un rebaño y un pastor» (Juan 10:16).

Y una vez más la lección está clara para todos los que servimos como ancianos/obispos. Aunque puede que estemos ministrando a segmentos diferentes de nuestra sociedad: diversos grupo étnicos, personas de diferentes trasfondos económicos y diferentes culturas y generaciones, nunca debemos «mostrar favoritismo» (Santiago 2:1). Para Dios, la contribución de cada miembro del cuerpo de Cristo es importante para que la iglesia crezca en amor y unidad.

Un corazón de siervo

¿Qué debe entonces caracterizar a un líder que tenga corazón de siervo? Él está dispuesto a darse a los miembros del cuerpo de Cristo que habitan en su redil. Él permanece al lado de ellos sin importar el precio. Él conoce sus ovejas. ¡Las llama por su nombre! Las ovejas lo conocen y conocen su voz.

No hay forma de escapar de las implicaciones de lo que significa ser ancianos/obispos eficientes. Tenemos que estar *con* nuestra gente, no separarnos de ella. Debemos conocerla de manera personal: ¡sus necesidades, sus preocupaciones, sus problemas! Debemos estar dispuestos a dejar a las noventa y nueve del rebaño e ir en la oscuridad de la noche a encontrar a esta oveja descarriada que se ha alejado de la seguridad del rebaño y ha quedado atrapada en la maleza de la desilusión y el pecado (Mateo 18:12-13).

Nuestra puerta debe estar abierta para el rebaño. Debemos estar disponibles, no solo de palabra, ¡sino realmente disponibles! Nuestras personalidades deben decir con certeza: «Te amamos, nos importas y estamos a tu lado, puedes hablar con nosotros en cualquier momento, en cualquier lugar y sobre cualquier cosa que desees. ¡No te condenaremos! Te ayudaremos a convertirte en la persona en la que realmente te quieres convertir: un miembro maduro y activo de Su cuerpo, la iglesia».

Es obvio que estas funciones bíblicas tienen implicaciones tremendas. Debemos desarrollar una cultura que nos permita ser fieles pastores.

La corona de gloria

Uno de los puntos más alentadores que Pedro presentó en este párrafo se relaciona con el hecho de que todos los pastores tienen un «Pastor principal» que estará con ellos incluso hasta el fin de los tiempos (Mateo 28:20). Y algún día, él recompensará a todos los ancianos/obispos fieles con una «corona de gloria» (1 Pedro 5:4). Aunque no podemos entender a qué se refiere específicamente esta metáfora, una cosa es segura. Nuestro reconocimiento «no desaparecerá» y usaremos nuestros galardones no para darnos gloria sino para honrar y adorar al Señor Jesucristo por toda la eternidad (ver Apocalipsis 4:9-11).

UNA DOCTRINA DE CARÁCTER (65 d.C.)

DE REGRESO A LA FUENTE

Antes de proceder, vuelve a leer 1 Timoteo 3:1-7 y Tito 1:1-9. ¿Qué requisitos para el liderazgo son idénticos en estas dos listas y cuáles son únicos?

En algún momento de su viaje después de la cárcel, Pablo una vez más se reunió con Tito, quizá en Corinto, donde anteriormente había pasado un tiempo considerable representando a Pablo (2 Corintios 7:5-7, 13-16; 8:16-23; 12:18). Tito era un gentil convertido a quien Pablo le presentó el evangelio al comienzo de su ministerio, quizá en Antioquía.

En una ocasión, él viajó con Pablo y Bernabé a Jerusalén, quizá como la «Prueba A» para los apóstoles y los ancianos de que los gentiles sí pueden ser salvos (Gálatas 2:3).

Un ministerio en Creta

Después de volver a reunirse, estos dos hombres abordaron un barco y viajaron en dirección sur hacia Creta. Aunque Pablo había navegado junto a la costa de esta isla de camino a Roma (Hechos 27:13), no tuvo la oportunidad de predicar el evangelio en este ambiente pagano conocido e intenso. No se nos dice cuánto tiempo Pablo y Tito ministraron en Creta, pero no puede haber sido un período largo ya que el espacio de tiempo entre su primero y segundo encarcelamiento en Roma solo duró unos tres años. Pero como sucedió en tantas ocasiones, el Espíritu Santo abrió muchos corazones al evangelio en las ciudades más importantes de Creta.

Otra vez, en algún momento, Pablo viajó solo, dejando a Tito para que «[pusiera] en orden lo que quedaba por hacer y en cada pueblo nombraras ancianos de la iglesia» (Tito 1:5). En el camino a Nicópolis, él escribió una segunda carta poniendo por escrito los requisitos que Tito debía buscar al seleccionar y nombrar hombres como ancianos/obispos (Tito 1:5-9).

Esta segunda lista en la carta de Pablo a Tito sí tiene algunos requisitos idénticos a los que se nombraron en la primera carta a Timoteo. Sin embargo, en estas dos listas, Pablo también mencionó algunos requisitos que parecían únicos al desafío de Timoteo en Éfeso y algunos que son definitivamente únicos para el desafío que Tito enfrentó en Creta (ver la gráfica en la página siguiente).

La variación en estas dos listas presenta preguntas razonables:

☐ ¿Cuánta relatividad existe al medir la madurez de hombres a los que se les pide que sirvan como ancianos/obispos en nuestras iglesias en la actualidad? En otras palabras, ¿cuánta libertad cultural tenemos al desarrollar parámetros para seleccionar líderes espirituales?

☐ ¿Es adecuado combinar estas dos listas y usar estos parámetros como una norma para escoger y nombrar ancianos/obispos en nuestras iglesias en la actualidad?

Figura 7

Requisitos de los ancianos en 1 Timoteo y Tito

REQUISITOS	TÉRMINO GRIEGO
Intachable (1 Timoteo 3:2)	*anepileptos**
Intachable (Tito 1:6)	*anegketos**
Esposo de una sola mujer (1 Timoteo 3:2; Tito 1:6)	**
Gobernar bien su casa (1 Timoteo 3:4-5)	**
Sus hijos deben ser creyentes (Tito 1:6)	**
Disciplinado (1 Timoteo 3:2; Tito 1:8)	*sophron*
Hospitalario (1 Timoteo 3:2; Tito 1:8)	*philoxenos*
No debe ser borracho (1 Timoteo 3:3; Tito 1:7)	*paroinos*
No debe ser arrogante, ni iracundo, ni violento, ni codicioso de ganancias mal habidas (1 Timoteo 3:3; Tito 1:7)	*plektes*
No debe ser amigo del dinero (1 Timoteo 3:3; Tito 1:7)	*aischrokerdes****

* Estas dos palabras griegas son básicamente sinónimas.

** Pablo usó una frase griega para describir este concepto, no un término solo.

*** En Tito, esta palabra griega se traduce: «ni codicioso de ganancias mal habidas».

Características únicas en 1 Timoteo

REQUISITO	TÉRMINO GRIEGO
Moderado, sensato (3:2)	*nephaleos*
Respetable (3:2)	*kosmios*
Capaz de enseñar (3:2)	*didaktikos*
Amable (3:3)	*epieikes*
No pendenciero (3:3)	*amachos*
No ser recién convertido (3:6)	*neophutos*
Que hablen bien de él los que no pertenecen a la iglesia (3:7)	*marturia*

Características únicas en Tito

REQUISITO	TÉRMINO GRIEGO
No arrogante (1:7)	*authades*
No iracundo (1:7)	*orgilos*
Amigo del bien (1:8)	*philagathos**
Justo (1:8)	*dikaios*
Santo (1:8)	*hosios*
Disciplinado (1:8)	Egkrate
Debe apegarse a la palabra fiel (1:9)	**

* Literalmente, «un amante de buenos hombres»
** Pablo usó la frase griega para describir este concepto, no un solo término

Libertad que da Dios

Al responder a estas preguntas, debemos comprender la libertad que el Espíritu Santo dio a los autores del Nuevo Testamento para tratar algunos asuntos en particular en ciertas iglesias.

☐ Cuando Pablo escribió a las iglesias de Galacia, él estaba muy preocupado porque ellos habían vuelto a una religión orientada a las obras.

☐ Cuando escribió las cartas a los tesalonicenses, él corrigió sus puntos de vista equivocados con relación a la segunda venida de Cristo.

☐ Cuando escribió a los colosenses, él trató algunas enseñanzas herejes que habían mezclado el legalismo judío, la filosofía griega y el misticismo oriental con una doctrina cristiana pura.

☐ En su carta a los filipenses, Pablo fue muy personal al agradecer a estos creyentes por su apoyo financiero y su «[participación] en el evangelio» (Filipenses 1:4-5; 4:15-16).

☐ En su carta a los efesios, Pablo pareció ser mucho menos personal y más universal en su enseñanza, quizá porque la epístola probablemente fue una circular a las iglesias de Asia.

- [ ] En la primera epístola de Pedro, él escribió para animar a los creyentes que estaban siendo perseguidos.

- [ ] En su primera epístola, Juan confrontó la herejía gnóstica.

- [ ] Cuando Jesucristo habló directamente a las siete iglesias de Asia mediante el apóstol Juan, él trató diferentes asuntos en cada iglesia, en dependencia de sus puntos fuertes y sus debilidades (Apocalipsis 2:1–3:22).

Visto en este contexto más amplio en el que los autores bíblicos hablaron sobre varios asuntos en diferentes iglesias, no debiera sorprendernos que Pablo trató estas circunstancias únicas cuando le escribió a Timoteo en Éfeso y a Tito en Creta. Aunque muchos de los desafíos eran los mismos, también había problemas especiales que estos hombres tendrían que enfrentar y él estableció ciertos requisitos según el caso.

Por ejemplo, en Creta, algunos hombres ya habían surgido y estaban «arruinando familias enteras al enseñar lo que no se debe; y lo hacen para obtener ganancias mal habidas» (Tito 1:11). De hecho, estos falsos maestros eran tan desfachatados en sus actos pecaminosos que Pablo los clasificó como «abominables, desobedientes e incapaces de hacer nada bueno» (1:16). No es de extrañarse que Pablo le dijera a Tito que buscara líderes espirituales que no fueran «arrogantes» (obstinados) ni «iracundos», sino hombres que sean «amigo[s] del bien», «justo[s], santo[s] y disciplinado[s] (1:7-8). Y quizá el requisito más relevante con respecto a la situación de Creta fue que le dijo a Tito que nombraran pastores que se «[apegaran] a la palabra fiel según la enseñanza que [recibieron] de modo que» a cambio pudieran «exhortar a otros con la sana doctrina y refutar a los que se opongan» (1:9).

Es fácil ver por qué Pablo delineó estos requisitos específicos en su carta a Tito, pero él también trató otros asuntos que Timoteo enfrentó al seleccionar y nombrar líderes espirituales en Éfeso (repasa la figura 7).

PERFIL DEL CARÁCTER

La libertad que el Espíritu Santo le dio a Pablo par adaptar los requisitos a cada situación sin duda nos da una libertad similar, pero esa libertad siempre debe estar dentro de los límites de la verdad revelada por Dios. Nunca debemos transigir ni contradecir lo que se enseña en el todo de la Biblia. Es verdad que la revelación de Dios se desarrolló en un tiempo del primer siglo en que varios apóstoles y misioneros ministraban a personas diferentes en culturas diferentes. Pero el producto final es la Palabra de Dios, una verdad que «es inspirada por Dios y útil para enseñar, para reprender, para corregir y para instruir en la justicia, a fin de que el siervo de Dios esté enteramente capacitado para toda buena obra» (2 Timoteo 3:16-17).

Precisamente así, cuando se define adecuadamente cada cualidad delineada por Pablo para seleccionar ancianos/obispos y se evalúa según el trasfondo de todos los demás perfiles de madurez de la Escritura (ver la figura 8, en la que se detalla el verdadero carácter cristiano en ocho pasajes [seis a partir de las epístolas a Timoteo y a Tito]), tenemos una «doctrina de carácter» que es supracultural, así como «toda la Escritura» revela una doctrina de Dios, Jesucristo, el Espíritu Santo, el hombre, la salvación, la segunda venida de Cristo así como la doctrina de la iglesia.

Por lo tanto, aunque Pablo hizo énfasis en ciertos criterios basados en los desafíos específicos que Timoteo enfrentaba en Éfeso y Tito en Creta,[1] no hay base bíblica para eliminar ciertos requisitos que no se mencionan en ambas listas. De hecho, ya que tenemos acceso a ambas cartas, así como a toda la Escritura, somos más responsables ante Dios de mantener una norma alta para los líderes cristianos. Lo mismo se cumple con los maestros de la Biblia en la actualidad que tienen acceso a toda la Biblia. Aunque sin dudas podemos seleccionar aspectos de las Escrituras que hablarán a necesidades espirituales particulares en tiempos peculiares, incluso así somos responsables de enseñar «todo el propósito de Dios» a todo el cuerpo de Cristo (Hechos 20:27).

Está claro que *es* adecuado combinar los pasajes de 1 Timoteo 3 y Tito 1 sobre el liderazgo y utilizar estos parámetros en la actualidad como una norma para seleccionar y nombrar ancianos/obispos en nuestras iglesias. De hecho, hemos hecho eso en nuestra propia iglesia (*Fellows-*

Figura 8
Perfiles del carácter

GÁLATAS 5:22-23 *El fruto del Espíritu es:*	1 TIMOTEO 4:12 *Establece un ejemplo:*	1 TIMOTEO 6:11 *Busca:*	1 TIMOTEO 2:12 *Di «No»:*
Amor Alegría Paz Paciencia Amabilidad Bondad Fidelidad Humildad Domino propio	Al hablar En la vida En el amor En fe En pureza	Justicia Piedad Fe Amor Perseverancia Gentileza	A la falta de piedad Pasiones mundanas *Vive vidas que sean:* Auto controladas Justa Piadosa

TITO 2:1-2 *Enseñar a los hombres mayores:*	TITO 2:3 *Enseñar a las mujeres mayores*	TITO 2:4-5 *Enseñar a las mujeres jóvenes:*	2 PEDRO 1:5-7 *Hacer todo esfuerzo posible para añadir:*
Moderados	Ser reverentes	Amar a sus esposos	A la fe, virtud
Respetables	No calumniadoras	Amar a sus hijos	A su virtud, entendimiento
Sensatez (Dominio propio)	No adictas a mucho vino	Ser sensatas	Al entendimiento, dominio propio
Íntegros en la fe	Enseñar lo que es bueno	Ser puras	Al dominio propio, constancia
Íntegros en el amor		Ocuparse en el hogar	A la constancia, devoción a Dios
Íntegros en la constancia		Ser bondadosas	A la devoción a Dios, afecto fraternal
		Estar sujetas a sus esposos	Al afecto fraternal, amor

hip Bible Church North), desarrollando una medida de veinte preguntas de la madurez espiritual para el liderazgo para evaluar a los candidatos a ancianos. El formulario para medir este «Cociente de la madurez» se muestra en el apéndice C y también puede ser útil para tu iglesia. (El proceso de evaluar a nuestros candidatos a ancianos se discute en detalle en el capítulo 34 bajo el «Paso 5: Evaluar a los candidatos».)

La norma de Dios para medir la madurez

Es importante señalar que esto no es un «enfoque legalista» de la vida cristiana. Si lo fuera, definitivamente Pablo sería culpable de ser legalista. Lo cierto es que el perfil de la madurez delineado por el Espíritu Santo en las Escrituras es la norma de Dios para medir la madurez espiritual.

Es la voluntad revelada de Dios que somos responsables ante Dios de desarrollar estas cualidades en nuestras vidas, no con nuestra propia fuerza sino con la ayuda del Espíritu Santo (Efesios 6:10-18). Solamente con volvernos cristianos y aceptar nuestra nueva identidad en Cristo no significa que automáticamente reflejaremos el «fruto del Espíritu». Si esto fuera verdad, no habría necesidad del crecimiento cristiano, el tema y énfasis de la mayoría de las epístolas del Nuevo Testamento. Por eso, cuando se trata de desarrollar cualidades del carácter, en las cartas pastorales se hace mucho énfasis en enseñar y capacitar (1 Timoteo 2:11-13; 2 Timoteo 2:1-2; 4:2-5; Tito 2:1-10).

NOTA

1. Algunos creen que Pablo estaba influenciado fundamentalmente por escritores helenistas cuando delineó los requisitos para los ancianos/obispos. Para una crítica excelente de este punto de vista, ver de David A. Mappes, «Moral Virtues Associated with Eldership» [Virtudes morales asociadas al liderazgo de los ancianos], *Bibliotheca Sacra*, 160, abril-junio 2003, pp. 201-18.

VEINTE

REQUISITOS PARA EL MATRIMONIO Y LA FAMILIA (63, 65 d.C.)

 DE REGRESO A LA FUENTE

Antes de proceder, vuelve a visitar las instrucciones de Pablo a Timoteo y Tito con relación a los requisitos de «esposo de una sola mujer» y «gobiernos de la familia» (1 Timoteo 3:1-2, 4-5; Tito 1:6-7). ¿Qué crees tú que Pablo quiso decir?

La mayoría de los requisitos que Pablo delineó para la selección y nombramiento de líderes espirituales se pueden definir y aplicar fácilmente a todas las situaciones culturales (ver figura 8, en el capítulo anterior). Aunque todos estamos en un proceso, y lo estaremos hasta que Jesucristo nos transforme a su imagen perfecta, la mayoría de nosotros sabe si somos puros desde el punto de vista moral, autocontrolados, hospitalarios, no adictos a sustancias químicas, generosos y no materialistas, etc. Además, la mayoría de las personas que nos conocen bien pueden dar fe de nuestra reputación cristiana en general, que aunque no somos perfectos, estamos creciendo en nuestra relación con Cristo y con otros. Están conscientes, como nosotros, de si algún defecto grave estropea nuestro carácter. También observan que cuando no «andamos en el Espíritu», reconocemos nuestros pecados y lo hacemos para restaurar nuestra comunión con Dios y «[vivir] en la luz, así como él está en la luz» (1 Juan 1:7). Tal confesión y renuncia al pecado, por supuesto, desarrolla más la reputación que cualquier otra cosa que podamos hacer.

Luego de decir esto, hay dos requisitos que Pablo nombró en ambas cartas pastorales que necesitan un examen cuidadoso. Creemos que han sido malentendidos a lo largo de la historia de la iglesia, llevando a una «normal falsa» que elimina a algunos hombres muy piadosos de servir como ancianos/obispos. Démosle un vistazo más detallado.

«Esposo de una sola mujer»

El primer requisito para el matrimonio/familia de un obispo, que este «debe ser… esposo de una sola mujer» (1 Timoteo 3:2), se ha interpretado de diversas formas, como se señaló brevemente en el capítulo 12. Exploremos y evaluemos esas interpretaciones.

Debe ser casado

Algunos creen que Pablo requería que un anciano/obispo estuviera casado. Esto de hecho sería un raro requisito, ya que Pablo en su carta a los corintios animó a algunos a que se quedaran solteros, al menos durante el período de opresión y persecución, para que pudieran servir mejor al Señor (1 Corintios 7:32-35). Pero sería todavía más contradictorio ya que Pablo y sus dos compañeros misioneros, Timoteo y Tito, evidentemente eran solteros. No tiene sentido que estos misioneros solteros fundadores de iglesias requirieran algo de los líderes de las iglesias locales que ellos no requerían de sí mismos.

Nunca deben tener segundas nupcias

Algunos también creen que Pablo estaba eliminando a un hombre de su puesto de liderazgo si su esposa murió y él volvió a casarse. Lamentablemente, esta interpretación nada realista ha llevado a algunos hombres a «cambiar las reglas». Por ejemplo, imagínate que un hombre enfrenta esta crisis en su vida. Él no solo es un anciano sino también el maestro principal de la iglesia. Su primera esposa muere y él se vuelve a casar con otra mujer piadosa. Sin embargo, al creer que ya no puede servir como anciano, renuncia a esa posición pero sigue funcionando como el maestro principal. En otras palabras, él sortea su propia interpretación, que no puede seguir siendo un anciano porque se ha vuelto a casar, al cambiar su título y seguir funcionando como antes.

Aunque es lamentable, esto ha sucedido fundamentalmente porque las interpretaciones incorrectas pueden llevar a expectativas poco realistas que nos hacen «cambiar las reglas» para funcionar dentro de nuestra propia realidad.

No debe ser divorciado

Probablemente este ha sido el punto de vista más común en toda la historia de la iglesia: que si un hombre se ha divorciado alguna vez, automáticamente no califica para ser anciano/obispo. De hecho, algunos interpretan que la declaración de Pablo «esposo de una sola mujer» significa «no divorcio» e intentan ser coherentes al añadir al requisito que un hombre que se haya casado por primera vez, pero con una mujer divorciada, también está descalificado.

Lamentablemente, esta interpretación pone al divorcio en la categoría de un pecado imperdonable, mientras que un hombre podía haber sido culpable de asesinato y, sin embargo, podía convertirse en un líder espiritual, lo que caracterizaba la vida de Pablo (Hechos 9:1, 26). En su primera carta a Timoteo, antes de enumerar los requisitos para un anciano/obispo, Pablo se clasificó a sí mismo como «el peor de los pecadores», «un blasfemo, un perseguidor y un insolente» (1 Timoteo 1:13-16). Y, no obstante, su posición como apóstol era mucho más prominente como un fundador de múltiples iglesias que ser un líder espiritual en una iglesia local. El asesinato no lo descalificó para ser el mayor misionero que haya vivido jamás.

Además, si Pablo quiso decir «divorcio y segundas nupcias», esto permitiría que un hombre que nunca se hubiera casado pero que tuvo relaciones con miles de mujeres en el templo de Artemisa en Éfeso, se convirtiera en anciano/obispo una vez que fuera cristiano y cambiara su conducta. De hecho, esto le permitiría ocupar este puesto después de casarse porque incluso así sería «esposo de una sola mujer», a pesar de que fue «una sola carne» con una cantidad incontable de prostitutas (1 Corintios 6:16).

Desde el punto de vista del perdón de pecados, no hay discusión. La sangre de Cristo nos limpia de todo pecado (Efesios 1:7; 1 Pedro 1:18-19; 1 Juan 1:7). Pero, ¿por qué no el pecado del divorcio? El erudito bíblico Robert L. Saucy desarrolla la respuesta a esta pregunta de una manera muy objetiva y completa en un excelente artículo periodístico titulado «The Husband of One Wife» [Esposo de una sola mujer]. Él concluye diciendo: «Si esta interpretación es correcta... (1) que el adulterio probablemente no es un estado continuo de pecado sino que puede ser perdonado incluso como un asesinato, (2) que el divorcio sí disuelve el matrimonio así que el que se casa nuevamente no es considerado esposo de dos mujeres, entonces sería razonable interpretar este requisito como que ser esposo de una sola mujer es una cualidad presente en la vida de un hombre».[1]

No malinterpretes. Estos no son argumentos que disminuyen las normas para los líderes espirituales. La realidad es que un hombre divorciado pudiera estar descalificado debido a una reputación manchada que no se ha reconstruido o porque no está «gobernando su casa» bien. Pero hay hombres divorciados que son «intachables» en su situación actual. Su pasado ha quedado atrás y a menudo la población en general de su iglesia o de la comunidad no sabe nada sobre el divorcio.

No debe ser polígamo

Algunos de los autores de la iglesia primitiva, como Justino Mártir y Crisóstomo creían que Pablo estaba hablando de la poligamia. Es verdad que en los tiempos de Pablo todavía existía esta práctica entre algunos judíos, quienes también pueden haber influido a algunos gentiles convertidos al judaísmo a hacer lo mismo. Juan Calvino concluyó que esto era lo que Pablo estaba prohibiendo, tener más de una esposa a la vez. Sin embargo, la mayoría de los intérpretes de la Biblia en la actualidad no aceptan esta interpretación, especialmente ya que la poligamia era ilegal en el Imperio Romano en la época en que Pablo escribió sus cartas. Esto no parecía ser un asunto grave. Si lo fuera, Pablo sin dudas hubiera expresado con más claridad lo que estaba pensando.

Hombre de una sola mujer

Creemos que sencillamente Pablo requería que un hombre fuera intachable desde el punto de vista moral, que fuera un «hombre de una sola mujer», lo cual es una traducción legítima. En esencia, debía ser fiel a una mujer y solo a una mujer, su esposa actual.[2] Esto era un requisito muy necesario en el mundo del Nuevo Testamento ya que muchos hombres se habían convertido del paganismo crudo. Los hombres ricos casados, mantenían prostitutas en los templos locales y tenían sus propias «esclavas» en las habitaciones de su familia extendida. Sus esposas en aquella cultura aceptaban este arreglo como algo normal. Tenían muy pocas opciones. Aunque era ilegal tener más de una esposa, sin dudas no era ilegal que un hombre casado tuviera más de una mujer en su vida.

Imagina lo que sucedió en Éfeso y en Creta cuando el evangelio penetró estas culturas paganas. Para ser verdaderos seguidores de Jesucristo, estos hombres tenían que tomar una decisión moral seria, ser «hombre de una sola mujer». Obviamente, tomó tiempo para que algunos de estos hombres se liberaran de lo que habían sido adicciones sexuales increíbles. Esta probablemente sea una de las razones principales por las que Pablo exhortó a Timoteo y a Tito a que se aseguraran de que un hombre que pretendiera ser anciano/obispo hubiera resuelto este problema en su vida, y que pudiera verificarse con su reputación tanto en la iglesia como en la comunidad en general.

Una ilustración contemporánea

Este problema sigue siendo una realidad en muchas culturas del mundo. Por ejemplo, recuerdo que hace varios años conocí a un joven padre de familia cuando yo ministraba en un país de Suramérica. Cuando él era un muchacho, entrando en la edad de la pubertad, su padre lo llevó a una prostituta y le ofreció dinero a esta para que le enseñara a su hijo todo lo que debía saber sobre el sexo. Además, el padre le daba una mensualidad a esta mujer para que su hijo pudiera visitarla cada vez que quisiera. ¿Difícil de imaginar? Sí, pero es verdad y común en esa cultura en particular.

De más está decir que este joven se volvió adicto a este estilo de vida. Con el tiempo, cuando creció, decidió casarse y tener hijos. Como muchos de sus amigos que crecieron en esa sociedad, siguió visitando regularmente a una prostituta, incluso después de estar casado. Y como tantas mujeres de esa cultura, su esposa conocía de sus actividades extramatrimoniales. Ella lo aceptaba, aunque de mala gana, como una conducta normal entre los hombres.

Este hombre se hizo cristiano. Por primera vez descubrió la norma bíblica para la moral en el matrimonio. Seguir asociado con una prostituta o con cualquier otra mujer que no fuera su esposa, sería continuar pecando contra Dios así como en contra de su esposa y su familia. Lamentablemente su adicción era tan poderosa que batallaba continuamente para estar a la altura de esta nueva norma.

Cuando conocí a este joven llevaba varios meses de victoria sobre su pecado, gracias a un grupo de rendición de cuentas. Mediante el estudio bíblico, la oración y el poder del Espíritu Santo, así como ser responsable de sus acciones, finalmente pudo conquistar la tentación cuando salía de su oficina después del trabajo. En lugar de hacer sus visitas habituales a una prostituta, regresaba a casa y pasaba las noches con su esposa y su familia. Afortunadamente no contrajo ninguna enfermedad venérea letal y su esposa lo perdonó. En esencia, comenzaron una nueva vida juntos, aprendiendo a amarse el uno al otro como Cristo los amó.

Si puedes entender la dinámica de esta historia, también puedes entender más claramente lo que sucedía regularmente en la cultura del Nuevo Testamento, especialmente entre los gentiles. Esta, creemos, es la razón principal por la que Pablo afirmó que cualquiera que quiera ser anciano/obispo deber ser «hombre de una sola mujer».[3]

Gobernar bien a la familia

Después del primer requisito de Pablo en sus cartas a Timoteo y Tito de ser «intachable», de ser hombre de una sola mujer, Pablo le escribió a

Tito para asegurarse de que un anciano/obispo fuera también un hombre cuyos «hijos deben ser creyentes, libres de sospecha de libertinaje o de desobediencia» (Tito 1:6). Este requisito se relaciona con lo que Pablo escribió a Timoteo (1 Timoteo 3:4-5).

Hijos que sean creyentes

¿Qué significa tener «hijos creyentes»? ¿Está Pablo primero que nada requiriendo que un posible anciano tenga hijos? Si es así, ¿deben ser estos lo suficientemente mayores como para entender el evangelio y ser cristianos? ¿Y si uno de sus hijos es un bebé recién nacido? ¿Tiene que esperar hasta que el niño sea lo suficientemente mayor como para entender la doctrina de la salvación incluso cuando sus hijos mayores ya son creyentes?

Primero que todo, ya tratamos el asunto de si un hombre deber ser casado para ser anciano/obispo. Creemos que la respuesta es no, y se deduce naturalmente que no sea necesario que un anciano/obispo tenga hijos. En otras palabras, Pablo estaba diciendo que si un hombre es casado, debe ser fiel a una sola mujer, su esposa. Y que si tiene hijos lo suficientemente mayores para comprender el evangelio, y lo suficientemente mayores como para de manera inteligente aceptar o rechazar el evangelio, su respuesta se convierte en un factor al seleccionar y nombrar a un hombre para que sea anciano/obispo. Pero Pablo llevó este requisito un poco más allá cuando dijo que tengan edad para creer y hayan rechazado el evangelio, no vivan vidas de «libertinaje o de desobediencia».

Es importante señalar que Pablo no se estaba refiriendo a niños pequeños ni siquiera adolescentes. La palabra que él utilizó para «hijos» es la misma que utilizó en su carta a Timoteo para referirse a los «hijos» que deben cuidar de una madre viuda, indicando que eran hijos mayores que probablemente ya estuvieran casados y tuvieran hijos propios (1 Timoteo 5:4).

«Libertinaje y desobediencia»

Las palabras «libertinaje» y «desobediencia» (Tito 1:6) se refieren a hijos mayores que están viviendo vidas muy pecaminosas. La palabra griega *asotia* se refiere a una vida «rebelde». Observa que Pablo utilizó esta palabra en otro marco para describir una diversidad de conductas muy pecaminosas: «Pues ya basta con el tiempo que han desperdiciado haciendo lo que agrada a los incrédulos, entregados al *desenfreno, a las pasiones, a las borracheras, a las orgías, a las parrandas y a las idolatrías abominables.* A ellos les parece extraño que ustedes ya no corran con ellos en ese mismo desbordamiento de inmoralidad *[asotia]*, y por eso los insultan» (1 Pedro 4:3-4).

La palabra griega que se traduce como «desobediencia» o «rebelión» es *anupotaktos.* Nuevamente, observa el contexto en el que Pablo utilizó esta palabra: «Tengamos en cuenta que la ley no se ha instituido para los justos sino para los *desobedientes* y *rebeldes [anupotaktos]*, para los *impíos* y *pecadores*, para los *irreverentes* y *profanos.* La ley es para *los que maltratan a sus propios padres*, para los *asesinos*, para los *adúlteros* y los *homosexuales*, para los *traficantes de esclavos*, los *embusteros* y *los que juran en falso.* En fin, la ley es para todo lo que está en contra de la sana doctrina» (1 Timoteo 1:9-10).

Obviamente, Pablo estaba hablando de hijos mayores que rechazan por completo el evangelio de Jesucristo y siguen viviendo un estilo de vida pagano que realmente reflejaba la manera en que vivían los hijos de Elí en la cultura del Antiguo Testamento, hombres que eran «perversos» y quienes «no tomaban en cuenta al Señor» (1 Samuel 2:12). Eran inmorales «e incluso trataban con desprecio las ofrendas que le pertenecían» al Señor (2:17).

La familia extendida

Este problema, por supuesto, era complicado en el mundo del NT ya que los hijos adultos y sus esposas y/o esposos y familias vivían en el mismo complejo habitacional que sus padres. La familia extendida local era parte de esta cultura. Es fácil ver cómo un hijo o hija adulto que seguía rechazando la fe de sus padres y exhibiera su incredulidad con este tipo de estilo de vida pecaminoso, trajera críticas y reproches a sus padres, y especialmente al padre.

En la cultura occidental actual en particular, nuestras estructuras familiares y nuestra sociedad móvil también afectan la manera en que vemos nuestras familias. Cuando los hijos se van de casa, se casan y escogen vivir de manera impía, no se afecta necesariamente la reputación de un padre. Además, incluso como padres cristianos piadosos, no tenemos garantía de que cuando uno o más de nuestros hijos se vayan de casa no escogerán un estilo de vida pecaminoso, sin importar cuánto nosotros como padres hayamos modelado y enseñado los principios de la vida cristiana que se describen en las Escrituras.

Lamentablemente, el sistema del mundo a veces puede deshacer todo lo que un padre ha hecho. Pero a menos que esto hiera la reputación de un hombre, estos ejemplos aislados no deben descalificarlo para que se le nombre como anciano/obispo. De hecho, la mayoría de los hombres que he conocido en el transcurso de los años que aman a Dios y tienen una dinámica familiar que pudiera herir la causa de Cristo, deciden por sí solos no aspirar nunca ni aceptar este tipo de rol. En algunos casos, toman tan en serio estos requisitos que exageran su reacción y necesitan que se les asegure que servir como anciano/obispo no será una piedra de tropiezo ni para creyentes ni para no creyentes.

Insisto, esto no es un intento de rebajar las normas para los líderes espirituales. Más bien debemos entender claramente lo que Pablo pensaba. Para hacerlo, necesitamos comprender no solo el significado de las palabras que describen las cualidades del carácter sino también la manera en que estas palabras se utilizaban en aquel contexto histórico y cultural. A Pablo le preocupaba fundamentalmente que cada hombre seleccionado y nombrado para servir como anciano/obispo debía tener una buena reputación, tanto en la iglesia como en la comunidad en general.

Este se convierte en el requisito general para evaluar la vida familiar de un hombre: su reputación. Sin embargo, cuando varios hijos en la familia de un hombre se rebelan contra Jesucristo, esto da lugar a la misma pregunta que Pablo hizo cuando le escribió a Timoteo: «el que no sabe gobernar su propia familia, ¿cómo podrá cuidar de la iglesia de Dios?» (1 Timoteo 3:5)

NOTAS

1. Saucy, Robert L., «The Husband of One Wife» [Esposo de una sola mujer], *Bibliotheca Sacra*, 131, julio, 1974, p. 238.

2. Para un excelente tratamiento exegético de la frase de Pablo «esposo de una sola mujer», ver de Ed Glasscock, «The Husband of One Wife Requirement in 1 Timothy 3:2» [El requisito del esposo de una sola mujer en 1 Timoteo 3:2], *Bibliotheca Sacra*, 140, julio, 1983, pp. 244-7.

3. Esta ilustración se publicó por primera vez en la obra de Gene A. Getz, *La medida de un líder*, ELA, México, pp. 43-44 [del inglés].

VEINTIUNO

SERVIR CON GOZO
(66-70 d.C.)

DE REGRESO A LA FUENTE

Antes de continuar, lee Filipenses 1:20-26 y 2 Timoteo 4:6-18. En ambas circunstancias (el primer y segundo encarcelamiento de Pablo), observa su perspectiva sobre el martirio.

Es probable que cuando la historia bíblica sobre ancianos/obispos y otros líderes de la iglesia concluyó en el libro de Hebreos, tanto el apóstol Pablo como el apóstol Pedro ya habrían experimentado el martirio. De hecho, algunos creen que estos grandes líderes que estuvieron encarcelados en Roma sufrieron martirio el mismo día. Según Jerónimo, esto sucedió en el décimocuarto año de Nerón, el 29 de junio del año 67 d.C. Pedro fue crucificado cabeza abajo y Pablo fue decapitado en el Vía Apia.[1]

Si Pablo y Pedro ya habían pagado el sacrificio supremo, esto nos ayudaría a comprender lo que el autor de Hebreos quiso decir cuando escribió: «Acuérdense de sus dirigentes, que les comunicaron la palabra de Dios. Consideren cuál fue el resultado de su estilo de vida, e imiten su fe» (Hebreos 13:7).

No estamos seguros de quién escribió Hebreos, ni sabemos exactamente cuándo se escribió, pero sin dudas puede haberse escrito después del martirio de Pedro y Pablo. Además, no estamos seguros de por qué el autor utilizó un título más genérico para los líderes espirituales.[2]

«Acuérdense de sus dirigentes»

La exhortación a acordarse de sus dirigentes está en pasado. El autor podría estar refiriéndose a aquellos que primero les «comunicaron la palabra de Dios» cuando todavía no eran salvos, lo cual les llevó a poner su fe en Jesucristo.

Los que sufrieron martirio

Cuando estos creyentes «recordaran» a estos compasivos misioneros, debían «considerar cuál fue el *resultado* de su manera de vivir» y también debían «imitar su fe». Algunos creen que el término griego *ekbasis*, que se traduce como «resultado», en realidad se refiere a la manera en que estos creyentes murieron. ¿Podría esto ser una referencia a Pablo, a Pedro y a los demás que dieron sus vidas de manera que los recipientes de esta carta se convirtieran en verdaderos creyentes en Jesucristo?

¿Por qué el autor apelaría a estos creyentes para que «recordaran» a estos hombres y mujeres, aquellos que fueron santos inquebrantables? Está claro que los recipientes de esta carta eran inmaduros y vacilaban en su fe. No habían crecido de manera considerable en su andar cristiano. Su dieta espiritual todavía consistía de «¡leche y no de alimentos sólidos!» Era crucial que «dejando a un lado las enseñanzas elementales acerca de Cristo, avanzaran hacia la madurez» (Hebreos 5:11–6:1).

Más adelante, el autor les recordó a estos mismos creyentes que en «la lucha que ustedes libran contra el pecado, todavía no han tenido que resistir hasta derramar su sangre» (12:4), a diferencia de muchos que inicialmente les «comunicaron la palabra de Dios». En otras palabras, cuando se sintieran tentados a regresar a su antigua manera de vivir, necesitaban detenerse y pensar en aquellos líderes que literalmente habían dado sus vidas para que ellos pudieran escuchar el evangelio. En vista de estos ejemplos desinteresados, ¿no podrían al menos vivir vidas piadosas y evitar volver a un estilo de vida pecaminoso?

La necesidad de modelos piadosos

Una de las mejores maneras de comunicarse con los creyentes que son inmaduros y que están batallando en su fe es exponerlos a modelos piadosos de fe y justicia. Por ende, el autor de hebreos exhortó a estos creyentes a que «imitaran» la «fe» de aquellos que eran sus predecesores así como a aquellos embajadores de Cristo del primer siglo quienes murieron para que ellos pudieran escuchar el evangelio (Hebreos 11).

«Obedezcan a sus líderes»

En la próxima referencia a los líderes, parece que el autor de esta carta pasó en sus pensamientos de aquellos que tenían un ministerio «apostólico» y de «fundación de iglesias» entre ellos (tiempo pasado) a aquellos que luego fueron nombrados como ancianos/obispos en sus iglesias locales (tiempo presente): «*Obedezcan a sus dirigentes y sométanse a ellos*, pues cuidan de ustedes como quienes tienen que rendir cuentas. Obedézcanlos a fin de que ellos cumplan su tarea con alegría y sin quejarse, pues el quejarse no les trae ningún provecho (Hebreos 13:17).[3]

Es tarea difícil amonestar a creyentes que estén viviendo fuera de la voluntad de Dios de manera deliberada. Por lo tanto, el autor anticipa que muchos de estos creyentes, quienes escucharían esta epístola a los hebreos, reaccionarían de forma negativa. Al fin y al cabo, muchos de ellos eran muy carnales e inmaduros. Él lo dejó claro cuando afirmó antes: «Sobre este tema tenemos mucho que decir aunque es difícil explicarlo, porque a ustedes lo que les entra por un oído les sale por el otro. En realidad, a estas alturas ya deberían ser maestros, y sin embargo necesitan que alguien vuelva a enseñarles las verdades más elementales de la palabra de Dios. Dicho de otro modo, necesitan leche en vez de alimento sólido» (5:11-12).

Aunque el término «autoridad» no se utiliza en el texto griego, está implícito cuando se exhorta a estos creyentes a «obedecer» y «someterse». Es interesante que estas dos palabras en el original sean «más suaves» que las que se utilizan en sentido más general para alentar la «obediencia» y la «sumisión», pero siguen siendo muy directas y penetrantes. Dicho de manera más precisa, el autor está exhortando a los cristianos a vivir en armonía con lo que sus líderes estaban enseñando y a responder a la voluntad de Dios.[4]

¿Por qué obedecer y someterse?

El autor de esta carta señaló tres razones por las cuales los cristianos deben obedecer y someterse:

1. *Estos líderes tenían una preocupación sincera por las vidas espirituales de estos creyentes (dicho más literalmente: «Ellos vigilan sus almas»).* Nada es más importante que nuestra relación con Dios. Es doloroso para los líderes espirituales ver a los cristianos desobedecer literalmente al Señor y dirigirse hacia un deterioro emocional, espiritual y físico y hacia el desastre.

2. *Estos líderes estaban representando a Jesucristo y algún día tendrían que «dar cuentas» por la manera en que realizaron sus responsabilidades como pastores.* La advertencia de Pablo a los corintios amplía esta exhortación en Hebreos. Cada líder espiritual debe ser cuidadoso de cómo edifica sobre el fundamento que fue puesto por aquellos que tuvieron un ministerio «apostólico» al «comunicar la palabra de Dios» y hablar del evangelio en un comienzo. Este «fundamento» es Jesucristo. Llegará un día en que todos los líderes espirituales tendrán que rendir cuentas y si alguien ha construido sobre ese fundamento utilizando «oro, plata y piedras preciosas», la obra sobrevivirá y ese líder espiritual será recompensado. Sin embargo, si algún líder espiritual construye sobre ese fundamento utilizando «madera, heno y paja», lo que

ha hecho se quemará. Aunque él se salve, no habrá recompensas (1 Corintios 3:10-15).

3. *Estos creyentes deben alinear su estilo de vida con la verdad que se les está enseñando para que sus líderes espirituales experimenten una recompensa inmediata, «gozo» en lugar de tristeza y decepción.* Nuevamente Pablo ilustró su propio «dolor emocional» cuando escribió a cristianos que no estaban creciendo en Cristo, diciendo que sufría «dolores de parto hasta que Cristo sea formado en ustedes, ¡cómo quisiera estar ahora con ustedes y hablarles de otra manera, porque lo que están haciendo me tiene perplejo! (Gálatas 4:19-20). En otras palabras, Pablo «agonizaba» al ayudar a las personas a experimentar el «nuevo nacimiento», y cuando no pasaban de «tomar leche» a «comer alimentos sólidos», él volvía a agonizar. Por otra parte, él demostró su «gozo», su entusiasmo y su ánimo cuando Timoteo regresó con un informe maravilloso sobre los creyentes de Tesalónica: «¿Cómo podemos agradecer bastante a nuestro Dios por ustedes y por toda la alegría que nos han proporcionado delante de él?» (1 Tesalonicenses 3:9).

Los resultados de la desobediencia

En esta exhortación hay una advertencia final a «obedecer» y «someterse» a los líderes de la iglesia local. Si no lo hacen, les advierte el autor, el resultado final no será de provecho. En otras palabras, hay dolor no solo por no estar en comunión con Dios, sino también por no estar en armonía con aquellos que son responsables de nuestro bienestar espiritual. Cuando estamos enojados, somos incapaces de escuchar con corazones y mentes abiertos a aquellos que nos enseñan la verdad. ¡Queremos prestar oídos sordos! Hasta queremos evitar estar alrededor de «hermanos y hermanas en Cristo» que están obedeciendo a Dios. Como es lógico, esto nos incomoda y hasta nos hace sentir miserables. Por otro lado, vivir en la perfecta voluntad de Dios produce un sentido de gozo y paz en nuestras vidas (Romanos 12:1-2).

Una noble tarea

Servir como anciano/obispo es una responsabilidad tremenda. Dios definitivamente pone la carga de servir fielmente sobre aquellos de nosotros que somos líderes. De hecho, esa es la razón por la que esta es solo la segunda vez en esta historia sobre el liderazgo que se exhorta a las «ovejas» a que respondan a los «pastores».

En vista de lo que hemos aprendido, solo podemos llegar a la conclusión de que la manera más eficaz de obtener respuestas positivas de aquellos que nos siguen es realizar nuestras funciones administrativas/pastorales de manera diligente, primero que nada modelando la vida de Jesucristo y luego, vivir una vida cristiana auténtica, «vivir la verdad con amor». Como le escribió Pablo a Timoteo, este tipo de ministerio es una «noble función», pero debe desearse con un corazón humilde y aceptarse con el compromiso de ser un líder siervo piadoso. El mismo principio se aplica, por supuesto, a cada cargo de liderazgo en la iglesia, incluyendo ser un buen esposo y padre y una buena esposa y madre.

NOTAS

1. Finegan, Jack, *Handbook of Biblical Chronology* [Manual de cronología bíblica], Hendrickson Publishers, Peabody, MA, 1998, p. 385.

2. El autor utilizó el participio presente del verbo griego *hegeomai*, que se utilizaba para describir diversos puestos de liderazgo en el mundo romano: un príncipe, un gobernador, un comandante militar así como el líder de un grupo religioso. Sin embargo, es muy evidente que en esta carta él se estaba refiriendo a aquellos que tenían una autoridad significativa en la iglesia tanto en el ámbito universal como local.

3. Ya que el autor utilizó el término genérico de «líderes» para referirse a aquellos que tenían un «ministerio apostólico», sería lógico utilizar la misma nomenclatura para describir a los líderes espirituales de la iglesia local. Esto podría reflejar la capacidad exclusiva del autor como escritor, la cual está clara en toda esta carta. Hay eruditos griegos que hablan del uso elegante que el autor hace del idioma griego, lo cual podría indicar que le preocupaba mantener una coherencia en las formas del lenguaje.

4. La palabra griega *peitho*, que se traduce «obedecer» en Hebreos 13:17, no es la misma que *hupakouo*, que se utilizaba para los niños y su relación con sus padres y para los siervos en su relación con sus amos (Efesios 6:1-5; Colosenses 3:20-22). Y *hupeiko*, que se traduce «someter» en Hebreos 13:17, no es la misma palabra que *hupotasso*, que se utilizaba para las esposas con relación a sus esposos (Efesios 5:22; Colosenses 3:18; Tito 2:5; 3:1; 1 Pedro 3:5); para los siervos con respecto a sus amos (Tito 2:9; 1 Pedro 2:18); para todos los miembros del cuerpo de Cristo en su relación de los unos para con los

otros (Efesios 5:21; 1 Pedro 5:5); para todos los creyentes con respecto a las autoridades gubernamentales (Romanos 13:1; 1 Pedro 2:13); y para todos los creyentes con respecto a Dios (Efesios 5:24; Hebreos 12:9; Santiago 4:7). Juntas, las dos palabras en Hebreos 13:17 se utilizan no tanto para indicar «subordinación» sino «en cooperación con», «responder a», «estar persuadido» y «ceder a». Esto no significa que los miembros del cuerpo de Cristo no deban reconocerse y someterse a la autoridad de los líderes espirituales como lo señaló Pablo en 1 Tesalonicenses 5:12-13, sino que hay un matiz más suave cuando el autor de Hebreos utilizó las palabras que se traducen como «obedecer» y «someterse» en Hebreos 13:17.

OBSERVACIONES DE LAS ESCRITURAS

Los capítulos siguientes hacen una retrospectiva de la historia bíblica que hemos develado cronológicamente en la segunda parte. Comentaremos catorce observaciones específicas que ayudarán a cristalizar mis pensamientos en varios aspectos importantes con respecto al ministerio de los líderes de la iglesia local: sus títulos, sus funciones, la selección y nombramiento del liderazgo, el concepto de pluralidad en el liderazgo y la necesidad de un líder principal. La tercera parte no solo constituye un resumen sistemático sino que también proporciona datos bíblicos adicionales para ayudar a aclarar de manera más completa lo que hemos analizado en la historia bíblica.

A continuación aparece un avance de las *catorce observaciones* que hemos extraído del relato bíblico sobre el liderazgo espiritual.

OBSERVACIÓN 1:   *El término «ancianos»*

En los primeros años del cristianismo, a los líderes espirituales de las iglesias locales se les identificaba de manera habitual como «ancianos» *(presbuteroi)*.

OBSERVACIÓN 2: *El término «obispos»*

A medida que Pablo y sus compañeros misioneros extendieron su ministerio de fundar iglesias a zonas que estaban muy pobladas por gentiles, se comenzó a identificar a los líderes espirituales como «supervisores» u «obispos» *(episkopoi)*.

OBSERVACIÓN 3: *Administración*

Uno de los términos básicos que utilizaron los autores del Nuevo Testamento para describir la función general de los ancianos/obispos fue «gobernar» *(proistemi)*.

OBSERVACIÓN 4: *Pastorear*

El segundo término que utilizaron los autores del Nuevo Testamento para describir la función general de los ancianos/obispos fue *«pastorear o cuidar [poimaino]* del rebaño de Dios».

OBSERVACIÓN 5: *Una noble función*

Cuando Pablo delineó estas funciones generales para los ancianos/obispos, él puso esta oportunidad disponible para cualquier hombre que deseara esta «noble función» y que estuviera calificado espiritualmente (1 Timoteo 3:1).

OBSERVACIÓN 6: *Funciones específicas*

Para que los ancianos/obispos cumplan con la función general de «gobernar» la iglesia de manera eficaz y de «pastorear» el rebaño de Dios como líderes fieles y sensibles, los autores del Nuevo Testamento describieron y formularon al menos seis funciones específicas y esenciales.

OBSERVACIÓN 7:   *Requisitos*

El Nuevo Testamento perfila requisitos muy específicos para servir como líderes en una iglesia local, pero estos no se revelaron por escrito hasta que Pablo escribió cartas a Timoteo y a Tito luego de su primer encarcelamiento en Roma (1 Timoteo 3:1-13; Tito 1:5-9.

OBSERVACIÓN 8:   *Responsabilidad humana*

Según se desarrolla la historia bíblica, vemos más énfasis en la responsabilidad humana al seleccionar y nombrar «líderes calificados».

OBSERVACIÓN 9:   *Representantes apostólicos*

Aunque Timoteo y Tito ayudaban a Pablo como representantes apostólicos al seleccionar y nombrar líderes en Éfeso y en la isla de Creta, no se nos dice cómo otras iglesias en el mundo del Nuevo Testamento llevaron a cabo este proceso.

OBSERVACIÓN 10:   *Un equipo unido*

Según se desarrolla el relato bíblico en el Nuevo Testamento, queda cada vez más claro que un equipo de hombres piadosos y unidos debían gobernar y pastorear cada iglesia local.

OBSERVACIÓN 11:   *Un líder principal*

El Nuevo Testamento enseña e ilustra sin dudas que cuando hay una pluralidad en el liderazgo, alguien necesita fungir como el líder principal del equipo.

OBSERVACIÓN 12:   *Rendir cuentas*

En los primeros años de la iglesia, los ancianos/obispos se rendían cuentas entre sí mismos y también más allá de su ministerio local.

OBSERVACIÓN 13:   *Delegar*

El Nuevo Testamento enseña que los ancianos/obispos deben mantener sus prioridades al delegar sus responsabilidades a otros hombres y mujeres calificados que puedan ayudarlos a gobernar y pastorear la iglesia.

OBSERVACIÓN 14:   *Función y forma*

El relato bíblico sobre el liderazgo de la iglesia local no describe las «formas», solo las «funciones» y «directrices».

TÍTULOS Y FUNCIÓN REGLAMENTARIA

 OBSERVACIÓN 1: *El término «ancianos»*

En los primeros años del cristianismo a los líderes espirituales de las iglesias locales se les identificaba de manera habitual como «ancianos» (presbuteroi).

A continuación aparecen los sucesos cronológicos del relato bíblico donde se utilizó el término «ancianos»:

☐ *45 d.C.:* Bernabé y Pablo (que entonces se llamaba Saulo) llevaron un regalo de dinero de la iglesia de Antioquía, el que entregaron a «los ancianos» de Jerusalén (Hechos 11:29-30).

☐ *45-47 d.C.:* Jacobo, el medio hermano de Cristo, quien surgió como el líder principal entre los ancianos de Jerusalén, escribió una carta a los creyentes judíos «[dispersos] por el mundo (Santiago 1:1) y los animó a «llamar a los ancianos de la iglesia» para que oraran por diversas enfermedades (Santiago 5:14).

☐ *47 d.C.:* Pablo y Bernabé nombraron «ancianos» en las iglesias de Listra, Iconio y Antioquía (Hechos 14:23).

☐ *49 d.C.:* Los «apóstoles y ancianos» de Jerusalén funcionaban como un equipo mientras resolvían la controversia de la ley y la gracia (Hechos 15:2, 4-6, 22-23).

☐ *49-52 d.C.:* Pablo, Silas y Timoteo «al pasar por las ciudades, entregaban los acuerdos tomados por los apóstoles y los ancianos de Jerusalén, para que los pusieran en práctica» (Hechos 16:4).

Una historia bíblica de los ancianos

Los ancianos en Israel

El pueblo judío había escuchado el título «ancianos» durante siglos, remontándose a la época en que eran esclavos en Egipto (Éxodo 3:16). En aquellos días, los «ancianos de Israel» eran hombres seleccionados para representar a los diversos sectores del pueblo. Y una vez que se establecieron en la tierra de Canaán, los «ancianos» representaban a las distintas tribus y distritos. Estos hombres comenzaron a ejercer mucho poder y control sobre la nación (1 Samuel 8:4).

Estos líderes de Israel siguieron ejerciendo mucha influencia durante los reinados de Saúl, David y Salomón. Durante el exilio en Babilonia se convirtieron en una aristocracia. Ocupaban una posición de «ancianos» porque eran parte de la nobleza.

Para la época en que vino Jesucristo, cada ciudad importante del imperio romano que tuviera una población judía significativa, tenía un concilio llamado el Sanedrín, compuesto por veintitrés ancianos. Su responsabilidad principal era explicar e interpretar la ley de Moisés y castigar a la gente por quebrantar la ley.

En Jerusalén, setenta hombres conformaban el «Gran Sanedrín». Aunque este grupo representaba un número de subgrupos: sacerdotes, familias acomodadas, escribas, fariseos, saduceos, en ocasiones a todos se les identificaba como «ancianos» (Lucas 22:66). Este grupo élite de Israel siguió funcionando después de que surgiera la iglesia. En esa época, el imperio romano les había concedido autoridad para infligir la pena capital a aquellos que quebrantaran las leyes religiosas de Israel, algo que había proliferado considerablemente con el paso de los siglos. Fue este grupo de «ancianos» el que sentenció a muerte a Esteban (Hechos 6:12, 15; 7:54-60).

Ancianos en la iglesia

Con este contexto histórico, es fácil comprender por qué la iglesia primitiva utilizaba el término «ancianos» para identificar a los líderes espirituales. Pero, ¿cuáles eran las diferencias funcionales entre los «ancianos de Israel» y los «ancianos de las iglesias»? Thomas M. Lindsay explicó bien esta diferencia cuando comentó:

> Cuando encontramos «ancianos» a cargo de la comunidad de Jerusalén, listos para recibir las contribuciones para aliviar a aquellos que estaban padeciendo por la hambruna que los alcanzó en el reino de Claudio, *es imposible dudar que el nombre proviniera de su ambiente judío.* Al mismo tiempo, siempre debe recordarse que los «ancianos» cristianos tenían funciones completamente diferentes... y que en este caso *solo se tomó prestado el nombre* [énfasis del autor].[1]

Estamos de acuerdo con las conclusiones de Lindsay. Los ancianos de la iglesia pueden haber tenido el *mismo título* que los líderes de Israel, pero tenían *funciones nuevas*, completamente diferentes.

OBSERVACIÓN 2: *El término «obispos»*

A medida que Pablo y sus compañeros misioneros extendieron su ministerio de fundar iglesias a zonas que estaban muy pobladas por gentiles, también se comenzó a identificar a los líderes espirituales como «supervisores» u «obispos» (episkopoi).

A continuación aparecen los sucesos cronológicos del relato bíblico donde se utilizó el término «obispos»:

☐ *58 d.C.:* A los ancianos de Éfeso también se les llama «obispos» (Hechos 20:17, 28).

☐ *61 d.C.:* Pablo saludó a los líderes espirituales de Filipos como «obispos» (Filipenses 1:1).

☐ *63 d.C.:* Pablo utilizó el término «obispos» y «ancianos» de manera intercambiable cuando escribió su primera carta a Timoteo (1 Timoteo 3:1-2; 5:17-20).

☐ *63 d.C.:* En su primera epístola, Pedro también utilizó estos términos de manera intercambiable (1 Pedro 5:1-2).

☐ *65 d.C.:* Cuando Pablo escribió a Tito en Creta, una vez más utilizó los términos «ancianos» y «obispos» de manera intercambiable (Tito 1:5-7).

Ancianos y obispos: Títulos intercambiables

Los romanos a menudo utilizaban el título *episkopos* para referirse al superintendente o líder de una colonia. Por lo tanto, los gentiles convertidos estarían muy conscientes de esta terminología de liderazgo.

Pablo, por supuesto, también estaba consciente de cómo este término se utilizaba entre los gentiles. Por consiguiente, él tomó prestada la palabra de la cultura romana, quizá debido a la influencia de Lucas, y una vez más volvió a definir por completo las funciones asociadas con esta posición en el mundo pagano. Pero cuando en una comunidad en particular había una fuerte mezcla de judíos y gentiles, él identificaba a los líderes espirituales de las dos maneras, «ancianos» y «obispos». Sin embargo, las funciones eran las mismas. Estas no eran posiciones diferentes. Esto demuestra la libertad que sentían los líderes del Nuevo Testamento para variar las «formas del lenguaje», adaptarlas a las situaciones culturales y ampliar su ministerio.

Esto, por supuesto, no era comprometer la verdad bíblica. Los apóstoles no fueron culpables del sincretismo: la mezcla de ideas cristianas y paganas que violara las doctrinas esenciales de las Escrituras. Más bien, los «títulos» eran parte del «todo» al que Pablo se refería cuando se convirtió en «todo para todos, a fin de salvar a algunos por todos los medios posibles» (1 Corintios 9:22).

Administrar o pastorear: una función general

Así como los escritores bíblicos utilizaron los títulos *ancianos* y *obispos* de manera intercambiable, también utilizaron los dos conceptos para describir una función básica: dar dirección general a la iglesia.

 **OBSERVACIÓN 3:** *Administración*

Uno de los términos básicos que utilizaron los autores del Nuevo Testamento para describir la función general de los ancianos/obispos fue «gobernar» (proistemi).

A continuación aparecen los sucesos cronológicos del relato bíblico donde se utilizó el término «gobernar»:

☐ *51 d.C.:* En la primera carta de Pablo a los Tesalonicenses, él utilizó la palabra básica para gobernar (*proistemi*) para describir la responsabilidad asignada a los «ancianos» u «obispos» (1 Tesalonicenses 5:12).

☐ *63 d.C.:* Cuando Pablo escribió su primera carta pastoral a Timoteo, él utilizó dos veces este concepto general de «gobernar» (1 Timoteo 3:4-5).

Observa algo muy significativo. Cuando Pablo se refirió a la capacidad del hombre para dar este tipo de «supervisión» a su familia, él utilizó otra palabra para relacionar esta función con la «supervisión» de la iglesia: «Debe gobernar [*proistemi*] bien su casa... porque el que no sabe gobernar [*proistemi*] su propia familia, ¿cómo podrá cuidar [*epimeleomai*] de la iglesia de Dios? (1 Timoteo 3:4-5).

La frase que se traduce «cuidar de» *(epimeleomai)* se traduce de la misma palabra básica que Jesús utilizó cuando contó la parábola de los líderes religiosos judíos (muchos de los cuales se identificaban como «ancianos») para ilustrar lo que significa «Ama a tu prójimo como a ti mismo» (Lucas 10:25-29). Observa la siguiente paráfrasis:

Un samaritano se encontró a un hombre golpeado a quien le robaron en el camino que va de Jerusalén a Jericó. Aunque dos hombres a quienes consideraban «ancianos» en Israel: un «sacerdote» y un «levita», vieron lo que había sucedido, ambos obviaron la situación desesperada de este hombre y siguieron su camino. No fue así con el samaritano. Este «cuidó de» *(epimeleomai)* este hombre herido y golpeado. Le «vendó las heridas» y lo «llevó a un hostal». Allí pasó la noche cuidando de este extraño. Al día siguiente, le pagó al hostelero para que siguiera haciendo lo que él ya había hecho, «cuidar de» este hombre herido (Lucas 10:30-35).

Qué historia tan bella para ilustrar lo que Pablo quiso decir cuando delineó este requisito en particular para los ancianos/obispos. Ser capaz de «gobernar» o de «cuidar» de la iglesia, proviene del modelo de la familia, un concepto que implica ser un padre compasivo y cariñoso (ver también 1 Timoteo 3:12; 5:17).

OBSERVACIÓN 4: *Pastorear*

El segundo término que utilizaron los autores del Nuevo Testamento para describir la función general de los ancianos/obispos fue «pastorear o cuidar [poimaino] del rebaño de Dios».

A continuación aparecen los sucesos cronológicos del relato bíblico donde se utilizó el término «pastorear»:

☐ *56 d.C.:* Pablo utilizó por primera vez el concepto de «pastorear» en la Escritura cuando defendió el hecho de que los creyentes deben velar por las necesidades materiales de aquellos que fielmente les comunican la Palabra de Dios (1 Corintios 9:7).

☐ *58 d.C.:* Pablo desafió a los ancianos de Éfeso a ser «pastores» fieles que protegieran «al rebaño» de los «lobos feroces» (Hechos 20:28-30).

☐ *63 d.C.:* En su primera epístola, Pedro instó a los ancianos/obispos a que fueran «pastores» fieles que sirvieran con disposición y entusiasmo (1 Pedro 5:1-4).

OBSERVACIÓN 5: *Una noble función*

Cuando Pablo delineó estas funciones generales para los ancianos/obispos, él puso esta oportunidad disponible para cualquier hombre que deseara esta «noble función» y que estuviera calificado espiritualmente (1 Timoteo 3:1).

Durante varios años muchas personas han utilizado la afirmación de Pablo acerca de los «pastores y maestros» en su carta a los efesios como una referencia al ministerio de los ancianos/obispos en las iglesias locales. Me gustaría ofrecer otra interpretación.

Primero, observa que estos eran «dones» dados a «algunas» personas para «capacitar al pueblo de Dios para la obra de servicio»:

Fue él, [Jesucristo] quien constituyó a:

☐ *unos*, apóstoles

☐ *a otros*, profetas

☐ *a otros*, evangelistas y

☐ *a otros*, *pastores* y *maestros* (Efesios 4:11).

Cuando comparamos la distribución «selectiva» que hizo Jesús de los dones que se describe en este párrafo de Efesios con las instrucciones de Pablo a Timoteo en relación u la selección y el nombramiento de ancianos/obispos, no hay referencia ni a los dones «pastorales» ni a los de «enseñanza» (ver «Las cartas pastorales», capítulo 24, en relación a lo que quiere decir Pablo acerca del requisito «capaz de enseñar»). De hecho, en estas listas de requisitos no se hace referencia a un don especial de «liderazgo» o de «gobernar» *(proistemi)*, que solo se menciona en un versículo de las Escrituras (Romanos 12:8: «si es el de dirigir, que dirija con esmero»). Además, Pablo no restringió el papel de anciano/obispo a «algunos» a quienes Jesucristo hubiera dado dones sobrenaturales de diversas formas. Más bien, esta «noble función» estaba abierta para cualquier hombre que de manera seria y sincera deseara servir como «pastor» y quien tuviera las características adecuadas de carácter.

Entonces, ¿qué quiso Pablo decir en su carta a los Efesios? Yo creo que él se estaba refiriendo a un grupo selecto de individuos que Jesús escogió y sin duda les dio dones para lanzar la iglesia en sentido general. Anteriormente, Pablo escribió que «tanto judíos como gentiles» son «conciudadanos de los santos y miembros de la familia de Dios, *edificados sobre el fundamento de los apóstoles y los profetas*, siendo Cristo Jesús mismo la piedra angular» (Efesios 2:19-20). El grupo de Efesios 4:11 sin dudas incluía a los «apóstoles» iniciales junto con otros, hombres como Timoteo y Tito («pastores y maestros»), quienes tenían el don para ayudar a establecer iglesias por todo el mundo romano. Durante este proceso, ellos capacitaron a hombres que con el tiempo se convertirían en ancianos/obispos.

Poco antes de su muerte, Pablo resumió esta conclusión en su encargo final a Timoteo: «Lo que me [*un apóstol y profeta*] has oído [Timoteo] decir en presencia de muchos testigos, encomiéndalo a creyentes dignos de confianza [*ancianos/obispos*], que a su vez estén capacitados para enseñar a otros» (2 Timoteo 2:2).

Aunque Pablo no mencionó específicamente ancianos/obispos cuando se refirió a «creyentes dignos de confianza», es lógico llegar a la conclusión de que sobre todo esto era lo que él estaba pensando, especialmente en vista de la manera en que esta estrategia se desarrolla a través de todo el relato bíblico.[2]

NOTAS

1. Millar, David, «The Uniqueness of New Testament Church Eldership» [La singularidad de los ancianos en la iglesia del Nuevo Testamento], *Grace Theological Journal* 6, otoño, 1985, pp. 315-27.

2. Para un estudio más profundo sobre cómo los «apóstoles, profetas y maestros» se relacionan con el ministerio de los «ancianos» y «obispos», ver apéndice D.

VEINTITRÉS

FUNCIONES ESPECÍFICAS DEL LIDERAZGO

OBSERVACIÓN 6: *Funciones específicas*

Para que los ancianos/obispos cumplan con la función general de «gobernar» la iglesia de manera eficaz y de «pastorear» el rebaño de Dios como líderes fieles y sensibles, los autores del Nuevo Testamento describieron y formularon al menos seis funciones específicas y esenciales.

En el relato bíblico de la iglesia se formulan al menos seis funciones específicas para los ancianos. Veamos la descripción y el uso de cada una.

1. ENSEÑAR LA VERDAD BÍBLICA

La responsabilidad específica y principal de los ancianos/obispos de «enseñar» la Palabra de Dios nos lleva a la Gran Comisión. Cuando los once discípulos respondieron al mandato de Jesús de ir a Galilea y encontrarse con él en cierto monte, Jesús les ordenó dos cosas. Primero, tenían que «*hacer discípulos* de todas las naciones»

(Mateo 28:19), en un principio proclamando el evangelio y asegurando conversiones a Cristo (a los convertidos se les llamaba «discípulos» antes de que se les llamara «cristianos», Hechos 11:26). Segundo, tenían que edificar a estos discípulos «enseñándoles a obedecer todo» lo que Jesús les *había enseñado* y *ordenado* (Mateo 28:20).[1]

La iglesia en Jerusalén

Tan pronto como la iglesia nació el día de Pentecostés, comenzó el proceso de enseñanza. Los tres mil que respondieron a la exposición de Pedro y a su proclamación «se mantenían firmes en *la enseñanza de los apóstoles* [*didajé*]» (Hechos 2:41-42).

La iglesia de Antioquía

Cuando los apóstoles finalmente escucharon que los gentiles habían respondido al evangelio en Antioquía, enviaron a Bernabé a evaluar la situación. Cuando él llegó y descubrió que estos «paganos» realmente habían experimentado la gracia de Dios, como sucedió con los judíos el día de Pentecostés, Bernabé de inmediato comenzó a *enseñarles* a «permanecer fieles al Señor» (Hechos 11:23).[2] Y cuando Pablo (Saulo) se le unió, estos dos hombres *enseñaron* a estos discípulos durante todo un año (11:26).

Las iglesias en Galacia

Cuando Pablo y Bernabé viajaron juntos en su primer viaje misionero e hicieron «muchos discípulos» en Antioquía de Pisidia, Iconio y Listra, con el tiempo regresaron a estas tres ciudades, «*fortaleciendo* a los discípulos y *animándolos* a perseverar en la fe» (Hechos 14:21-22). Aquí Pablo utilizó por primera vez el término griego *episterio,* que también significa «establecer». Luego utilizó la palabra básica griega *parakaleo* que utilizó para describir el ministerio de enseñanza de Bernabé en Antioquía.

Pasar la batuta

Esto nos lleva al próximo paso en el proceso: nombrar ancianos/obispos en cada una de esas iglesias, quienes cumplirían con la *responsabilidad de enseñar* que Jesús encargó primero en la Gran Comisión. Lo que sucedió en estas iglesias gálatas se convirtió en parte de la estrategia paulina. Tanto Timoteo como Tito debían pasar la batuta a los ancianos/obispos de Éfeso y Creta, quienes a cambio debían ser pastores fieles que «cuidaran» o «alimentaran» el rebaño de Dios Observa una vez más las palabras de Pablo a Tito con relación a aquellos que él estaba nombrando ancianos/obispos: «Debe apegarse a la *palabra fiel*, según la *enseñanza que recibió*, de modo que también pueda exhortar a otros con la *sana doctrina*» (Tito 1:9a).

2. Modelar una conducta como la de Cristo

Para comunicar la verdad bíblica en toda su plenitud, Pablo puso de ejemplo un método de enseñanza con dos aspectos en su propio ministerio: modelar la semejanza a Cristo al tiempo que *instruía verbalmente* a los creyentes. Nuevamente, cuando le escribió a los tesalonicenses, él les recordó la manera en que él, Silas y Timoteo utilizaron estas dimensiones en su comunicación.

Su modelo. «Dios y ustedes me son testigos de que nos comportamos con ustedes los creyentes en una forma *santa, justa e irreprochable*» (1 Tesalonicenses 2:10).

Su ministerio de enseñanza. «Saben también que a cada uno de ustedes lo hemos tratado como trata un padre a sus propios hijos. Los hemos animado, consolado y exhortado a llevar una vida digna de Dios, que los llama a su reino y a su gloria» (1 Tesalonicenses 2:11-12).

Cuando Pablo animó a Timoteo mientras estaba en Éfeso, él hizo énfasis en el mismo método de dos aspectos:

El modelo. «Que nadie te menosprecie por ser joven. Al contrario, que los creyentes vean en ti un ejemplo a seguir en la manera de hablar, en la conducta, y en amor, fe y pureza» (1 Timoteo 4:12).

Su ministerio de enseñanza. «En tanto que llego, dedícate a la lectura pública de las Escrituras, y a enseñar y animar a los hermanos» (1 Timoteo 4:13; ver también Tito 2:7-8).

Todos los ancianos/obispos debían seguir el mismo estilo de comunicación con dos dimensiones. Esta es una razón importante por la que la *lista de Pablo* de los requisitos se concentra *en el carácter* y no en los dones, capacidades y/o habilidades.

3. Mantener la pureza doctrinal

Esta función «gubernamental» y «pastoral» específica de los ancianos/ obispos es sin dudas una extensión de «enseñar la verdad bíblica».

La sana doctrina

La primera referencia a la participación de los ancianos en la resolución de asuntos teológicos surgió en Jerusalén cuando Pablo y Bernabé regresaron de Antioquía en busca de consejo y ayuda. Es significativo que esta resolución implicaba la doctrina más básica del cristianismo. Siglo después, Martín Lutero enfrentó el mismo asunto fundamental: que somos justificados por fe y no por obras.

Lo que vemos en el relato bíblico a continuación del concilio de Jerusalén es que con el tiempo los líderes de cada iglesia local se hicieron responsables de mantener la pureza doctrinal día tras día, semana tras semana. Por esto Pablo exhorta a los ancianos efesios a que «estén alerta» pues «se levantarán algunos que *enseñarán falsedades*» (Hechos 20:30-31).

Pablo documentó las instrucciones más específicas con relación a mantener la pureza doctrinal en su carta a Tito. Debía nombrar ancianos/obispos que no solo enseñaran la «sana doctrina» sino que pudieran «*refutar a los que se opongan*» (Tito 1:9b). Esto era particularmente importante en Creta porque los falsos maestros ya eran una influencia destructiva.

Capaces de enseñar

Cuando Pablo delineó los requisitos para los ancianos/obispos en su primera carta a Timoteo, él precisó que estos hombres fueran «[capaces] de enseñar» (1 Timoteo 3:2). Sin embargo, no fue hasta que escribió su segunda y última carta que él explicó qué tipo de comunicación tenía en mente. Timoteo debía ser «capaz de enseñar» (*didaktikos*) al demostrar el «fruto del Espíritu» cuando confrontara a la gente que se estaba yendo en una dirección equivocada desde el punto de vista doctrinal. Por lo tanto, Pablo escribió:

> No tengas nada que ver con *discusiones necias y sin sentido,* pues ya sabes *que terminan en pleitos.* Y un siervo del Señor *no debe andar peleando;* más bien, debe *ser amable* con todos, *capaz de enseñar y no propenso a irritarse.* Así, *humildemente, debe corregir* a los adversarios, con la esperanza de que Dios les conceda el arrepentimiento para *conocer la verdad,* de modo que se despierten y escapen de la trampa en que el diablo los tiene cautivos, sumisos a su voluntad (2 Timoteo 2:23-26)

Ser «capaz de enseñar» es una cualidad del carácter. Timoteo debía confrontar la «falsa doctrina» con un espíritu gentil, sensible y enseñable, evitando las discusiones y las riñas. Es solo en este tipo de ambiente centrado en Cristo que las personas escucharían de manera objetiva y descubrirían lo que realmente es verdadero. Aunque los ancianos/obispos debían hablar «la verdad», debían hacerlo siempre «con amor» (Efesios 4:15).

Silenciar a los falsos maestros

Al haber alentado ese tipo de comunicación controlada por el Espíritu para los líderes espirituales, Pablo también trazó una línea por si los falsos profetas seguían desviando a la gente. Le dejó esto notablemente claro a Tito con algunas instrucciones muy directas y deliberadas: «*A ésos hay que taparles la boca*» (Tito 1:11). Y, cuando Pablo concluía su carta, una vez más trató el asunto. Al igual que Timoteo, Tito debía evitar «las necias controversias» y las «discusiones y peleas» (3:9). Sin embargo, si un método gentil, sensible y enseñable no producía una respuesta positiva, Pablo le delineó a Tito el próximo paso:

> «Al que cause divisiones, amonéstalo dos veces, y después evítalo. Puedes estar seguro de que tal individuo se condena a sí mismo por ser un perverso pecador» (Tito 3:10-11).

Entonces, una de las funciones específicas de los ancianos/obispos al «gobernar» y «pastorear» la iglesia no solo era ser activos en la *enseñanza* y *modelar* la palabra de Dios sino también *mantener la sana doctrina*. Si una iglesia local se apartaba de lo verdadero, especialmente en el ámbito del liderazgo, «todo el cuerpo» estaría sujeto a una enfermedad letal que con el tiempo llevaría al deterioro espiritual. Lamentablemente, esto sucedió en el mundo del Nuevo Testamento. Pablo le recordó a Timoteo que cuando Himeneo y Fileto comenzaron a enseñar doctrinas falsas, lo que ellos enseñaban se «[extendía] como gangrena» (2 Timoteo 2:17-18).

4. Disciplinar a los creyentes desobedientes

Así como los padres son responsables de disciplinar a los hijos desobedientes y rebeldes, también los ancianos/obispos son responsables como «padres múltiples» en la «familia de la iglesia» de disciplinar a los creyentes que estén decididos a quebrantar la voluntad de Dios de manera intencional. Este proceso implica varios niveles de comunicación.

Amonestar

En la carta de Pablo a los Tesalonicenses, él nos presentó este concepto, «amonestar» *(noutheteo)*. Algunos de estos creyentes tenían una visión falsa de la segunda venida de Cristo y evidentemente estaban usando la doctrina del inminente regreso del Señor para ser holgazanes y no diligentes al trabajar y ocuparse de sus familias. Por lo tanto, los ancianos/obispos tenían la extraordinaria responsabilidad de *amonestar* y *advertir* a estos creyentes para que corrigieran su irresponsable conducta (1 Tesalonicenses 5:12-13; ver también 1 Corintios 4:14).

Intervención bíblica

La exhortación de Pablo a los gálatas está estrechamente relacionada con las instrucciones de Pablo a los líderes espirituales de Tesalónica. Aunque Pablo no menciona a los ancianos/obispos específicamente, sin duda deben haber ocupado un lugar superior en la mente de Pablo cuando se refirió a los «que son espirituales»: «Hermanos, si alguien es sorprendido en pecado, ustedes que son espirituales deben restaurarlo con una actitud humilde. Pero cuídese cada uno, porque también puede ser tentado» (Gálatas 6:1-2).

Aquí Pablo se estaba refiriendo a un creyente que fuera sorprendido en una red de una conducta pecaminosa que fuera del dominio público en la iglesia. Por lo tanto, el intento de restaurar a esta persona era una tarea para más de un cristiano piadoso. Es por eso que Pablo utilizó el pronombre plural: «ustedes que *son espirituales*». En términos contemporáneos esto es una «intervención» bíblica.

Ofensas personales

Durante su ministerio en la tierra Jesús delineó un proceso para tratar con las ofensas personales.

Paso 1:   *«Si tu hermano peca contra ti, ve a solas con él y hazle ver su falta. Si te hace caso, has ganado a tu hermano.*

Paso 2:   *Pero si no, lleva contigo a uno o dos más, para que "todo asunto se resuelva mediante el testimonio de dos o tres testigos".*

Paso 3:   *Si se niega a hacerles caso a ellos, díselo a la iglesia;*

Paso 4:   *y si incluso a la iglesia no le hace caso, trátalo como si fuera un incrédulo o un renegado» (Mateo 18:15-17).*

Es difícil saber con exactitud lo que Jesús quiso decir ya que la palabra *ekklesia* («iglesia») a menudo se utilizaba en la cultura romana para referirse a «una asamblea de líderes». Por ejemplo, cuando se produjo el alboroto en Éfeso, Lucas dijo que «había confusión en la *asamblea* [*ekklesia*]» (Hechos 19:32), refiriéndose a una multitud revoltosa que se había reunido en el teatro (19:29-32). Más adelante «el secretario del concejo municipal logró calmar a la multitud» (19:35) y les recordó que sus preocupaciones tenían que resolverse en «*legítima asamblea* [*ekklesia*]» (19:39), es decir, el ayuntamiento de la ciudad.

De la misma manera, el sanedrín judío en las sinagogas locales era una «*ekklesia* legítima» en Israel, que debe haber sido lo que Jesús tenía en mente cuando le dijo a una persona ofendida que llevara sus preocupaciones a la «iglesia». Debemos recordar que sus destinatarios en ese momento de su ministerio eran sus compatriotas judíos. No obstante, lo que Jesús delineó ciertamente se aplica a la manera en que los ancianos/obispos deben manejar las ofensas personas que no se resuelven de tú a tú. Después de que una parte ofendida involucre a una o más personas en la confrontación, si todavía no hay respuesta, esa persona sin dudas puede apelar a la *ekklesia* (la «asamblea»). En la iglesia local, el cuerpo de ancianos/obispos sin dudas constituye esa «asamblea». En este sentido, los ancianos/obispos son «la iglesia».

Este enfoque está en armonía con la manera en que el relato bíblico describe sus responsabilidades pastorales. Tratar con el pecado es una cuestión que deben manejar aquellos que «son espirituales» y no una «asamblea general» (*ekklesia*) o una «congregación de cristianos», muchos de los cuales pudieran ser «miembros» de la iglesia (la asamblea más general) pero que no están calificados espiritualmente para expresar una opinión sobre el pecado de otro cristiano, mucho menos tomar la decisión de disciplinar a ese creyente. Este tipo de enfoque en realidad le abre la puerta a Satanás en la vida de esa persona. Es por eso que Pablo advirtió: «considerándote a ti mismo, no sea que tú también seas tentado» (Gálatas 6:1b).

5. Supervisar los asuntos financieros

Distribuir fondos para los necesitados

No es coincidencia que la primera referencia a los ancianos/obispos se concentrara en la responsabilidad financiera (Hechos 11:30). Aunque no se nos dan detalles específicos de cómo los ancianos de Jerusalén distribuyeron el dinero que entregaron Bernabé y Saulo (Pablo), sin dudas podemos «llenar los espacios en blanco» en cuanto a esta tarea hercúlea. Ellos tenían que asegurar que estos fondos se distribuyeran de forma justa a los creyentes necesitados, no solo en Jerusalén sino también en otras iglesias de toda Judea. Ya que este esfuerzo tomaría mucho tiempo, estos hombres deben haber designado ayudantes calificados que los asistieran.

Distribución de los salarios

Ya que los ancianos/obispos eran los líderes principales de la iglesia, también eran responsables de supervisar la distribución financiera entre ellos mismos. Por ejemplo, cuando ciertos líderes tuvieran el derecho a «doble honor» (remuneración financiera), esta distribución necesitaba manejarse de manera justa y equitativa. Aunque no se nos dice cómo realizaban esta función, no hay dudas de que debían hacerlo adecuadamente.

Pablo, de manera sistemática, modeló este tipo de responsabilidad. Primero, en ocasiones renunció a sus «derechos» para no ser piedra de tropiezo ni a creyentes ni a incrédulos (1 Corintios 9:18; 1 Tesalonicenses 2:9). Segundo, Pablo tomaba precauciones para evitar malos entendidos cuando estaba recaudando fondos. Por ejemplo, cuando recolectaba dinero para los creyentes necesitados en Jerusalén, no manejaba los fondos personalmente. Más bien, exhortaba a los corintios a que recaudaran el dinero, lo guardaran hasta que él llegara y luego escogieran personas en quienes ellos confiaran para que transportaran el regalo (1 Corintios 16:3-4). Pablo quería ser «intachable» para que nadie pudiera acusarlo de recaudar fondos para beneficio propio. Es por eso que él podía recordarle a los ancianos/obispos de Éfeso con una conciencia clara y con toda confianza durante su ministerio en Éfeso que él no había «codiciado ni la plata ni el oro ni la ropa de nadie» (Hechos 20:33). En esencia les estaba diciendo que siguieran su ejemplo.

6. Orar por los enfermos

Santiago, como el líder principal de los ancianos/obispos en Jerusalén, introdujo la importante función de orar por los enfermos en su carta neotestamentaria al comienzo de la historia de la iglesia. Aunque lo hemos mencionado en último lugar, es una función prioritaria muy importante. Todos los creyentes debían saber que podían pedirles oración a los ancianos/obispos con relación a la sanidad física, psicológica y espiritual en sus vidas (Santiago 5:13-16). Cuando estos líderes espirituales no practicaban este mandato bíblico de manera habitual, estaban pasando por alto un ministerio importante que era esencial si iban a «gobernar bien» y a ser «buenos pastores».

Para una explicación detallada del párrafo de la epístola de Santiago, ver el apéndice B.

NOTAS

1. Para un excelente artículo periodístico sobre la naturaleza de esta enseñanza, ver de Roy B. Zuck, «Greek Words for Teach» [Palabras griegas para enseñar], *Bibliotheca Sacra* 122, abril de 1965, p. 158.

2. Aquí Lucas utilizó el término griego *parakaleo* para describir el proceso de comunicación. Este es un tipo de enseñanza muy específico que significa exhortar, animar. Resulta interesante que Jesús llamó al «Espíritu de verdad», quien vendría y enseñaría todas las cosas, el *parakletos* (el «consejero» o «alentador»). Ver también Juan 14:17; 15:26; 16:13, donde Jesús se refirió al *parakletos* como el «Espíritu de verdad».

VEINTICUATRO

SELECCIÓN Y NOMBRAMIENTO DE ANCIANOS

OBSERVACIÓN 7: *Requisitos*

El Nuevo Testamento perfila requisitos muy específicos para servir como líderes en una iglesia local, pero estos no se revelaron por escrito hasta que Pablo escribió cartas a Timoteo y a Tito luego de su encarcelamiento en Roma (1 Timoteo 3:1-13; Tito 1:5-9).

A pesar de que Pablo escribió las epístolas pastorales al menos treinta años después de que la iglesia naciera en Jerusalén, sin dudas podemos asumir que gran parte de lo que les escribiera a Timoteo y luego a Tito estaba en su mente mucho antes de que escribiera estas cartas. También podemos asumir que él comunicó sus ideas a sus compañeros misioneros durante sus diversos viajes: que los ancianos deben estar a la altura de requisitos específicos. A continuación aparece una lista combinada de estos requisitos:

1. *intachable* (un hombre de buena reputación),
2. *marido de una sola mujer* (que mantenga la pureza moral),
3. *moderado* (un ejemplo de equilibrio en sus palabras y acciones),
4. *sensato* (sabio y humilde),
5. *respetable* (que sirva como un buen modelo),
6. *hospitalario* (que demuestre desinterés y generosidad),
7. *capaz de enseñar* (comunicar de manera sensible y sin amenazar ni estar a la defensiva),
8. *no debe ser borracho* (no ser adicto a sustancias),
9. *no debe ser obstinado* (no tener una personalidad egoísta ni controladora),
10. *no debe ser iracundo* (no propenso a la ira que se convierte en pecado),
11. *no debe ser violento* (no ser una persona grosera),
12. *no debe ser pendenciero* (que no sea alguien que busca discutir y dividir),
13. *gentil* (una persona sensible, amorosa y bondadosa),
14. *libre del amor al dinero* (no materialista),
15. *alguien que gobierne bien a su familia* (un buen padre y esposo),
16. *tener buena reputación entre los de fuera de la iglesia* (un buen testimonio para los no creyentes),
17. *amigo del bien* (buscar actividades piadosas),
18. *justo* (sabio, con discernimiento, sin prejuicios e imparcial),
19. *santo* (justo y honrado), y
20. *no ser un recién convertido* (no ser un cristiano nuevo).[1]

La selección de los líderes clave

OBSERVACIÓN 8: *Responsabilidad humana*

Según se desarrolla la historia bíblica, vemos más énfasis en la responsabilidad humana al seleccionar y nombrar «líderes calificados».

El caso de Juan Marcos versus Timoteo

La función de la responsabilidad humana al seleccionar a los líderes de la iglesia queda claro cuando Pablo le sugirió a Bernabé que volvieran sobre sus pasos y visitaran las iglesias que habían iniciado en su primer viaje. Bernabé estuvo de acuerdo con la idea de Pablo, pero una vez más quería tomar a Juan Marcos y darle otra oportunidad. En este punto estos dos hombres piadosos tuvieron opiniones diferentes, lo cual demuestra los elementos humanos involucrados en esta decisión. Obviamente, Pablo creía que habían cometido un error al escoger a Juan Marcos para que fuera en el primer viaje, y cuando por fin él escogió a Timoteo, no quería hacer otra mala elección.

No es casualidad que Lucas apuntara que este joven, Timoteo, tenía una excelente reputación entre los líderes de la iglesia en Listra, así como en la vecina ciudad de Iconio (Hechos 16:2). ¡Y Pablo se dio cuenta! Basado en la reputación de Timoteo, tanto en la comunidad cristiana como en su hogar, Pablo dejó clara su decisión: «así que Pablo decidió llevárselo» (16:2-3).

Las cartas pastorales

Cuando años después Pablo le escribió a Timoteo y a Tito delineando los requisitos para los líderes espirituales, vemos todavía más progreso en cuanto al elemento humano (revisa el capítulo 12). Primero, Pablo señaló que el papel de un anciano/obispo es una «noble función» *disponible para cualquier hombre cristiano calificado* (1 Timoteo 3:1). No necesitaba tener un «llamamiento especial», como los apóstoles originales o como Pablo en el camino a Damasco. Ni necesitaba que algún «mensaje profético lo apartara». Además, no tenía que poseer algún don especial del Espíritu para «gobernar» y «pastorear» en el marco de una iglesia local.

Como señalamos anteriormente, ser «capaz de enseñar» (*didaktikos*) no es el «don de la enseñanza». Por otra parte, sería incongruente si Pablo requiriera el «don de la enseñanza» y no dijera nada sobre «el don de pastorear» para ser capaz de «pastorear el rebaño de Dios», una responsabilidad crucial de los ancianos/obispos (Efesios 4:12; 1 Pedro 5:2). Sería todavía más incoherente ya que Pablo en su lista de requisitos ni siquiera requirió el «don de *dirigir*» (Romanos 12:8), que es la misma palabra básica que Pablo utilizó para referirse a ser capaz de «gobernar [*proistemi*] bien su propia familia» (1 Timoteo 3:4-5). De hecho, sería paradójico si Pablo estuviera exigiendo que un «padre» tuviera que tener el «don de dirigir» (*proistemi*) para ser capaz de liderar adecuadamente a su familia. Esto sin dudas pondría a los padres «no dotados» en desventaja.

El hecho es que este «don espiritual» *no* era un requisito. Más bien, Pablo estaba implicando que todos los padres cristianos deben desarrollar esta cualidad de «gobernar» y «pastorear» para que así pudieran ser buenos padres. Entonces, si funcionaban bien de esta manera, podrían considerarse para servir como ancianos/obispos para la familia de Dios.

Esto sin dudas *no* significa que el Espíritu Santo no estuviera involucrado, ni que no lo esté en la actualidad, al seleccionar a los ancianos/obispos y sus ayudantes. De hecho, la tercera persona de la Trinidad está *directamente* involucrada cuando hombres y mujeres piadosos en oración y con mucho cuidado evalúan el carácter de un posible líder, utilizando la palabra inspirada de Dios, inspirada por el Espíritu Santo, y a la misma vez, siendo sensibles a su presencia y su dirección en cada una de sus vidas. Y mientras más esto sea un «esfuerzo comunitario» dirigido por el Espíritu, más seguros podemos estar de que tomaremos las decisiones correctas en la selección del liderazgo. Siempre debiera ser un proceso divino y humano muy importante.

OBSERVACIÓN 9: *Representantes apostólicos*

Aunque Timoteo y Tito ayudaban a Pablo como representantes apostólicos al seleccionar y nombrar líderes en Éfeso y en la isla de Creta, no se nos dice cómo otras iglesias en el mundo del Nuevo Testamento llevaron a cabo este proceso.

La observación 9 presenta una pregunta muy importante: ¿Cómo entonces se nombraron los ancianos/obispos en otras iglesias?

Otros representantes apostólicos

Está implícitamente claro que Pablo delegó en Timoteo (cuando dejó a su joven compañero en Éfeso) la responsabilidad de asegurarse de que solo hombres calificados se convirtieran en ancianos/obispos (1 Timoteo 3:1). Y cuando el apóstol dejó a Tito en Creta, él precisó bien esta tarea (Tito 1:5). Aparte de estas referencias, en el relato bíblico no tenemos información con relación a quién realizó esta importante tarea. Sin embargo, sí tenemos referencia de otros hombres y mujeres que sirvieron como representantes apostólicos y quienes pudieran haber participado en el nombramiento de los líderes locales.

Bernabé y Juan Marcos

Cuando Bernabé se separó de Pablo, él y Marcos viajaron como un equipo misionero (Hechos 15:39). Podemos con certeza asumir que siguieron fundando iglesias y nombrando líderes. Además, Bernabé tuvo un impacto poderoso en Juan Marcos. Con el tiempo se convirtió en ayudante tanto de Pablo como de Pedro (1 Pedro 5:13). Durante el primer encarcelamiento de Pablo en Roma, Marcos estuvo a su lado y posiblemente se dirigió a Colosas para ministrar a la iglesia en esa ciudad (Colosenses 4:10). Y cuando Pablo estuvo encarcelado la segunda vez y le escribió su última carta a Timoteo, le pidió que viniera y que también trajera a Juan Marcos para ayudar en el ministerio de Pablo (2 Timoteo 4:11).

Aquila y Priscila

Cuando Pablo saludó a Priscila y a Aquila en su carta a los romanos, él llamó a esta pareja sus «compañeros de trabajo en Cristo Jesús» y también mencionó que «*todas las iglesias de los gentiles*» estaban profundamente agradecidas por su ministerio (Romanos 16:3-4). Ya que tantas iglesias estaban agradecidas por su ministerio, es posible que «juntos» ayudaran a nombrar ancianos/obispos en estas comunidades de fe, así como «juntos» ayudaron a Apolos a comprender mejor el evangelio de Jesucristo (Hechos 18:24-26).

Apolos

Apolos era un brillante erudito del Antiguo Testamento. Después de que Aquila y Priscila lo discipularan, él viajó a Corinto y ayudó a los judíos, especialmente a entender que Jesús en realidad era el Mesías prometido (Hechos 18:27-28). Varios años después, cuando Pablo escribió su carta a Tito, él lo animó a hacer todo lo que pudiera para ayudar a Apolo con los planes de viaje (Tito 3:13). Sin dudas pudo haber nombrado ancianos/obispos en varias iglesias.

Tíquico y Artemas

Cuando Pablo le escribió a Tito cuando este estaba en Creta nombrando ancianos/obispos, él mencionó que iba a enviar o a Artemas o a Tíquico para que lo reemplazaran cuando él se fuera para encontrarse con Pablo en Nicópolis (Tito 3:12). En otras palabras, Pablo tenía tanta confianza en Tíquico que estaba dispuesto a confiarle la tarea tan difícil que Tito había iniciado: asegurarse de que solo hombres calificados espiritualmente dirigieran las iglesias de Creta (ver también Hechos 20:4; Efesios 6:21-22; Colosenses 4:7). Y aunque esta es la única referencia a Artemas en el Nuevo Testamento, sin dudas podemos llegar a la conclusión de que reunía los mismos requisitos que Tíquico.

Andrónico y Junías y otros

Cuando Pablo concluyó su carta a los cristianos romanos con una serie de saludos, también mencionó a dos personas que muchos comentaristas creen que eran otro equipo de esposo y esposa:[2] «Saluden a Andrónico y a Junías, mis parientes y compañeros de cárcel, *destacados entre los apóstoles* y convertidos a Cristo antes que yo» (Romanos 16:7).

Aquí Pablo utilizó el término «apóstoles» de la misma manera que cuando identificaba a Silas y a Timoteo en su primera carta a los Tesalonicenses (2:6). No sería sorprendente entonces que este equipo de esposa y esposa, al igual que Aquila y Priscila, ayudara a Pablo a seleccionar y nombrar ancianos/obispos en las iglesias locales.

Hay otros hombres piadosos a quienes Pablo menciona y quienes definitivamente pueden haber funcionado como representantes apostólicos al nombrar líderes espirituales en las iglesias locales: Sópater de Berea (Hechos 20:4), Aristarco y Segundo, de Tesalónica (20:4), Gayo, de Derbe (20:4), Trófimo de Éfeso (20:4; 21:29) y Urbano (Romanos 16:9).

La iglesia en miniatura

Al recrear lo que sucedió con relación al nombramiento del liderazgo en las iglesias del Nuevo Testamento, debemos recordar que a menudo familias completas se convertían a Cristo y que cada unidad familiar se convertía en una «iglesia en miniatura». En otras palabras, una iglesia local en realidad comienza con una familia extendida. Esto puede haber sucedido en Colosas cuando Filemón se convirtió en el primer convertido al cristianismo, junto con toda su familia, incluyendo a sus criados. En este caso, Filemón puede haber tenido automáticamente una doble función: como padre dedicado y, con el tiempo, como un anciano/obispo dedicado.[3]

Líderes nombrados

Líderes autoproclamados

En algunos casos, ciertos hombres surgieron y comenzaron a funcionar como ancianos/obispos, ya fuera que tuvieran reconocimiento oficial o no. En otras palabras, eran «autoproclamados». En ocasiones, es probable que esto funcionara bien, cuando estos hombres tuvieran motivos puros y reunieran los requisitos. En otros casos, fue una tragedia, como sucedió en Creta. Esta fue una razón crucial por la que Pablo dejó a Tito en la isla para nombrar a ancianos/obispos calificados y para acallar a aquellos que ya estaban «arruinando familias enteras al enseñar lo que no se debe; y lo hacen para obtener ganancias mal habidas» (Tito 1:11). Como líderes autoproclamados, estaban haciendo más daño que bien.

Líderes nombrando a líderes

Cuando se nombraba a ancianos/obispos calificados en un lugar determinado, estos sin duda escogían y nombraban a otros para que sirvieran con ellos. De hecho, pueden haber cumplido con otra responsabilidad en otras áreas geográficas, extendiéndose más allá de sus propias iglesias locales pata ayudar a otros con esta tremenda tarea. Por ejemplo, es posible que los ancianos de Jerusalén escogieran y nombraran líderes espirituales en otras iglesias de Judea y los ancianos/obispos de Éfeso pueden haber hecho lo mismo en algunas de las iglesias de Asia que llegaron a existir gracias al ministerio de Pablo en la escuela de Tirano.

Líderes nombrados por congregaciones

Hay algunos que asumen que los ancianos/obispos eran de alguna manera seleccionados y nombrados en estas distintas iglesias del Nuevo Testamento mediante un «voto oficial de la congregación». Sabemos que este método surgió en algún momento de la historia de la iglesia, pero habría sido prácticamente imposible que las iglesias funcionaran de esta manera durante los primeros años de la iglesia ya que se necesita primero que nada un liderazgo espiritual fuerte para desarrollar un cuerpo de cristianos que fuera lo suficientemente maduro como para tomar este tipo de decisión. En otras palabras, los grupos locales de creyentes no «se organizan» sencillamente alrededor de valores espirituales sin una dirección espiritual intensa.

¿Qué método?

¿Qué método es correcto para el nombramiento de los líderes? Según el relato bíblico está claro que no existe una metodología específica para nombrar líderes espirituales, ya sea para ancianos/obispos o para diáconos. Con respecto a los diáconos Pablo *sí* dijo que «primero sean puestos a prueba, y después, si no hay nada que reprocharles, que sirvan como diáconos» (1 Timoteo 3:10). Sin embargo, no tenemos *instrucciones específicas en cuanto a cómo probar a estos hombres y mujeres*. Más bien, Pablo sencillamente le dio a Timoteo, y a nosotros, requisitos, parámetros y principios, confiando en que aquellos de nosotros que leyéramos sus cartas desarrollaríamos métodos que de hecho evaluaran si una persona está espiritualmente calificada para servir o no.

NOTAS

1. Este perfil combinado se tomó de la obra de Gene A. Getz, *La medida de un líder*, ELA, México, p. 30 [del inglés]. Para comparar la lista en la carta de Pablo a Timoteo con la lista en su carta a Tito, ver la figura 7, pp. 163-164 de este volumen.

2. Cranfield, C.E.B., *Romans: A Shorter Commentary* [Romanos: Un comentario más breve], Eerdmans, Grand Rapids, MI, 1985, p. 377; Leon Morris, *The Epistles to the Romans* [Las epístolas a los romanos], Eerdmans, Grand Rapids, MI, 1988, p. 553. Ver de William J. Webb, *Slaves, Women & Homosexuals: Exploring the Hermeneutics of Cultural Analysis* [Esclavos, mujeres y homosexuales: Explorar la hermenéutica del análisis cultural], InterVarsity, Downers Grove, IL, 2001, p. 99.

3. Ver también las referencias a «la familia de Estéfanas» (1 Corintios 16:15), la «familia de Aristóbulo» (Romanos 16:10), la «familia de Narciso» (Romanos 16:11) y la «familia de Onesíforo» (2 Timoteo 4:19). Es factible que todos estos hombres naturalmente se convirtieron primero en ancianos/obispos de las iglesias que posiblemente emergieran de estas familias extendidas.

VEINTICINCO

PLURALIDAD EN EL LIDERAZGO

OBSERVACIÓN 10: *Un equipo unido*

Según se desarrolla el relato bíblico en el Nuevo Testamento, queda cada vez más claro que un equipo de hombres piadosos es el que debe gobernar y pastorear cada iglesia local.

La observación 10 surge de las referencias en plural a los líderes en varias iglesias locales por todo el mundo del Nuevo Testamento. Observa las siguientes referencias según aparecen por orden cronológico en el relato bíblico:

☐ Los *ancianos* de Jerusalén (Hechos 11:30).

☐ «Haga llamar a los ancianos de la iglesia» (Santiago 5:14).

☐ «En cada iglesia nombraron ancianos» (Hechos 14:23).

☐ Los apóstoles y los *ancianos* de Jerusalén (Hechos 15:2, 4, 6, 22, 23).

☐ «...*los* que trabajan arduamente entre ustedes, y *los guían y amonestan* en el Señor. Ténganlos en alta estima» (1 Tesalonicenses 5:12-13).

☐ «Pablo mandó llamar a los ancianos de la iglesia de Éfeso» (Hechos 20:17).

☐ «Tengan cuidado de *sí mismos* y de todo el rebaño sobre el cual el Espíritu Santo los ha puesto como *obispos*» (Hechos 20:28a).

☐ «para pastorear la iglesia de Dios» (Hechos 20:28b).

☐ «y todos los ancianos [de Jerusalén] estaban presentes» (Hechos 21:18).

☐ «si alguno desea ser *obispo*, a noble función aspira» (1 Timoteo 3:1).

☐ «el obispo debe ser intachable» (1 Timoteo 3:2).

☐ «Los ancianos que dirigen bien los asuntos de la iglesia son dignos de doble honor» (1 Timoteo 5:17).

☐ «No admitas ninguna acusación contra un *anciano*, a no ser que esté respaldada por dos o tres testigos. A *los* que pecan, repréndelos en público para que sirva de escarmiento» (1 Timoteo 5:19-20).

☐ «A los ancianos que están entre ustedes, yo, que soy anciano como ellos... les ruego esto: cuiden como *pastores* el rebaño de Dios que está a su cargo» (1 Pedro 5:1-2).

☐ «y en cada pueblo nombrarás ancianos de la iglesia... El anciano debe ser intachable» (Tito 1:5-6).

☐ «El *obispo* tiene a su cargo la obra de Dios, y por lo tanto debe ser intachable» (Tito 1:7).

☐ «Obedezcan a sus *dirigentes* y sométanse a ellos» (Hebreos 13:17).

En este grupo revelador de referencias a los líderes de la iglesia local, el perfil general demuestra que el plan ideal de Dios era que cada iglesia local fuera dirigida por más de un anciano/obispo. (Observa la manera en que Pablo y Pedro utilizaron el concepto de plural al referirse a un solo anciano/obispo en 1 Timoteo 3:1, 2; 5:19-20; Tito 1:5-7; 1 Pedro 5:1.)

El contexto del Nuevo Testamento

Para comprender cómo funcionaba la pluralidad del liderazgo en la cultura del Nuevo Testamento, debemos evitar superponer las costumbres contemporáneas y occidentales de nuestras iglesias del siglo veintiuno. A diferencia de la multitud de «iglesias locales» que tenemos en un determinado centro de población, cada mención de varios líderes en el Nuevo Testamento se hace en referencia a una *sola iglesia* en un *solo pueblo o ciudad*. En el relato bíblico, solo había *una iglesia* en Jerusalén, en Antioquía de Siria, en Listra, en Iconio, en Antioquía de Pisidia, en Tesalónica y en Éfeso. Esta también es la razón por la que Pablo le dijo a Tito que se quedara en Creta para que nombrara *ancianos en cada pueblo* (Tito 1:5). Estas iglesias estaban formadas por todos los creyentes que vivían en una ubicación geográfica en particular. Aunque puede que se hayan reunido en diferentes lugares de una ciudad determinada para enseñar, confraternizar y adorar, se seguían considerando como *una iglesia* guiada por *un solo cuerpo de ancianos*.[1]

Esto, por supuesto, es un arreglo estructural completamente diferente al que tenemos en muchas culturas en la actualidad. Si vivimos en una ciudad grande, o incluso en un pueblo pequeño, a menudo encontramos diferentes grupos de creyentes de diferentes denominaciones quienes se reúnen en edificios que están uno frente al otro en la misma calle. Además, cada grupo local tiene su propia «junta de gobierno», incluso dentro de «grupos» que son parte de la misma denominación en una ciudad determinada.

¿Cómo entonces gobernaba la iglesia y pastoreaba a las personas el cuerpo de ancianos de cada punto geográfico en el mundo del Nuevo Testamento? Sin estar presentes para observar y experimentar este proceso de primera mano, solo podemos especular con relación a *cómo* los líderes del Nuevo Testamento funcionaban en realidad. Sin embargo, no debe frustrarnos esta ausencia de detalles en el Nuevo Testamento. Es por diseño divino. Dios quiere que los creyentes de diversos contextos culturales sean capaces de crear un plan de liderazgo múltiple que funcione de manera eficaz no importa que vivamos en el primer siglo de la iglesia o en el siglo veintiuno.

La iglesia de Jerusalén: Una perspectiva funcional

Con este trasfondo, analicemos lo que *sí* sabemos a partir del relato bíblico. La «iglesia de Jerusalén» comenzó con los tres mil creyentes bautizados que en un comienzo se reunían en dos lugares: los atrios del templo y en sus hogares (Hechos 2:46). Los atrios del templo los utilizaban los apóstoles especialmente para enseñar y proclamar el mensaje de Cristo a grupos grandes de judíos que se reunían normalmente para celebrar actividades religiosas. Pero para dedicarse a «la enseñanza de los apóstoles... la comunión», los creyentes se reunían en hogares por toda Jerusalén (Hechos 2:42-47). Sin embargo, después del martirio de Esteban y de que «se desató una gran persecución contra la iglesia en Jerusalén» (8:1), los atrios del templo quedaron prohibidos. Los creyentes no tenían otra opción que reunirse en sus casas diseminadas por toda la ciudad. Incluso así, se hizo difícil reunirse. Cuando Saulo «causaba estragos en la iglesia», iba «de casa en casa, arrastraba a hombres y mujeres y los metía en la cárcel» (8:3).

En cuanto a la arquitectura, algunas de estas residencias eran relativamente pequeñas y algunas eran muy grandes, pero otras eran medianas. En lo personal, esto se hizo obvio para mí cuando comencé a guiar giras turísticas por Israel. En varias ocasiones visitamos la espléndida maqueta de Jerusalén, al aire libre, que representa esta antigua ciudad como prácticamente existió en la época en que Jesús andaba por sus calles. Al pararme en el «lado oriental» de esta maqueta, contemplando el templo de Herodes y la variedad de casas aglomeradas en las colinas de Jerusalén, abrí mi Biblia y leí con un nuevo significado:

> Se mantenían firmes en la enseñanza de los apóstoles, en la comunión, en el partimiento del pan y en la oración... No dejaban de reunirse en *el templo* ni un solo día. De *casa en casa* partían el pan y compartían la comida con alegría y generosidad (Hechos 2:42, 46).

Sin embargo, todavía más esclarecedor fue la oportunidad de visitar las excavaciones subterráneas cercanas al Monte del Templo. Los arqueólogos han descubierto varias residencias grandes que miden más de 550 metros cuadrados y tienen hasta veinte habitaciones. A pesar de que están completamente cubiertas de tierra y escombros como resultado de la invasión romana en el año 70 d.C., cuando el templo también fue destruido, estas habitaciones están prácticamente intactas. Uno de estos hogares, o uno como esos, puede sin dudas haber pertenecido a María, donde muchos creyentes estaban reunidos el día en que Pedro fue milagrosamente liberado de la prisión (ver Hechos 12:11-17).

Ir más allá de Jerusalén

Utilizar las residencias privadas como lugares de reunión se hizo aún más necesario a medida que las iglesias se establecieron en ciudades que estaban pobladas fundamentalmente por gentiles. Aunque Pablo y sus compañeros de viaje a menudo entraban en las sinagogas locales de las ciudades donde había un grupo de judíos, al final rechazaban su mensaje. Por ejemplo, en Éfeso, a la larga Pablo enfrentó una seria oposición y comenzó a reunirse en la «escuela de Tirano», donde siguió hablando diariamente acerca de Jesucristo. En muchos aspectos, esta «escuela» ofrecía un ambiente similar a los atrios del templo en Jerusalén. Así como el área del templo proporcionaba un lugar para que los apóstoles predicaran y enseñaran el mensaje de Cristo en un marco judaico, también la escuela de Tirano ofrecía la misma oportunidad para que Pablo comunicara el evangelio a miles de personas que venían a Éfeso provenientes de toda Asia. Como resultado, muchos se volvían creyentes y al parecer regresaban a sus pueblos y ciudades de origen y fundaban iglesias. Pero sucedía lo mismo, estos creyentes tenían solo un lugar de reunión para adorar y confraternizar: sus hogares. De hecho, no tenemos registro de que se utilizaran edificios especiales para la adoración cristiana en el imperio romano «hasta mediados o finales del tercer siglo».[2]

Preguntas de organización

A estas alturas necesitas tratar la pregunta básica con relación a las funciones de los ancianos/obispos. ¿Cómo realmente organizaban estos hombres su ministerio pastoral en las diversas ciudades y pueblos? ¿Se asignaba a un anciano/obispo a una «casa iglesia» en particular? ¿Se nombraban varios ancianos/obispos a una «casa iglesia» más grande? ¿O se pedía a un anciano/obispo que sirviera en dos o más «casas iglesias» más pequeñas? (Ver figura 9 para la estructura del liderazgo en las iglesias de Jerusalén, Antioquía, Éfeso y Creta.)

Estas son «cuestiones de forma» y el relato bíblico no responde a estas preguntas. Sin embargo, si un hogar era lo suficientemente grande como para recibir a cientos de personas, sin duda sería necesario más de un anciano/obispo para pastorear a estos creyentes de manera eficaz. Los arqueólogos han descubierto residencias en algunos lugares del imperio romano que realmente tenían espacio para quinientas personas solo en la sala del jardín. Esto podría describir un complejo familiar propiedad de un hombre adinerado como Cornelio en Cesarea o Filemón en Colosas.

Está claro, las Escrituras no describen formas, solo funciones. La razón es igual de clara. Los ancianos/obispos tienen la libertad de desarrollar métodos que les permitan funcionar de manera eficiente como gobernadores/pastores en sus propias culturas. Además, según la iglesia crezca en número, así debe crecer el grupo de ancianos/obispos para gobernar eficientemente. Pero esto presenta una «pregunta de forma» que trataremos en el capítulo 35: Para funcionar de manera eficiente, ¿cuán grande debe llegar a ser un grupo de ancianos/obispos en la iglesia promedio de hoy?

Solo los líderes calificados

Aunque el Nuevo Testamento enseña e ilustra la pluralidad en el liderazgo, esto no significa que los apóstoles y sus ayudantes nombraran a más de un anciano/obispo en una iglesia dada solo para tener más de un líder espiritual. Más bien *solo* eran nombrados si estaban calificados para servir en este puesto. Esta es sin dudas la razón por la cual no hay referencias a estos líderes en Antioquía de Siria ni en Corinto, dos comunidades gentiles muy paganas. Se necesitaron años para que los hombres y sus familias maduraran lo suficiente como para estar a la altura de los requisitos espirituales que Pablo delineó para los ancianos/obispos.

Figura 9
Estructura del liderazgo en cuatro iglesias primitivas

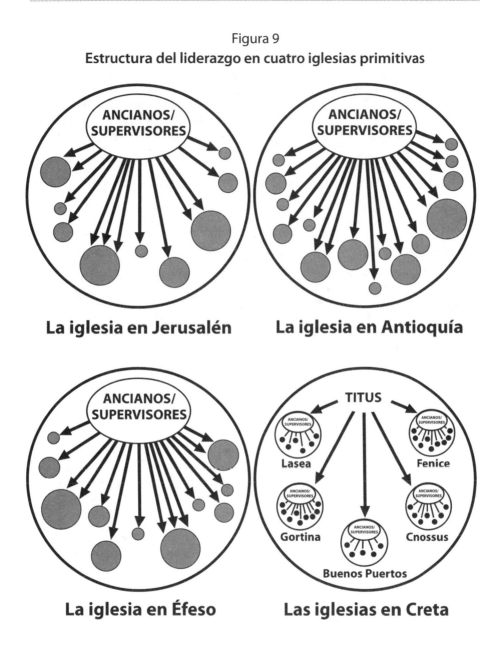

La iglesia en Jerusalén   La iglesia en Antioquía

La iglesia en Éfeso   Las iglesias en Creta

NOTAS

1. Ya que solo había «una iglesia local» identificada en «una ciudad o pueblo» en el Nuevo Testamento, hay algunos que creen que la voluntad de Dios es que en la actualidad solo puede haber «una iglesia local reconocida» en una ciudad determinada. Lamentablemente, no han entendido la idea con relación a la «libertad de forma». De hecho, están intentado transportar la cultura del Nuevo Testamento a la suya propia, cualquiera que esta sea, algo que sin dudas es una interpretación desacertada de las Escrituras.

2. Zinder, Graydon F., *Ante Pacem Archeological Evidence for the Church Before Constantine* [Evidencia arqueológica para la iglesia antes de Constantino], Mercer University Press, Macon, GA, 1985, p. 166.

VEINTISÉIS

LA NECESIDAD
DE UN LÍDER PRINCIPAL

 OBSERVACIÓN 11: *Un líder principal*

> *El Nuevo Testamento enseña e ilustra sin dudas que cuando hay una pluralidad en el liderazgo, alguien necesita fungir como el líder principal del equipo.*

Podría ser sorprendente saber que el relato bíblico del liderazgo de la iglesia local ofrece poca información como para hacer la observación específica de que alguien deba funcionar como líder principal. Sin embargo, debemos recordar que este relato no es una unidad histórica independiente. Si se saca de contexto, puede llevar a conclusiones muy erróneas y poco prácticas. Para comprender la exactitud de esta observación, es imperativo que tengamos una *perspectiva bíblica completa*.

El ministerio de preparación de Jesús

El enfoque en Pedro

Cuando Jesús ascendió al cielo desde el Monte de los Olivos, no dejó a un grupo de apóstoles «sin líder». Por el contrario, obviamente Simón Pedro era su líder y vocero, y Juan se convirtió en su asociado. Mientras estaba en la tierra, el propio Jesús sirvió como su líder principal, pero durante ese tiempo él tomó casi tres años preparándolos a todos para que llevaran a cabo la Gran Comisión. Al mismo tiempo, concentró sus esfuerzos en preparar a Pedro para que fuera el líder de ellos una vez que él regresara al Padre.

Cuando Mateo, Marcos y Juan escribieron sus Evangelios, y Lucas escribió su Evangelio y el libro de Hechos, ellos mencionaron el nombre decenas de veces más que el de los demás apóstoles (ver figura 10). Y cuando registraron los «sucesos» que involucraban a Pedro, estos episodios *sobrepasan con mucho* cualquier cantidad de sucesos que involucrara a cualquier otro apóstol. Por ejemplo, se menciona a Pedro en cincuenta y siete acontecimientos en comparación a su hermano Andrés a quien solo se menciona en ocho acontecimientos (ver figura 11).

Por supuesto, podrían haberse narrado muchos más sucesos acerca de Jesús y su relación con estos hombres (Juan 21:25), pero podemos asumir que lo que está registrado representa lo que realmente aconteció en el marco más amplio. Está claro que Jesús se concentró en preparar a Pedro para que este fuera el líder principal. Además, luego se concentró en Juan quien sería su asociado (observa otra vez las estadísticas de las figuras 10 y 11).

Una estrategia ingeniosa

Cuando finalmente Jesús llamó a Pedro para que dejara su papel en el negocio de la pesca, este robusto galileo ya era el líder principal en esta empresa. Andrés, su hermano, y sus amigos, Jacobo y Juan, eran llamados sus «socios» (Lucas 5:7, 10). Desde un punto de vista estratégico, el hecho de que en un inicio Jesús escogiera a estos cuatro hombres fue algo ingenioso. La infraestructura social y psicológica de su nuevo equipo de liderazgo ya estaba desarrollándose. Andrés, Jacobo y Juan ya veían a Pedro como su líder. Además, cuando Jesús añadió a otros hombres a este equipo, Pedro ya sobresalía como el hombre que a la larga los dirigiría a todos.

Figura 10
Cantidad de veces que aparecen los nombres de los doce apóstoles en los Evangelios y en el libro de los Hechos

APÓSTOLES	LOS EVANGELIOS	EL LIBRO DE LOS HECHOS	TOTAL DE VECES
Pedro (Simón), Cefas	117	72	189
Juan	35	15	50
Santiago	16	2	18
Andrés	12	1	13
Felipe	16	1	17
Bartolomé (Natanael)	0	1	1
Tomás	10	1	11
Mateo (Leví)	8	1	9
Santiago, hijo de Alfeo	6	1	7
Tadeos (Judas)	3	1	4
Simón, el Celote	3	1	4
Judas Iscariote	20	2	22

Figura 11
Cantidad de sucesos que enfoca a cada apóstol en los Evangelios y en el libro de los Hechos

APÓSTOLES	SUCESOS* EN LOS EVANGELIOS	SUCESOS EN HECHOS	TOTAL DE SUCESOS
Pedro	35	22	57
Juan	19	9	28
Santiago	10	2	12
Andrés	7	1	8
Felipe	6	1	7
Bartolomé (Natanael)	3	1	4
Tomás	6	1	7
Mateo (Leví)	3	1	4
Santiago, hijo de Alfeo	2	1	3
Tadeo (Judas)	1	1	2
Simón, el Celote	1	1	2
Judas Iscariote	7	2	9

*Estos no son «sucesos» duplicados en los cuatro Evangelios.

El Aposento Alto

Cuando los apóstoles regresaron a Jerusalén después de la ascensión de Cristo y entraron al Aposento Alto, «Pedro se puso de pie en medio de los creyentes» (Hechos 1:15) y los dirigió para tomar la decisión de reemplazar a Judas. Jesús lo había preparado para este momento y los ciento veinte reunidos en aquella habitación sabían que Pedro era su líder. Las oraciones de Jesús por este hombre fueron contestadas. Después que Satanás lo probó, e incluso después de haber negado al Señor tres veces, ahora él podía fortalecer y guiar a sus «hermanos» (Lucas 22:31-32). Aunque eran sus compañeros en el pastorado, todavía eran ovejas y también necesitaban un pastor (Juan 21:15-17). Pedro sería ese hombre.

Pedro en Pentecostés

Aunque el propósito fundamental de Jesús al llamar a estos doce hombres no estuvo claro en sus mentes hasta que él ascendió y envió al Espíritu Santo, todos estaban listos para responder al liderazgo de Pedro. Cuando él se puso en pie el día de Pentecostés y explicó mediante el profeta Joel lo que estaba sucediendo, ni uno de los apóstoles dudó en seguirlo. Hasta Jacobo y Juan tenían una nueva perspectiva. Nunca más intentaron «suplantar» a Pedro, tratando de ponerse en una posición de poder. E incluso Jacobo, el hermano mayor de Juan, se puso en segundo plano con relación a su hermano menor quien ahora ayudaba a Pedro en aquellos primeros tiempos de la iglesia. Una y otra vez leemos que «Pedro y Juan» asumieron el liderazgo y, aunque estos dos hombres trabajaban en estrecha colaboración, no eran colíderes. Pedro era constantemente el vocero y Juan estaba a su lado apoyando y confirmando el mensaje de la muerte y resurrección de Cristo.[1]

Convertirse en líderes siervos

Incluso después de este momento cumbre y grandioso en la vida de Pedro, a él todavía le quedaba mucho por crecer como líder espiritual.

Y, según continuó su ministerio, aprendió más y más sobre lo que Jesús quiso decir cuando enseñó a los primeros discípulos sobre el líder siervo. Esta es la razón por la que al final de su vida, Pedro podía escribir a los ancianos/obispos de varias iglesias y apelar a ellos ya que era «anciano como ellos» (1 Pedro 5:1).

Vemos esta misma relación con los demás apóstoles. Aunque sin dudas Pedro era su líder, él también era un hombre bajo autoridad. Cuando Felipe fue a Samaria y predicó el evangelio y vio a tantas personas convertirse en creyentes, leemos lo siguiente: «Cuando los *apóstoles* que estaban en Jerusalén se enteraron de que los samaritanos habían aceptado la palabra de Dios, *les enviaron a Pedro y a Juan*» (Hechos 8:14).

Esta es una observación muy importante. Aunque Pedro sin dudas estaba preparado y capacitado para ser el líder de estos hombres, y lo hacía con confianza, nunca se olvidó de las palabras de Jesús en el Aposento Alto durante la cena pascual, que el mayor será un siervo. Él no actuaba unilateralmente sin buscar consejo, asesoría y apoyo. Sin duda alguna él era un siervo líder.

Más equipos misioneros

Vemos la misma dinámica cuando el Espíritu Santo conformó equipos de liderazgo para que se aventuraran al mundo gentil. Al principio, eran Bernabé y Saulo (que luego se llamó Pablo) con Juan Marcos como su ayudante. En un inicio, Bernabé llevaba las riendas, pero una vez que salieron de Chipre, fueron «Pablo y sus compañeros» quienes viajaron a la región de Galacia (13:13). Y en el próximo viaje, una vez más fue Pablo quien dirigió, esta vez con otros tres «compañeros»: Silas, Timoteo y Lucas (ver figura 12).

Jacobo y los ancianos de Jerusalén

En cuestión de un líder principal, vemos que esto comenzó a suceder en la iglesia de Jerusalén cuando Jacobo, el medio hermano de Cristo, surgió como el líder principal entre los ancianos de Jerusalén. Cuando Pedro fue puesto en libertad y fue a la casa de María, sin dudas reconoció el liderazgo de Jacobo (Hechos 12:17). Además, durante la reunión del concilio cuando estaban resolviendo la controversia de la ley/gracia, Pedro representaba a los apóstoles (15:7-11) y Jacobo representaba a los ancianos de Jerusalén (15:13-21).

Figura 12
Equipo ministerial de Pablo en el libro de los Hechos

EL TEXTO	MIEMBROS DEL EQUIPO	LUGAR GEOGRÁFICO PRINCIPAL
13:1-13	Bernabé, Pablo y Marcos	De Antioquía a Pafos a Perga
13:14–14:28	Pablo y Bernabé	Perga a la ciudad de Galacia y de regreso a Antioquía
15:1-35	Pablo y Bernabé	Desde Antioquía a Jerusalén y de regreso a Antioquía
15:39–16:1	Pablo y Silas	Antioquía a Listra
16:2-8	Pablo, Silas y Timoteo	Listra a Troas
16:9-40	Pablo, Silas, Timoteo y Lucas	Troas a Filipo
17:1-15	Pablo, Silas y Timoteo	Filipo a Berea
17:16–18:4	Pablo	Atenas a Corinto
18:5-17	Pablo, Silas y Timoteo	Corinto a Éfeso
18:18	Pablo, Priscila y Aquila	Éfeso a Antioquía
18:19-22	Pablo	Antioquía a Éfeso
18:23–20:1	Pablo, Timoteo y Erasto	Éfeso a Filipo
20:2-4	Segundo, Gayo, Timoteo, Tíquico y Trófimo	
20:5–23:30	Pablo y Lucas	Filipo a Jerusalén
23:31–26:32	Pablo	Jerusalén a Cesarea
27:1–28:29	Pablo y Lucas	Cesarea a Roma
27:30-31	Pablo	Dos años en Roma

Y años después, cuando Pablo regresó a Jerusalén, él fue primero «a ver a Jacobo, y *todos* los ancianos estaban presentes» (21:18). Puedes llamarlo como te parezca, está claro que Jacobo fungía como su líder principal.

Timoteo y Tito

Tanto Timoteo como Tito ilustran también qué importante es tener un líder principal en una situación determinada. En este contexto del Nuevo

Testamento, estos eran representantes apostólicos. Aunque sus puestos no eran permanentes en las iglesias locales, definitivamente se hicieron cargo en Éfeso y en Creta para asegurarse de que se nombraran líderes calificados. Basado en lo que vemos en todo el relato bíblico sobre el liderazgo, solo podemos asumir que también influyeron al asegurarse de que un líder clave estuviera a cargo, un hombre en quien pudiera confiarse para guiar a otros ancianos como líder-siervo.

Es el diseño de Dios, desde la época en que escogió a hombres como Moisés, Josué, Samuel y Nehemías en el Antiguo Testamento y a Pedro, Pablo, Timoteo y Tito en el Nuevo Testamento: siempre tener un líder clave para guiar a su pueblo. ¿Por qué pensaremos de manera diferente cuando se trata de ancianos/ obispos en una iglesia local? Aquellos que respondan a esta pregunta explicando que una visión adecuada de los «dones espirituales» hace posible que un equipo de liderazgo funcione sin un líder clave, también deben explicar por qué no hay referencias a estos «dones» en los requisitos para los ancianos/obispos en las epístolas pastorales.

Una historia con final abierto

Como se dijo antes, el relato bíblico sobre el liderazgo de la iglesia local según aparece en el libro de Hechos y en las cartas del Nuevo Testamento tiene un «final abierto» y no debe sacarse de contexto y dejarse solo. Jesús preparó el escenario para el ministerio de los ancianos/obispos de la iglesia local en su ministerio de preparación con los apóstoles. Con Pedro como su líder, ellos eran un prototipo para los cuerpos de ancianos/obispos en las iglesias locales. Aunque no se nos dice quién dirigía a los ancianos/obispos de manera permanente después de que Timoteo, Tito y otros representantes apostólicos se fueron y prosiguieron a otras iglesias, podemos asumir que sucedió inmediatamente o poco después. Cuando el Nuevo Testamento concluye y los apóstoles y sus representantes salieron de la escena, podemos estar seguros de que aquellos hombres que fueron designados como líderes principales no aparecieron repentinamente de la noche a la mañana. Ya existían, lo que está claro en algunas de las cartas que escribieron los padres de la iglesia primitiva.

Debemos recordar que Jacobo modeló este rol de liderazgo con los ancianos de Jerusalén. Aunque nunca se le dio un título específico en el Nuevo Testamento para reconocer su posición exclusiva de liderazgo, no obstante, otros que «fungieron en este rol» más adelante serían identificados como *episkopoi*: obispos o supervisores.

Un cambio de definición y función: Las cartas de Ignacio

No encontramos un cambio de definición y función hasta que leemos las cartas de Ignacio, quien sirvió como el segundo «obispo» de Antioquía en Siria. Estas cartas, escritas en algún momento a finales del primer siglo, no se consideraron como inspiradas. Sin embargo, con todo y eso se han considerado muy auténticas, dándonos una idea muy exacta de lo que sucedió en varias iglesias cuando concluye el «relato bíblico».

Cuando uno lee estas cartas queda claro que Ignacio enfrentó grandes preocupaciones acerca de los falsos maestros y su impacto en la doctrina y unidad de las iglesias. Imagina por un instante enfrentar estos asuntos sin las Escrituras como las tenemos en la actualidad. Además, los apóstoles, incluyendo a Juan (quien puede haber sido el mentor de Ignacio), ya no estaban. Aquellos que decían ser «apóstoles», «profetas» y «maestros» estaban por todas partes y a menudo descarriaban a la gente.

Un sistema de tres niveles

Al enfrentar los resultados de lo que él consideraba una situación que empeoraba, Ignacio llevó a la iglesia a un sistema de tres niveles en el liderazgo. El líder principal de los ancianos/obispos en varias iglesias de los primeros años del cristianismo se convirtió en «el obispo». Ignacio, utilizando la libertad que vemos en la historia del Nuevo Testamento para utilizar terminología diferente para identificar a los líderes espirituales, redefinió el término *episkopos* para referirse solamente al líder principal de «los ancianos». En otras palabras, el «presbiterio» o «el cuerpo de ancianos» rendía cuentas directamente a un solo «obispo», y los «diáconos» en las iglesias locales básicamente rendían cuentas a los «ancianos» y los ayudaban a ellos así como «al obispo» en sus ministerios. Según se produjo este cambio, «el obispo» en una comunidad de creyentes comenzó a tener más y más autoridad, especialmente debido a las enseñanzas de Ignacio (ver «Modelo inicial de influencia de Ignacio», figura 13).[2]

Bajo la influencia de Ignacio, esta estructura jerárquica tuvo un impacto en todo el mundo del Nuevo Testamento. Enésimo se convirtió en el «obispo de Éfeso», Policarpo en el «obispo de Esmirna» y Clemente en el «obispo de Roma», solo para nombrar a unos pocos de los más conocidos. Lamentablemente, este sistema preparó el marco para algunos de los graves abusos de liderazgo que han perseguido al cristianismo durante siglos (ver «Modelo expandido de influencia de Ignacio», figura 14).

Figura 13

Modelo inicial de influencia de Ignacio

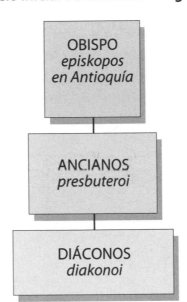

Por otra parte, solo porque Ignacio desarrolló un método de liderazgo que no estaba y ni está en armonía con el principio bíblico, no significa que un cuerpo ancianos/obispos de una iglesia local en particular no necesite un líder principal. Los «pastores» necesitan un «pastor» que siga el ejemplo del Gran Pastor, Jesucristo mismo, quien vino no para ser servido, sino para servir. Hablando en un sentido práctico, esto significa que un pastor principal debe ser un líder siervo.

Figura 14

Modelo expandido de influencia de Ignacio

NOTAS

1. Como se dijo anteriormente, «el orden de los nombres» es muy importante en la Escritura al determinar quién es un líder principal en una situación determinada. De hecho, Mateo enfatizó esto al decir: Éstos son los nombres de los doce apóstoles: primero [*protos*] Simón, llamado Pedro (Mateo 10:2). Este término griego en realidad significa «primero ya sea en tiempo, lugar o importancia» (ver también Hechos 1:13). También en el libro de Hechos, una y otra vez, Lucas menciona primero el nombre de Pedro, cuando él (Pedro) y Juan ministraban juntos en los primeros días de la iglesia (Hechos 3:1,3, 11; 4:1, 3, 7, 13, 19, 23). Observa también que una y otra vez él era el vocero principal (2:14-40; 3:4,6, 12-26; 4:8-12; 5:3-9).

2. En «Enseñanza de los apóstoles» (a menudo llamado la *Didajé*), no hay referencia al sistema de tres niveles desarrollado y practicado por Ignacio; sin embargo, quienquiera que haya sido el autor de este documento utilizó los términos «obispos» y «diáconos» en lugar de «ancianos» y «diáconos». Obviamente, esto todavía refleja lo que leímos en el relato del Nuevo Testamento. Parece colocar la fecha de redacción más adelante en el primer siglo, pero sin dudas antes de que Ignacio escribiera sus cartas.

Podemos decir lo mismo con relación a los líderes de las iglesias locales en las cartas que escribió Clemente de Roma. Él también utilizó el término «obispos» en lugar de «ancianos». Aunque él argumenta que los creyentes deben respetar a estos hombres, él no presenta el mismo nivel de autoridad y control que Ignacio. *The Early Church Fathers* [Los padres de la iglesia primitiva], edición y traducción de Henry Betenson, Oxford University Press, Oxford, N.Y.,1956, «Enseñanza de los apóstoles» (la Didajé), pp. 50-52; «Clemens Romanus» (Clemente de Roma), pp. 29-39.

VEINTISIETE

RENDICIÓN DE CUENTAS, DELEGACIÓN Y FORMAS

 OBSERVACIÓN 12: *Rendir cuentas*

En los primeros años de la iglesia, los ancianos/obispos se ren-
dían cuentas entre sí mismos y también más allá de su minis-
terio local.

Los ancianos/obispos debían rendirse cuentas entre sí. Pablo dejó
esto bien claro a los ancianos de Éfeso cuando exhortó: «Tengan
cuidado de sí mismos... Aun de entre ustedes mismos se levantarán
algunos que enseñarán falsedades para arrastrar a los discípulos
que los sigan» (Hechos 20:28, 30).

Sin embargo, no cabe duda de que debían rendir cuentas más
allá de hacerlo entre sí mismos. De hecho, Pablo ilustró esta necesidad cuando se reunió con los ancianos efesios en Mileto y les
dio el encargo de rendirse cuenta mutuamente (ver Hechos 20:17-
18, 28-30). Todo comenzó en Jerusalén en los primeros años de la
iglesia. Pedro y Juan eran líderes influyentes, quizá nombrando
ancianos/obispos. Pero esta autoridad apostólica se fue más allá de
Jerusalén cuando los apóstoles acordaron entre sí enviar a Pedro y

a Juan a Samaria para dar seguimiento al ministerio de Felipe (Hechos 8:14-17). Por lo tanto, observa que estos dos grandes líderes no actuaron de manera unilateral.

Rendir cuentas en los tiempos de Pablo y más allá

Tenemos más información con respecto a este tipo de rendición de cuentas cuando seguimos a Pablo en sus viajes misioneros y leemos sus cartas. Por ejemplo, cuando les escribió a los corintios, él no dudó en usar la autoridad que Dios le dio como apóstol para exhortarlos y pedirles cuentas. Al concluir su segunda carta, él les recordó que esta sería su «tercera visita»: «Cuando estuve con ustedes por segunda vez les advertí, y ahora que estoy ausente se lo repito: Cuando vuelva a verlos, no seré indulgente con los que antes pecaron ni con ningún otro, ya que están exigiendo una prueba de que Cristo habla por medio de mí» (2 Corintios 13:2-3).

Esto, por supuesto, es autoridad apostólica. Y cuando autorizó a Timoteo y a Tito a nombrar a ancianos/obispos y a que estos les rindieran cuentas, él delegó su autoridad en estos representantes apostólicos.

Una vez que los apóstoles y sus representantes directos desaparecieron del escenario, tenemos muy poca información bíblica con respecto a cómo este tipo de forma de rendir cuentas siguió produciéndose, especialmente en la última etapa del primer siglo. Sin embargo, en cuanto leemos las cartas de Ignacio, queda claro que los obispos locales ya habían surgido y estaban proporcionando liderazgo a los ancianos/obispos de ciudades determinadas.

Durante la época en que Ignacio fungió como obispo de Antioquía, con el tiempo extendió su autoridad para influir y enseñar a otros líderes de iglesias locales en cuanto a cómo funcionar. En esta época sus cartas cobraron mucha influencia. Como señaló Hansen: «El desarrollo de la estructura jerárquica en la iglesia tuvo otro cambio trascendental en las cartas de Ignacio de Antioquía. Mientras que los obispos y presbíteros eran lo mismo en *1 Clemente*, Ignacio veía "al obispo presidiendo en el lugar de Dios y a los presbíteros en lugar del concilio de los apóstoles" y a los diáconos haciendo el servicio de Jesucristo».[1]

Según se desarrolló la historia de la iglesia en el segundo y el tercer siglo, podemos ubicar cómo surgió esta «jerarquía», lo que a menudo llevó a graves errores teológicos y a un abuso de poder que continúa de diversas maneras en las estructuras de algunas denominaciones hasta el día de hoy. A pesar de todo, esta distorsión no elimina la necesidad de que los ancianos/obispos tengan que «rendir cuentas de cierta manera» más allá de sí mismos.

OBSERVACIÓN 13: *Delegar*

El Nuevo Testamento enseña que los ancianos/obispos deben mantener sus prioridades al delegar sus responsabilidades a otros hombres y mujeres calificados que puedan ayudarlos a gobernar y pastorear la iglesia.

En el relato bíblico, los primeros nombramientos del liderazgo en las iglesias locales siempre involucraron hombres que pudieran dar dirección espiritual en sentido general (Hechos 14:23; Tito 1:5). Sin embargo, según cada iglesia crecía en número y aumentaban las responsabilidades, estos líderes espirituales debían nombrar hombres y mujeres calificados que pudieran ayudarlos a llevar a cabo sus responsabilidades más prioritarias.

Delegar autoridad

En el Nuevo Testamento

En el Nuevo Testamento a estos ayudantes se les llamaba «diáconos», aunque las Escrituras se enfocan en funciones, no en títulos. En esencia, los diáconos debían servir de cualquier manera que pudieran para permitir que los ancianos/obispos se concentraran en sus ministerios prioritarios.

Sin embargo, al nombrar a los ayudantes, las Escrituras también dejan claro que los hombres y mujeres a quienes se les confiaba este tipo de responsabilidad debían en esencia reunir los mismos requisitos que los ancianos/obispos. Las razones son obvias. Delegar responsabilidad en personas que no estén capacitadas espiritualmente no «aliviará la carga» a los líderes espirituales, más bien complicará su ministerio.

En el Antiguo Testamento

Delegar autoridad por parte de líderes espirituales aparece en lugares clave de la historia del Antiguo Testamento. En Éxodo tenemos una ilustración muy dramática de por qué es importante delegar en ayudantes capacitados. Cuando los hijos de Israel acamparon en el desierto después de salir de Egipto, Moisés estaba intentando resolver todos los problemas de ellos por sí solo, ¡una tarea sobrehumana! Su suegro le dio un buen consejo. Para evitar que se abrumara física y emocionalmente, Moisés debía elegir «entre el pueblo hombres capaces» para que lo ayudaran, *«temerosos de Dios, que amen la verdad y aborrezcan las ganancias mal habidas»* (Éxodos 18:21).

Moisés siguió su conejo, lo que le permitió asegurarse de que se satisficieran las necesidades del pueblo y al mismo tiempo mantener sus propias prioridades: representarlos ante Dios y «enseñarles» las leyes y decretos de Dios.

Imagina lo que habría sucedido si Moisés hubiera seleccionado ayudantes que no estuvieran capacitados: hombres deshonestos e interesados que pudieran haberse aprovechado del pueblo. Sus problemas se habrían multiplicado muchas veces. De la misma manera, los ancianos/obispos deben delegar responsabilidades en hombres y mujeres muy capacitados que hagan todo lo que puedan para permitir que estos líderes espirituales mantengan sus prioridades en el ministerio.

OBSERVACIÓN 14: *Función y forma*

El relato bíblico sobre el liderazgo de la iglesia local no describe las «formas», solo las «funciones» y «directivas».

Como hemos dicho tan a menudo a lo largo de este estudio, el énfasis bíblico en las funciones y las directrices por encima de las formas es algo de diseño divino. Como con tantos aspectos de la eclesiología, el Nuevo Testamento no requiere, ni siquiera describe diversas «formas» para aplicar los «principios supraculturales» que surgen de este estudio. Por supuesto, esto es lo que hace que el relato bíblico sea tan singular. Solo el Espíritu Santo podía supervisar este proyecto de redacción que implicó varios autores clave y que se extiende tantos años desde el Pentecostés (33 d.C.) hasta los documentos que se escribieron en los años 90.

Esto es lo que hace que el mensaje del cristianismo sea, interpretado de manera correcta, supracultural. No es una religión étnica que está tan ligada a su cultura que solo puede funcionar dentro de esa cultura. En otras palabras, los cristianos pueden «funcionar» y practicar el cristianismo bíblico en cualquier lugar del mundo y en cualquier momento de la historia porque tenemos la libertad de desarrollar esas «formas» únicas que nos permiten ser realmente cristianos sin cambiar la esencia del mensaje bíblico. Como veremos, esto se aplica a la manera en que los líderes de la iglesia local funcionan en las diversas culturas del mundo.

NOTA

1. Hansen, G.W., «Autoridad», *Dictionary of the Later New Testament and Its Developments* [Diccionario del Nuevo Testamento posterior], ed. Ralph P. Martin y Peter H. Davids, InterVarsity, Downers Grove, IL, 1997, p. 109 (Ign. *Magn.* 6.1). Hansen añadió que «la autoridad del obispo era absoluta: los miembros «debían seguir al obispo así como Jesucristo seguía al Padre» (Ign. *Smyrn.* 8.1); «debían considerar al obispo como al Señor mismo» (Ign. *Efesios* 6.1);... "El que hace cualquier cosa sin el conocimiento del obispo, sirve al diablo" (Ign. *Smyrn.* 9.1) El énfasis de Ignacio en los grados de la autoridad: los presbíteros sujetos a los obispos y los diáconos sujetos al obispo y a los presbíteros, y en la autoridad absoluta del obispo, coloca sus cartas en el extremo final de la trayectoria hacia el desarrollo de la autoridad jerárquica en la iglesia». G.W. Hansen, «Autoridad», pp. 109-10.

CUARTA PARTE

PRINCIPIOS SUPRACULTURALES Y APLICACIONES PRÁCTICAS

Estos capítulos finales están diseñados para ayudarnos a pasar del liderazgo del primer siglo en la iglesia al liderazgo del siglo veintiuno con el fin de crear formas adecuadas que (1) estén en armonía con los principios bíblicos, (2) apliquen las lecciones que hemos aprendido de la historia y (3) utilicen las perspectivas culturales tanto del pasado como del presente (como se mostró en la figura 1).

Para poner en práctica un enfoque bíblico del liderazgo, es necesario realizar un proceso dinámico y continuo: examinar la historia bíblica, evaluar las experiencias del pasado según se refleja en la historia (incluyendo la nuestra), y comprender nuestro entorno. Lo que Dios ha dicho, por supuesto, es fundamental. Esperamos que los principios que hemos delineado expresen con precisión la voluntad de Dios según se revela en la Escritura.

La Parte 4 representa no solo lo que nosotros consideramos que son estos principios sino nuestros esfuerzos por poner en

práctica algunas de estas pautas bíblicas. Como verás, he escogido con-
centrarme en lo que hemos aprendido de nuestra experiencia de fundar
iglesias durante los últimos años. Aunque me complace y me alegra lo
que hemos «hecho bien», creo que mis ilustraciones más útiles serán
aquellas cosas que podríamos haber hecho mejor. (Nota: En estos capítulos finales he utilizado el término «ancianos» exclusivamente ya que
en nuestro ministerio hemos escogido este título en particular.)

Al leer los «principios» siguientes, puedes comenzar el proceso de
evaluación de tu propio ministerio respondiendo a dos preguntas:

1. Según comprendes el relato bíblico, ¿se expresan estos principios
   fielmente?
2. Asumiendo que estos principios *sí* se expresen de manera fiel,
   ¿cómo tu método de liderazgo refleja estos principios?

Estos son los *catorce principios para el liderazgo* que hemos sacado
del relato bíblico:

PRINCIPIO 1: *Primeros nombramientos oficiales*

Cuando se establecen iglesias locales, los primeros nombramientos oficiales deben ser los líderes espirituales que sean capaces de dar orientación general a la iglesia; sin embargo, no deben nombrarse hasta que no
reúnan los requisitos.

PRINCIPIO 2: *Un equipo unido*

La meta de toda iglesia local, con el tiempo, debe ser nombrar líderes
calificados que sirvan juntos como un equipo unido.

PRINCIPIO 3: *Requisitos*

Todos los líderes espirituales deben nombrarse basados en el perfil de
madurez que Pablo delineó en las cartas pastorales.

PRINCIPIO 4: *Ética y moral básicas*

Cuando busques líderes capacitados para servir a la iglesia, considera primero aquellos hombres y familias que crecieron en un

ambiente donde sus valores se moldearon según la ética y la moral judeocristiana.

PRINCIPIO 5: *Un líder inicial*

Si en la iglesia no hay candidatos que estén calificados para servir como líderes espirituales oficiales, otro líder calificado necesita servir de manera temporal o permanente hasta que otros en la iglesia estén lo suficientemente preparados como para servir en ese rol.

PRINCIPIO 6: *Un líder principal*

Cada grupo de líderes espirituales necesita un líder principal que dirija tanto como sirva, y quien sea responsable ante sus compañeros líderes.

PRINCIPIO 7: *Títulos*

Al determinar los «títulos» para los líderes espirituales en una iglesia local, *cómo funcionan* es mucho más importante que *cómo los denomine el cuerpo local.*

PRINCIPIO 8: *Padres múltiples*

Los líderes espirituales deben gobernar y pastorear la iglesia así como los padres cuidan de sus familias y los pastores de sus ovejas.

PRINCIPIO 9: *Prioridades importantes*

Todos los líderes espirituales deben asegurarse de gobernar y pastorear bien la iglesia al mantener seis prioridades importantes: enseñar la Palabra de Dios, modelar una conducta que semeje la de Cristo, mantener la pureza doctrinal, disciplinar a los creyentes desobedientes, supervisar las necesidades materiales de la iglesia y orar por los enfermos.

PRINCIPIO 10: *Rendirse cuentas mutuamente*

Los líderes espirituales de la iglesia deben rendirse cuenta entre sí acerca de sus vidas espirituales así como de la manera en que cumplen con sus ministerios.

PRINCIPIO 11: *Responsabilidad ampliada*

Para seguir el modelo que se desarrolla en la historia del Nuevo Testamento, cada cuerpo de líderes en una iglesia local debe tener alguna especie de sistema para rendirse cuentas que vaya más allá de sí mismos, especialmente en lo que respecta al líder principal.

PRINCIPIO 12: *Ayudantes calificados*

Para mantener sus prioridades, los líderes espirituales deben nombrar ayudantes calificados que puedan ayudarlos a satisfacer las necesidades de todos los creyentes en la iglesia.

PRINCIPIO 13: *Apoyo financiero*

Los líderes espirituales deben asegurarse de que se atienda desde el punto de vista financiero a aquellos que dediquen cantidades significativas de tiempo al ministerio, especialmente en la enseñanza de la Palabra de Dios.

PRINCIPIO 14: *Formas adecuadas*

Los líderes espirituales son responsables de asegurarse de que se desarrollen formas adecuadas para llevar a cabo las funciones inherentes a los principios bíblicos descritos anteriormente.

VEINTIOCHO

PRINCIPIOS PARA EL NOMBRAMIENTO AL LIDERAZGO (Parte 1)

PRINCIPIO 1: *Primeros nombramientos oficiales*

Cuando se establecen iglesias locales, los primeros nombra-
mientos oficiales deben ser los líderes espirituales que sean
capaces de dar orientación general a la iglesia; sin embargo, no
deben nombrarse hasta que no reúnan los requisitos.

¿Cuándo es el momento?

La magnitud de tiempo para aplicar el Principio 1 dependerá de varios factores. Primero, Pablo le dejó claro a Timoteo en su primera carta que cualquier hombre asignado a la posición de anciano/obispo «no debe ser un recién convertido, no sea que se vuelva presuntuoso y caiga en la misma condenación en que cayó el diablo» (1 Timoteo 3:6). Si esto sucediera, sería un desastre para la persona y su familia y puede literalmente destruir la unidad de la iglesia.

En lo personal he visto suceder esto incluso cuando nuevos creyentes suben a la plataforma demasiado pronto, especialmente si reciben mucha atención, incluso fama. El orgullo es sutil y Satanás es un maestro utilizando este pecado para hacer que los nuevos creyentes se autodestruyan.

La madurez toma tiempo

En el camino que produce la madurez no hay manera de «acelerar». Hasta a Jesús le tomó casi tres años preparar a los apóstoles para que cumplieran con su papel. A pesar de que tenían un trasfondo judío y comprendían básicamente los valores que se enseñaban en el Antiguo Testamento, fueron necesarias varias experiencias de crisis para profundizar su compromiso con Cristo. Es verdad que fueron transformados dramáticamente luego de que Jesús ascendió y el Espíritu Santo descendió el Día de Pentecostés. Sin embargo, no fue esta única experiencia en sí lo que los cambió. Más bien fueron los años de preparación lo que les permitió responder al ministerio del Espíritu Santo en sus vidas.

Se requiere aun más tiempo para capacitar a hombres y a sus familias para el liderazgo espiritual cuando tienen antecedentes religiosos paganos, seculares o no cristianos. Hemos visto esto en las iglesias de Antioquia y de Corinto. De la misma manera, tomará años en algunas culturas actuales para que los hombres y mujeres desarrollen las cualidades que Pablo delineó en las cartas pastorales.

Un desastre matrimonial

Recuerdo uno de los primeros nombramientos que se hizo en la primera iglesia Fellowship Bible Church. Aunque algunas personas habían expresado su preocupación con respecto a la salud del matrimonio del hombre, lo hicimos anciano. Sabíamos que en el pasado habían tenido algunos problemas, pero en aquel momento todo parecía estar en orden. Cuando le preguntamos a esta pareja sobre la situación, tanto el esposo como la esposa dijeron que se sentían listos para este rol de liderazgo.

Lamentablemente, existían algunos problemas graves en la relación que nunca se resolvieron. Por lo tanto, el matrimonio del hombre se deterioró y terminó en divorcio. Fue una lección dolorosa para todos nosotros: nada hará peligrar más a un matrimonio que poner a un esposo y a una esposa en este rol de pastores cuando tienen asuntos graves sin resolver en su matrimonio. El nombramiento a una posición así pondrá a la persona en el blanco para un ataque de Satanás. Esta es una razón por la cual Pablo advirtió a Timoteo que no se apresurara «a imponerle las manos a nadie» (1 Timoteo 5:22).

Por favor, no me malinterpretes. Esto no significa que una pareja tenga que tener un matrimonio perfecto. Si fuera así, nadie calificaría. Sin embargo, sí significa que hay algunas «heridas relacionales» que necesitan más tiempo para sanar y como resultado de esta experiencia, pronto aprendimos que necesitábamos un proceso mucho más riguroso para seleccionar y nombrar ancianos.

Mayor pero sin estar listo

Recuerdo vívidamente otra experiencia personal que también ilustra este principio tan importante. Un hombre que estaba asistiendo al seminario comenzó a asistir a nuestra iglesia con su familia. Era mayor que el alumno promedio ya que durante varios años había sido el dueño y gerente de su negocio. Sin embargo, después de que él y su esposa se hicieron cristianos, decidieron vender el negocio para prepararse para el ministerio a tiempo completo. Obviamente, él estaba muy motivado para servir a Jesucristo. Sentimos que era «lógico» que este hombre, a quien llamaré Jaime, estuviera calificado para ser anciano en nuestra iglesia. Después de todo, estábamos creciendo muy rápido y necesitábamos hombres y sus esposas que «ayudaran a pastorear el rebaño».

Después de servir como anciano durante un tiempo, Jaime y su esposa se sentaron en el patio de nuestra casa una tarde y me hablaron de la tensión que estaban experimentando en su relación, fundamentalmente porque la esposa no era capaz de sentirse cómoda al verlo funcionar en este rol. Entonces contaron toda la historia acerca del trasfondo de Jaime. Años antes, él llevaba dos libros en la contabilidad: uno legal y otro ilegal. Con este arreglo «interno», él pudo generar grandes sumas de dinero. Durante estos prósperos años, su esposa no tuvo idea de que gran parte de sus ingresos se generaban mediante prácticas ilegales.

Cuando Jaime se hizo cristiano, confesó a su esposa esta conducta pecaminosa y corrigió los problemas del negocio mediante vías legales. Durante esa época de crecimiento espiritual significativo, ellos decidieron vender su hermosa casa e ir al seminario y prepararse para el ministerio a tiempo completo. Después de llegar a Dallas, ellos descubrieron nuestra iglesia y se incorporaron a esta de manera activa.

Sin embargo, después de que Jaime comenzara a servir como anciano y a pastorear a un pequeño grupo de personas, su esposa comenzó a experimentar sentimientos persistentes de resentimiento que comenzaron a tener impacto en su relación. Aunque él había pedido perdón, ella no podía abandonar aquellos sentimientos de haber sido traicionada durante todos esos años. Además, Jaime confesó que aunque estaba sirviendo como líder espiritual en la iglesia, no estaba amando a su esposa y sirviéndole como Dios quería.

Aunque procedimos demasiado rápido con este nombramiento, el final de la historia es muy gratificante. Recuerdo muy bien la noche en que ambos vinieron ante los ancianos y hablaron de su lucha y el motivo de esta. Jaime, voluntaria y humildemente, presentó su renuncia y todos los ancianos nos agrupamos alrededor de ellos mientras él y su esposa se arrodillaban juntos. Impusimos nuestras manos sobre ambos y oramos pidiendo que se sanara su relación.

Esta pareja recibió consejería, gracias a la cual pudieron resolver sus problemas. La parte más bella de la historia es que años después volvimos a recibir a Jaime como anciano. Dios trajo sanidad a este matrimonio y durante años la pareja ha servido en un ministerio a tiempo completo.

Esta historia también ilustra una vez más por qué es importante ser cauteloso al nombrar hombres y a sus esposas para este rol pastoral. Obviamente, debimos haber descubierto estos asuntos *antes* de poner a esa pareja en una posición tan vulnerable. Afortunadamente, enfrentaron el problema con mucha valentía y de manera victoriosa. De no haberlo hecho, este nombramiento prematuro tenía las posibilidades de preparar el escenario para la desilusión, haciéndoles abandonar el ministerio por completo.

Jaime se ha convertido en un pastor miembro del equipo ministerial. Al recordar estos sucesos de hace varios años, él reflexionó en su experiencia:

> Cuando pienso en mi renuncia como anciano, una vez más me impacta el proceso de sanidad que se produjo. Aunque yo tuve éxito en los negocios, no era el esposo amoroso, tierno y piadoso que las Escrituras le ruegan a cada hombre que sea. Mediante el dolor de la resignación me di cuenta de que tenía mis prioridades mal ordenadas. En un sentido bíblico, necesitaba poner a mi esposa primero que al trabajo de la iglesia. Si yo fallaba con ella, no sería el esposo que describía 1 Timoteo 3 y, por tanto, nunca estaría verdaderamente calificado para el ministerio.
>
> También me di cuenta de cuán importante era tener un ambiente «seguro» que me permitió renunciar. Sabía que me amaban, que se interesaban por mí y que los ancianos solo pensaban en lo que era mejor para mi familia. Con esta seguridad, yo tuve la libertad de renunciar, sabiendo que era lo mejor para mí. Ahora me doy cuenta de que si no hubiera existido ese ambiente seguro, yo no podría haber soportado la renuncia. Pero ser capaz de confiar en el liderazgo me impulsó a dar los pasos necesarios... y hoy me alegro de haberlo hecho.
>
> Un pastor agradecido

PRINCIPIO 2: *Un equipo unido*

La meta de toda iglesia local debe ser nombrar líderes calificados que con el transcurso del tiempo sirvan juntos como un equipo unido.

RAZONES DE UN EQUIPO UNIDO

Cuando Jesús les enseñó a los apóstoles a amarse unos a otros como él los había amado (Juan 13:34) y oró para que llegaran a ser uno como él era uno con el Padre (17:20-21), nuestro Señor sentó las bases para la misma dinámica entre los ancianos de las iglesias locales. Obviamente, hay varias razones prácticas para desarrollar equipos múltiples de liderazgo que reflejen ese mismo amor y unidad.

Un ministerio más efectivo

Tener varios pastores piadosos en una iglesia local determinada les permite a estos hombres llevar a cabo el ministerio pastoral de manera más eficaz. Pablo ilustró de manera hermosa esta dinámica cuando él, Silas y Timoteo sirvieron en Tesalónica. Ya que eran un equipo de tres, podían funcionar como padres al educar a estos nuevos creyentes. Pablo apuntó: «los tratamos con delicadeza. Como una madre que amamanta y cuida a sus hijos» y ministraron a *cada uno* de esos creyentes «como trata un padre a sus propios hijos» (1 Tesalonicenses 2:7, 11).

Modelos múltiples

Un hombre que sirve como anciano/obispo debe ser (si es casado) un esposo que sea puro en el sentido moral, un hombre que sea leal a una sola mujer (su esposa). Y si tiene hijos, debe ser un padre piadoso que gobierne bien su familia. En este sentido, él y toda su familia se convertirán en un modelo para todos los creyentes. Y cuando los hombres y familias piadosos se multiplican, habrá *modelos múltiples* de madurez espiritual.

El poder del amor y la unidad

Jesús dejó claro que la «unidad» entre los cristianos transmite un mensaje poderoso a los no creyentes: que Jesucristo es uno con el Padre y vino para ser el Salvador del mundo. Este tipo de unidad entre los apóstoles debía ser un prototipo dinámico para los ancianos de cada iglesia local. Cuando los hombres piadosos, con el apoyo de esposas piadosas, gobiernan y pastorean la iglesia en amor como un equipo de liderazgo unido, esto proporciona un ejemplo dinámico para todos los creyentes en cuanto a lo que se espera que sea la iglesia. Y cuando la iglesia refleje la unidad que Jesús tiene con el Padre, nos convertiremos en un testigo fuerte para el mundo (Juan 17:23).

Un sistema de apoyo

No hay dinámica que ofrezca un mayor sentido de confianza para un líder principal y para su familia que saber que un grupo de hombres piadosos junto con sus esposas lo apoyan «con un mismo sentir». Por otra parte, nada crea más inseguridad, dolor y ansiedad que líderes que sean insensibles y que no den apoyo.

Durante años serví en nuestro equipo junto a un pastor muy dedicado y capacitado quien anteriormente había servido en otra iglesia como «pastor principal». Lamentablemente, muchos de sus ancianos no eran líderes piadosos. Varios hombres frustraron los deseos sinceros de mi amigo de llevar a la iglesia a convertirse en una comunidad de amor y de testimonio para el mundo. Literalmente este hombre solía llegar a casa con náuseas luego de las reuniones de la junta. De hecho, a veces iba al baño y vomitaba.

¡Qué trágico! Recuerdo aconsejarlo acerca de esta difícil situación de liderazgo y al final lo invité a unirse a nuestro equipo como un asociado en el que él pudo ser parte de un grupo de personas que estaban sirviendo juntos en amor y unidad. Esta oportunidad transformó su vida y restauró su motivación de cumplir con la Gran Comisión. Él era y siempre ha sido un pastor piadoso, sensible y compasivo. Lamentablemente, como Pablo advirtió a los ancianos, algunos «lobos» se habían convertido en parte del liderazgo de la iglesia y el «pastor principal» era su blanco (Hechos 20:29-30). Un equipo en el que se apoyen unos a otros fortalecerá el ministerio de un líder principal. Está claro que un equipo que no da apoyo puede socavar su ministerio; por el contrario, un equipo unido puede vigorizar al líder principal para cumplir con sus responsabilidades pastorales.

PRINCIPIO 3: *Requisitos*

> *Todos los líderes espirituales deben nombrarse basados en el perfil de madurez que Pablo delineó en las cartas pastorales.*

Evaluar los requisitos del liderazgo

El Nuevo Testamento no da ninguna metodología específica para aplicar el perfil de madurez que se encuentra en las Escrituras. Sin embargo, la historia en desarrollo del liderazgo en el Nuevo Testamento aclara que seleccionar los líderes calificados requerirá mucha más consideración, oración y trabajo arduo. Aunque en ocasiones el Espíritu Santo, especialmente durante los primeros años de la iglesia, revelaba directamente a quién debía apartarse para el liderazgo, esta es la excepción más que la regla.

Tergiversar «intuición» con la voz del Espíritu Santo puede llevar a errores graves, especialmente cuando se trata de juzgar el carácter. Además, la mayoría de las personas que están bajo evaluación de manera normal y natural intentan dar primeras impresiones positivas, lo que definitivamente afecta nuestras conclusiones iniciales. Es por eso que Dios nos dio *un modelo muy específico y objetivo* para evaluar la madurez espiritual (que se encuentra en 1 Timoteo 3:1-7 y Tito 1:5-9).

Un punto de partida

Cuando ayudé a iniciar la primera iglesia *Fellowship Bible Church* en 1972, comencé a reunirme con un grupo de hombres para un estudio bíblico. Yo sugerí que como base para este estudio usáramos las cualidades del carácter que Pablo delineó en sus cartas a Timoteo y a Tito. Se convirtió en una experiencia de veinte semanas, dinámicas y transformadoras para todo nosotros. Pasamos una sesión en cada cualidad del carácter, definiendo cada una de manera bíblica y luego pasando tiempo comentando unos con otros cómo podríamos desarrollar esta cualidad en nuestras vidas para ayudarnos a ser mejores esposos, mejores padres y mejores siervos del Señor, dondequiera que estuviéramos. Como resultado de este estudio, con el tiempo seleccionamos y nombramos a nuestros primeros ancianos. Un poco después me animaron a escribir un libro titulado *La medida de un líder* que se basaba en esas veinte cualidades. Lo menos que me imaginaba yo era que este libro seguiría utilizándose como una herramienta para la capacitación, incluso hasta el día de hoy.[1]

Ese libro presenta las cualidades del carácter que aparecen en la figura (capítulo 19).

Este estudio de veinte semanas fue una experiencia que cambió la vida de cada hombre, no obstante, más adelante descubrimos que era solo un punto de partida para preparar a los hombres que fueran líderes espirituales en la iglesia. En el caso de los ancianos que estén casados, también debemos involucrar a las esposas en este proceso. Además, es crucial darles a las personas que los conocen bien la oportunidad de evaluar sus vidas como una pareja líder (o como persona soltera). Desde entonces hemos perfeccionado este proceso grandemente (ver el capítulo 34).

Un principio prioritario

Tomar muy en serio los requisitos de la madures que Pablo delineó es uno de los principios de liderazgo más importantes que surge de esta historia bíblica. Debiera ser un principio prioritario. Es la clave para modelar una conducta semejante a la de Cristo para las personas en la iglesia. También es la clave para crear amor, unidad y un mismo sentir entre todos los ancianos a medida que estos guían la iglesia a cumplir con la Gran Comisión. De hecho, lo único que se necesita para destruir la unidad en el equipo de liderazgo de una iglesia es un anciano/obispo terco y egocéntrico. Lamentablemente, en algunas ocasiones esto ha afectado la unidad de toda la iglesia.

Si este concepto neotestamentario del liderazgo múltiple va a funcionar de manera eficaz, nunca debe transigir en la aplicación de este principio. Si violamos este principio y nombramos para la realización de esta «noble función» a hombres con sus esposas que no estén capacitados, esto rápidamente puede llevar al desastre. Por otra parte, cuando un grupo de hombres y mujeres piadosos saben quiénes son en Jesucristo y se mantienen en sintonía con el Espíritu y tienen un motivo en mente: ser pastores y siervos fieles del pueblo de Dios, los resultados serán asombrosos.

Mi lección más dolorosa

Tomar en serio estos requisitos no solo se aplica a la selección de hombres y mujeres para servir como «líderes laicos», sino que es todavía más importante cuando se selecciona a un anciano que sea digno de «doble honor», una persona que dirigirá la iglesia como líder principal (1 Timoteo 5:17). De hecho, uno de los errores más graves que cometí fue ceder mi puesto como pastor principal a mi asociado más joven cuando dejé la «base de operaciones» para comenzar otra iglesia en un lugar diferente de Dallas. Le confié un grupo grande de ancianos y otro grupo de empleados, creyendo que él sería capaz de continuar con este ministerio dinámico y creciente. Lamentablemente, él tenía problemas graves en su matrimonio, algo que ni yo ni los demás conocíamos. De hecho, en conversaciones posteriores con él descubrí que él mismo no estaba consciente de cuán serios eran estos problemas, incluyendo su debilidad interior que sin dudas contribuyó a las dificultades matrimoniales. Aunque era un brillante graduado del seminario cuando ocupó mi puesto, más adelante descubrimos que su esposa realmente nunca quiso que él entrara al seminario ni que estuviera en el ministerio.

Según aumentaron las presiones en su nueva función, sus problemas comenzaron a salir a la superficie y él comenzó a hablar de sus asuntos con otros «ancianos más jóvenes». Trágicamente, estos no eran lo suficientemente maduros como para ayudarlo.

Al final acabó con un problema moral grave, tan grave que fue sentenciado a prisión, pero no antes de dividir la iglesia. Lamentablemente, yo había renunciado a todo tipo de autoridad para resolver este problema. Aunque lo intenté, solo pude contemplar con dolor y esperar mientras esta trágica historia se desarrollaba y culminaba, hiriendo a cientos de personas.

Algunos de los que estuvieron más cerca de este trágico suceso te dirían que he asumido demasiada responsabilidad por la muerte espiritual de este hombre. Quizá sea así, pero yo sé que hubo «señales» en su vida que yo pasé por alto totalmente. De hecho, cuando uno de mis ancianos de más experiencia presentó algunas preguntas con relación a la capacidad del hombre de estar consciente de sus propios sentimientos y los sentimientos de los demás, recuerdo que le aseguré que eso no era un problema. Ahora veo que yo deseaba tanto que este hombre triunfara que no tomé el tiempo suficiente para tomar este tipo de decisión estratégica y hacer las preguntas difíciles con relación a él ¡y a mí! En este sentido veo claramente que mis juicios debieron basarse en una evaluación más completa de la madurez espiritual y psicológica de este hombre.

Esta fue realmente una lección dolorosa. No solo vi a este hombre deteriorarse, sino que también vi el deterioro de su familia. Él cumplió su tiempo en la cárcel y ahora está caminando con Dios nuevamente. Durante el proceso se arrepintió y pidió perdón, pero el daño estaba hecho. Aunque a fin de cuentas este hombre es responsable de las decisiones que tomó y que llevaron a este desastre personal, ahora veo cómo Satanás se aprovechó de su debilidad como líder espiritual en una posición muy significativa y responsable.

Debo afirmar que todavía creo en las personas. Es crucial confiar en los demás para ser un líder de éxito. Sin embargo, al recordar mis juicios erróneos, ahora espero tener más discernimiento. Nunca olvidaré la afirmación que hizo uno de mis ancianos durante este tiempo difícil: «Gene, tu mayor punto fuerte es confiar en las personas, pero tu mayor debilidad es confiar en personas en quienes no debieras confiar». ¡Tenía razón! Y espero haber aprendido más sobre cómo evitar ese error.

Evaluación continua

Aquellos de nosotros que ya servimos como ancianos en cualquier iglesia, sin dudas no debemos esperar más de otros posibles líderes que lo que esperamos de nosotros mismos. De hecho, cada vez que nuestro equipo de ancianos evalúa a otros posibles candidatos, nos da la oportunidad de una vez más examinar nuestras vidas a la luz de la norma de Dios. Esto, por supuesto, no debe llevar a una introspección morbosa sino a un cuidadoso análisis de nuestro carácter cristiano. Pablo nos dio el ejemplo a todos cuando les escribió a los corintios. Él afirmó, haciendo uso de una ilustración deportiva, que participaba en un entrenamiento constante para que predicando a otros, él mismo no quedara descalificado (ver 1 Corintios 9:27). Lamentablemente, muchos líderes cristianos de hoy han bajado la guardia y han sido víctimas de los ataques malvados de Satanás. Esto no tiene por qué suceder si de manera constante nos ponemos «toda la armadura de Dios» (Efesios 6:11).

NOTA

1. *La medida de un líder,* ELA, México., se actualizó en 1995. Durante las últimas tres décadas se ha vendido casi un millón de copias de este libro (incluyendo ediciones internacionales).

VEINTINUEVE

PRINCIPIOS PARA EL NOMBRAMIENTO AL LIDERAZGO (Parte 2)

PRINCIPIO 4: *Ética y moral básicas*

Cuando busques líderes capacitados para servir a la iglesia, considera primero aquellos hombres y familias que han crecido en un ambiente donde sus valores se han moldeado según la ética y la moral judeocristiana.

A menudo se plantea la pregunta de cómo Pablo y Bernabé en su primer viaje misionero encontraron con tanta rapidez hombres que estuvieran capacitados para servir como ancianos en las iglesias de Listra, Iconio y Antioquía. Después de todo, los habitantes de estas ciudades tenían una gran influencia del paganismo que existía en el mundo romano.

La respuesta queda clara cuando nos damos cuenta de que en esta zona vivían tanto judíos como gentiles temerosos de Dios, lo cual explica también por qué Timoteo, quien creció en Listra, madurara tan rápidamente. Su madre judía le enseñó las Escrituras del Antiguo Testamento desde la niñez (2 Timoteo 3:15). Una vez que él se hizo cristiano, todo lo que aprendió del ejemplo de su madre y de sus enseñanzas enseguida dio frutos.

La importancia de los valores bíblicos

Si esto se cumplía en el mundo del Nuevo Testamento, cuánto más en el lugar donde el cristianismo ha tenido un impacto exclusivo en los valores de una cultura en particular. Por ejemplo, en los Estados Unidos tenemos iglesias donde muchos de los asistentes están comprometidos básicamente con los valores cristianos. Han crecido en hogares cristianos y la mayoría acepta los Diez Mandamientos como algo verdadero. Lamentablemente, entre estos asistentes están aquellos que nunca han tenido una experiencia de conversión personal. Una vez que entienden el evangelio y reciben al Señor Jesucristo como Salvador, dan pasos agigantados en su madurez cristiana debido a su comprensión de los valores cristianos. Tales convertidos pronto se convertirán en candidatos fuertes al liderazgo.

Me acuerdo de una pareja que ha servido conmigo durante varios años en *Fellowship Bible Church North*. Tanto Mike como Sharon Cornwall crecieron en hogares religiosos. Sharon estudió religión en la universidad y más adelante, después de casados, Mike enseñaba en la Escuela Dominical de su iglesia y servía en la junta de ancianos. Sin embargo, según ambos reconocen, ellos no conocían al Señor Jesucristo como su Salvador personal. Con el tiempo, mediante la influencia de una pareja de nuestra iglesia, vecinos de Mike y Sharon, estos llegaron a ser cristianos nacidos de nuevo. Como era de esperarse, su crecimiento espiritual se produjo rápidamente. Incluso cuando no eran creyentes, ellos habían desarrollado fuertes valores éticos, morales y espirituales debido a sus orígenes religiosos.

Recuerdo la ocasión en que me acerqué a Mike y a Sharon para que sirvieran como una «pareja de ancianos». En comparación con los demás hombres y sus esposas que servían conmigo, ellos eran cristianos relativamente nuevos. Sin embargo, habían madurado con mucha rapidez debido al sistema de valores bíblicos que ya había influido en su conducta: en su matrimonio, en su familia y en el mundo de los negocios. Aunque tenían un enfoque «orientado a las obras» con respecto a ganarse su «salvación», una vez que entendieron que eran salvos por gracia y no por obras, se sintieron muy motivados a edificar sobre los valores que ya tenían influencia en sus actitudes y acciones, no para ganarse su salvación sino para servir por amor y agradecimiento por el regalo de la vida eterna. Así que cuando pienso en Mike y en Sharon, puedo entender el tipo de personas que buscaron Pablo y Bernabé en su viaje de regreso a Listra, Iconio y Antioquía, donde nombraron ancianos en cada iglesia.

PRINCIPIO 5: *Un líder inicial*

Si en la iglesia no hay candidatos que estén calificados para servir como líderes espirituales oficiales, otro líder calificado necesita servir de manera temporal o permanente hasta que otros en la iglesia estén lo suficientemente preparados como para servir en ese rol.

En ocasiones, especialmente cuando se inician nuevas iglesias, no se encuentran candidatos para nombrar como líderes espirituales oficiales. En ese caso, otro líder calificado debe servir hasta que los posibles líderes estén capacitados para hacerlo.

El líder inicial en acción

Este principio se ilustra claramente en el Nuevo Testamento. Como es lógico, los apóstoles sirvieron como líderes principales en la iglesia de Jerusalén hasta que pudieron nombrar ancianos. Bernabé y Saulo (Pablo) cumplieron con esta función en Antioquía antes de que estuvieran listos los líderes calificados. Y tanto Timoteo como Tito ayudaban a establecer iglesias hasta que estas tuvieran líderes permanentes.

En 1972, con el apoyo de varios hombres y sus familias, mi esposa y yo ayudamos a iniciar la primera iglesia *Fellowship Bible Church* en Dallas. Sin embargo, en los primeros tiempos, a mí me consideraban el único pastor/anciano «oficial». Serví en esta función al menos durante un período de seis meses antes de que nombráramos a otros hombres calificados para servir conmigo.

En una de las iglesias que hemos fundado más recientemente en McKinney, Texas, nombramos a uno de mis asociados de tantos años en *Fellowship Bible Church North* para que sirviera como el pastor/anciano fundador. Al trabajar de cerca con Bruce, a nuestros ancianos realmente les tomó un año poner el cimiento para esta nueva obra.

Durante este tiempo, Bruce comenzó a capacitar a otros tres hombres de nuestra iglesia y a sus esposas para que sirvieran como posibles «parejas de ancianos». También invitamos a estos hombres para que asistieran a nuestras juntas como observadores. De hecho, como líderes de *Fellowship Bible Church North*, servimos como ancianos de la nueva iglesia durante un tiempo. Esto prosiguió hasta que todos nosotros (y también estos candidatos a ancianos) llegamos a la conclusión de que estaban listos para asumir este rol oficial en esta nueva iglesia. Debo reconocer que este ministerio creciente ahora ha duplicado este proceso más al norte al iniciar una iglesia en Frisco, Texas. El líder principal de la nueva obra era uno de los pastores del equipo ministerial en la iglesia de McKinney.

Hay muchas formas en que este principio puede aplicarse a diversas situaciones culturales. El asunto importante es que los líderes espirituales no deben nombrarse hasta que llenen los requisitos. No hay dudas de que este es uno de los mayores desafíos que los misioneros enfrentan cuando fundan iglesias en comunidades paganas. Aunque es importante ayudar a estos creyentes a formar una *ekklesia* indígena, si la obra va a sostenerse por sí sola, es absolutamente crucial dejar la iglesia en manos de líderes calificados que pudieran necesitar años para prepararse.

PRINCIPIO 6: *Un líder principal*

Cada grupo de líderes espirituales necesita un líder principal que dirija y sirva, ambas cosas, y quien sea responsable ante sus compañeros líderes.

Queda claro por el relato bíblico del Nuevo Testamento que Dios no tuvo la intención de que un grupo de hombres funcionara sin un líder principal. Ni tampoco planeó que una iglesia tuviera co-líderes (ver capítulo 26).

¿POR QUÉ NO TENER CO-LIDERAZGO?

Aunque utilizar co-líderes al principio podría parecer funcionar, esto normalmente lleva a una gran ineficiencia y a posibles conflictos, especialmente a medida que el ministerio crece y el personal pagado aumenta.

Defectos del co-liderazgo: Una experiencia personal

Honestamente, en los primeros años de mi experiencia fundando iglesias, yo intenté practicar el co-liderazgo durante un breve tiempo. Ambos estábamos comprometidos a hacerlo funcionar. Sin embargo, el método no solo creó problemas de ineficiencia sino también confusión en los demás miembros de nuestro equipo.

En cuanto a nuestros propios roles, el otro líder y yo vacilábamos al liderar por temor a ser desconsiderado con el otro. Además vimos que ambos íbamos «juntos» a reuniones cuando no era necesario, obviamente no ejercíamos una buena mayordomía con nuestro tiempo. Y en algunos casos, se volvía confuso quién debía en realidad dirigir dichas reuniones. En cuanto a nuestro equipo de liderazgo, tampoco quedaba claro a veces a quién debían reportar. Al querer ser sensibles con sus co-líderes, tanto el personal como los que no eran parte del personal en ocasiones no sabían a quién acudir en busca de consejo y asesoramiento.

Defectos del co-liderazgo: La experiencia de un compañero pastor

Hace poco recibí la carta siguiente de un joven que ha intentado servir en un rol de co-liderazgo. Aunque él reconoció los beneficios de este arreglo, observa las debilidades:

> Hay varias cosas que aprecio con respecto al modelo de co-liderazgo del que he sido parte, durante los últimos años... [incluyendo] la «carga compartida» y el método de equipo con respecto al púlpito... Sin embargo, debo reconocer que según el tiempo ha transcurrido el modelo del co-liderazgo me ha frustrado más. Dios me diseñó para ser líder, pero la estructura del co-liderazgo no puede permitir la expresión total y el ejercicio de mis dones. Incluso en un caso de co-liderazgo que funciona muy bien, como es el mío, donde ambos compartimos una filosofía muy similar con relación al ministerio, aun así tenemos ideas diferentes y puntos de vistas un tanto diferentes con relación a dónde debe dirigirse la iglesia estratégicamente. Eso significa que ambos pastores se frenan de llevar realmente la iglesia hacia adelante. No existe un líder visionario principal y yo creo que nuestra iglesia ha sufrido debido a esto. En mi mente, el modelo del

co-liderazgo ha sido un contrapeso saludable ante la idea del pastor dominante que nunca funciona realmente como parte de un equipo con el resto de los ancianos y del personal. Pero luego de experimentar el co-liderazgo durante algunos años, pareciera como si el péndulo se hubiera ido más al otro extremo, donde la idea del trabajo en equipo y del co-liderazgo se enfatiza tanto que nadie puede ser el líder principal de la iglesia. En mi próximo pastorado planeo hacer un fuerte énfasis en el trabajo en equipo y en ministrar juntos, pero yo seré el líder y visionario principal, y espero tener todas las ventajas.

Los resultados de intentar el co-liderazgo no debieran sorprendernos. Ante todo, este nunca se modeló en el Nuevo Testamento. Además, quebranta los principios que hemos observado en el modelo de la familia. Dios diseñó que el esposo sea el siervo-líder principal en la relación matrimonial. Además, cuando llegan los hijos, el padre debe servir como el siervo-líder principal del hogar. Incluso en estas relaciones íntimas y singulares, alguien debe tener la máxima autoridad para dirigir.

Por otra parte, he observado que en algunos casos lo que parece ser «co-liderazgo» no es «co-liderazgo» en lo absoluto. Desde el punto de vista funcional y práctico, una de estas personas es el líder principal. Sencillamente no reconocen lo que está sucediendo.

El líder principal como siervo-líder

Un siervo siempre

Está claro que el relato del Nuevo Testamento enseña que un líder principal, para que esté en la voluntad de Dios, siempre debe ser un *siervo-líder*. En el cuerpo de Cristo no hay lugar para el autoritarismo, la manipulación y la falta de responsabilidad. Los ancianos no deben ser hombres serviles que sirvan como figuras decorativas y que asientan automáticamente a los deseos dictatoriales de su «líder espiritual».

Personalmente, en los primeros años de mi ministerio de fundar iglesias, yo estaba tan comprometido con la pluralidad en el liderazgo y tan decepcionado de lo que a veces parecía operaciones en la iglesia dirigidas por el ego de un solo hombre, que a menudo negaba que en realidad yo fuera el líder principal. Como señalé en la introducción de este libro, si me preguntaras quién dirige la iglesia, yo siempre diría «los ancianos». En esencia, esa era una afirmación muy real. Si luego me preguntabas quién dirigía a «los ancianos», yo respondería: «juntos dirigimos la iglesia». Una vez más esa afirmación era verdadera, pero yo no había respondido a la pregunta adecuadamente.

El hecho es que «yo dirigía a los ancianos» y juntos «dirigíamos la iglesia». Lamentablemente en aquellos primeros años yo comunicaba un «modelo de liderazgo» que en realidad no estaba practicando.

Figura 15
Función del liderazgo en una iglesia (tres niveles)

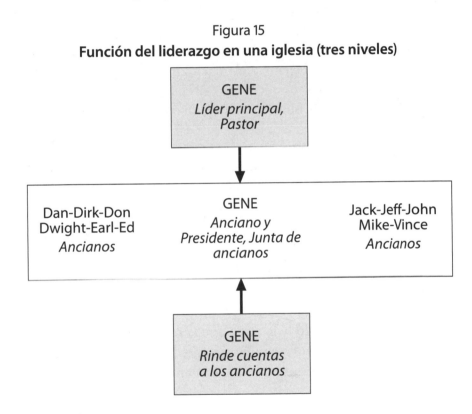

Mi rol actual

Durante varios años he descrito mi rol como algo que funciona en tres niveles (ver figura 15), los cuales he escrito en la descripción de mi puesto de trabajo.

Primero, veo a mis compañeros ancianos como mis consejeros y asesores espirituales. Al final de la jornada, yo les rindo cuentas a ellos. Les he pedido que asuman la responsabilidad final para asegurarme de que estoy desempeñando mi papel adecuadamente. Ellos tienen autoridad para guiarme, corregirme y si fuera necesario, quitarme de mi puesto si no me desempeño como un líder espiritual competente.

Segundo, veo mi rol de anciano/pastor como «de igual a igual» en el proceso de tomar decisiones. Aunque traigo recomendaciones y propuestas a los ancianos, las decisiones finales las toma el cuerpo de ancianos *en su totalidad*. Cuando se toman decisiones yo me considero como solo uno de los que las toma, aunque presido nuestras reuniones.

Tercero, veo mi rol como servir de pastor y líder a los ancianos. Cada uno de ellos tiene el derecho de verme como su pastor y líder espiritual. En este sentido, soy un «pastor de pastores» y «líder de líderes». También soy responsable de dar el ejemplo al consultar con otros ancianos para asegurarme de que todos los líderes miembros o no del personal estén a la altura de los requisitos bíblicos y cumplan con sus funciones.

Intensificar las responsabilidades del liderazgo

Hay ocasiones en las que un líder principal debe intensificar su rol de liderazgo. Esto sucede en tiempo de crisis o cuando se inician proyectos significativos. Por ejemplo, en nuestra iglesia teníamos un grupo de personas que estaban haciendo mucha fuerza para promover un ministerio extra-iglesia que operaba como un programa educacional suplementario de nuestros programas principales para niños y jóvenes. De hecho, algunas familias habían dejado bien claro que la razón principal por la que asistían a nuestra iglesia era para que sus hijos pudieran ser parte de este programa. Como era de esperarse, esto comenzó a crear desunión entre las familias de la iglesia.

Como ancianos, nos reunimos muchas veces para intentar resolver esta crisis e integrar este ministerio al programa general de nuestra iglesia. Al mismo tiempo, les pedimos a varios de nuestros pastores a tiempo completo que intentaran resolver la tensión. Con el tiempo se volvió un asunto tan crítico que como pastor principal tuve que intensificar mi rol de liderazgo para guiar la iglesia a través de este difícil proceso. De hecho, requirió un esfuerzo inusual de mi parte para ayudar a que todos los ancianos y pastores miembros del personal involucrados nos mantuviéramos unidos mientras resolvíamos esta crisis. Al final, el problema *se resolvió*, y cuando presentamos la resolución, lo hicimos como un equipo unido, lo que a la larga restauró la unidad en la iglesia.

Aunque fue doloroso perder a algunas familias porque no aceptaron nuestra decisión, este tipo de crisis, y otras como esta, demuestra que en ocasiones se vuelve todavía más importante tener un «líder principal».

Pero también demuestra el valor de tener un equipo de liderazgo múltiple. Aunque yo era el vocero principal cuando tratamos el asunto públicamente, todo el mundo sabía que esta no era mi decisión, sino la decisión de nuestro equipo completo. Esto me dio, por supuesto, una gran sensación de seguridad y tranquilidad, a pesar del dolor emocional que experimenté al presentar nuestras conclusiones.

Distorsión de un liderazgo múltiple

Liderazgo múltiple disfuncional

Lamentablemente, el concepto de liderazgo múltiple en algunas iglesias ha dado un extraño giro. Estoy al tanto de algunas situaciones en las que los ancianos son dirigidos por un líder que no es parte del personal y quien se hace cargo no solo de la junta directiva sino de la iglesia. El pastor principal o no está clasificado como anciano o sencillamente reporta a los ancianos. Esto no solo quebranta los principios bíblicos sino que pone al siervo-líder principal en una posición muy difícil. Aunque se dedica a la iglesia a tiempo completo, realmente no puede dirigir con el apoyo completo de los ancianos.

Esto sucedió recientemente a un pastor compañero al que llamaremos Pedro. Cuando lo estaban entrevistando para que se convirtiera en el líder principal, descubrió que aunque iba a «liderar a los ancianos», no sería clasificado como anciano. En otras palabras, no tendría «autoridad oficial» como miembro de la junta. En realidad, tendría que asumir este puesto y «ganarse» la autoridad constantemente.

Aunque esto fue una señal de alarma, Pedro aceptó el puesto con la esperanza de que podría cambiar ese arreglo. Lamentablemente, no pudo hacer el cambio, lo que al final llevó a ciertos problemas muy serios. Aunque el cuerpo de la iglesia generalmente lo veía como su líder principal, el presidente de los ancianos utilizaba el estatus de no anciano de este pastor como táctica evasiva al convocar reuniones a las cuales no lo invitaban, allí los ancianos discutían algunas quejas de los miembros más antiguos de la iglesia a quienes no les gustaban algunos de los cambios que estaban ocurriendo bajo el liderazgo de este pastor.

Cuando descubrió lo que estaba sucediendo, Pedro desafió este método. Aunque sin dudas estaba dispuesto a estar abierto para escuchar las quejas, sentía que era injusto e inadecuado convocar a reuniones donde las personas ventilaban sus preocupaciones «a sus espaldas». Tristemente, algunos de los ancianos convencieron a los demás de que debían proceder con su plan.

El resto de la historia era de esperar. Aunque Pedro trató desesperadamente de resolver el asunto de una forma madura y abierta, enfrentó la resistencia de su junta y al final decidió que lo mejor sería renunciar. Sintió que estos hombres quebrantaron su confianza, la cual hicieron. Se hizo a un lado con dignidad, pero hasta los días de hoy la mayoría de los miembros de la iglesia cree que los ancianos lo trataron mal. Debido a este arreglo de liderazgo múltiple disfuncional, la iglesia perdió varias familias, de hecho, se les está haciendo difícil sobrevivir como iglesia. Es obvio que esta ha sido una experiencia muy dolorosa para mi compañero pastor y para su familia.

Lamentablemente, esa junta violó un principio bíblico muy importante. No puede haber dos líderes principales en una iglesia: un anciano que no es parte del personal y el pastor principal.

Una ilustración contraria

Para demostrar de manera práctica cuán ilógico es este arreglo, en ocasiones he utilizado una «ilustración contraria» hipotética. Como pastor a tiempo completo, que pasa entre cincuenta y sesenta horas semanales sirviendo a la iglesia, imagínate que me inviten a presidir la junta de una sociedad bancaria grande (Dios me libre). Sin embargo, en este arreglo el gerente principal de esta organización polifacética debe rendirme cuentas a mí y a otros miembros de la junta que también tienen trabajos a tiempo completo en otro lugar. Nosotros lo dirigimos. ¡Él no nos dirige!

Esto sería extremadamente pretencioso, irrealista y arrogante de mi parte, pensar que alguna vez yo podría dirigir esta organización cuando ni siquiera estoy involucrado en el funcionamiento cotidiano. Además, en una situación así, con seguridad yo carecería de la comprensión y las habilidades para cómo operar esta complicada empresa fiscal. Para colmo, yo tengo más que un trabajo a tiempo completo en otro lugar que consume mi tiempo y mi energía.

Espero que la idea esté clara. Es tan ilógico que un hombre de negocios que trabaja cincuenta horas semanales en otro lugar trate de dirigir la iglesia con otro grupo de hombres de negocios (que también tienen profesiones a tiempo completo) e insistir en que el pastor a tiempo completo esté bajo sus órdenes sin prácticamente ninguna autoridad para dirigirlos a ellos o a la iglesia. Como han hecho algunos hombres, ellos insisten en que él dedique su tiempo a «la enseñanza» y ellos «dirigirán la iglesia».

Esto es sin dudas una mala interpretación del liderazgo múltiple y de otros principios bíblicos. Nunca he conocido un pastor que funcione bajo dichas circunstancias y que no esté terriblemente desanimado, ¡y con razón! ¡No es un arreglo bíblico!

Lamentablemente, algunos pastores principales se han puesto en esta posición. Creen de manera tan firme en ser siervos-líderes que sin saberlo han renunciado a su autoridad. Admirablemente se han hecho responsables ante los demás ancianos, pero al hacerlo han cedido su capacidad de dirigir. Cuando esto sucede, es prácticamente imposible corregir el problema sin que se le acuse de ser interesado y de querer «poder» y «posición».

PRINCIPIOS PARA LAS FUNCIONES DEL LIDERAZGO (Parte 1)

PRINCIPIO 7: *Títulos*

Al determinar los «títulos» para los líderes espirituales en una iglesia local, cómo funcionan *es mucho más importante que* cómo los denomine *el cuerpo local.*

No hay duda alguna que el relato del Nuevo Testamento sobre el liderazgo en la iglesia local da la libertad de utilizar varios títulos para identificar a los líderes espirituales en una iglesia dada. Tanto Pedro como Pablo ejercieron esta libertad cuando utilizaron los términos «ancianos» *(preshuteroi)* y «obispos» *(episkopoi)* de forma intercambiable.

Escoger títulos para los líderes de la iglesia

Pautas

Sin embargo, existen algunas pautas bíblicas, históricas y culturales para tomar decisiones con respecto a la nomenclatura. Primero, no es necesario utilizar títulos que difieran del lenguaje utilizado en el Nuevo Testamento a menos que estos cambios sirvan como un medio más eficaz para realizar la Gran Comisión.

Segundo, ya que el título «obispo» o «supervisor» en español (que se traduce de *episkopos)* adquirió un significado nuevo en cuanto a autoridad y posición después que se escribió la Biblia, a menudo este cambio continúa asociándose con este título, especialmente en vista de la forma en que esta terminología se ha utilizado en la historia de la iglesia. Por lo tanto, si una iglesia utiliza el término «anciano», podría ser más fácil comunicar las funciones originales asociadas con este puesto según se describen en el relato bíblico. En lo personal, este ha sido el caso en mi propio ministerio de fundar iglesias. Esta es una de las razones por las cuales utilizamos el término «ancianos» más que «obispos» o «supervisores».

Libertad en la nomenclatura

Después de haber dicho esto, debemos comprender que la libertad que los líderes de la iglesia primitiva tuvieron en el segundo siglo se basa en un principio bíblico. Como hemos visto, Ignacio popularizó el término *«episkopos»* (que la mayoría de las veces se traduce como «obispo» en el idioma español) para referirse al hombre que servía como el líder principal de los «ancianos» en la comunidad de las iglesias de una ciudad dada. Sin embargo, aunque el relato del Nuevo Testamento permite esta libertad en la nomenclatura, la *autoridad* que Ignacio otorgaba a estos hombres con el tiempo quebrantó los principios bíblicos (ver la nota 1 del capítulo 27). Por lo tanto, cualquier iglesia o grupo de iglesias que utilicen el título «obispo» debe asegurarse de definir y evaluar sus funciones desde el punto de vista bíblico.

En la actualidad muchas iglesias utilizan la misma libertad para designar al líder principal de los ancianos como «el pastor» o en una iglesia más grande «el pastor principal». Algunas iglesias utilizan el término «ministro» o «ministro principal». Otras iglesias, por supuesto, todavía utilizan el término «obispo» para identificar al líder principal. Algunas también lo utilizan para referirse a un líder que es responsable de supervisar una «comunidad de iglesias», a veces llamado «arzobispo». Una denominación se refiere a este hombre como un «superintendente». Esto también se basa en la libertad que permite el Nuevo Testamento para el uso de los títulos. Lo importante no es cómo *se les llame* sino cómo *funcionan*. ¿Es bíblico?

Libertad de forma en Brasil

Mi buen amigo Jim Peterson, quien sirvió con los Navegantes durante veinticinco años en Brasil, en una ocasión me invitó a hablarles a los líderes de varios «grupos pequeños». Él me dejó claro que quería que hablara de los conceptos bíblicos con respecto a la iglesia local. Ya que él servía con un ministerio extra-iglesia, consideraba que esto era un paso muy importante para ayudar a estos creyentes brasileños a comprender la perspectiva de Dios sobre la eclesiología.

Mientras ministraba a estos líderes, Jim me explicó la historia de este ministerio único de discipulado. Cuando él y su esposa comenzaron este alcance en Brasil, su objetivo era un sector determinado de la sociedad, profesionales como médicos, dentistas, arquitectos y ejecutivos. Como era una sociedad que en aquel momento tenía una gran influencia de la ideología marxista, estos graduados universitarios tenían algunas actitudes negativas con relación a la «iglesia» según la habían experimentado a lo largo de los años en su cultura. De hecho, el término portugués para iglesia *(igrejas)* erigía una barrera para la comunicación bíblica. Segundo, tenían reacciones muy negativas al término portugués para «pastor» *(pastor)* o «sacerdote» *(padre)*. Ambos términos les recordaban una religión institucionalizada que ellos en esencia habían eliminado de sus vidas.

Para vencer esta barrera en la comunicación, Jim aplicó este principio de tener libertad en la «forma del lenguaje». En lugar de llamar a sus pequeños grupos «iglesias» *(igrejas)*, él los identificó como *«turmas»*, un término portugués que describe «grupos» identificables. En realidad, para estas personas este término representaba más precisamente el significado del término griego *ekklesia* que el término portugués *igreja*. El concepto del Nuevo Testamento, por supuesto, no se refiere a una institución ni a un edificio sino a «personas» que tienen una afinidad única, en este caso, su relación personal con Dios y entre sí.

Para vencer las reacciones negativas a los términos *pastor* o *padre*, Jim utilizó el término portugués *mestre* o «maestro» para identificar al líder de cada *turma*. A su vez, estos *mestres* formaron un *equipe local*, que significa un «equipo local» de líderes.

Este cambio en la nomenclatura sin duda alguna abrió la puerta a una comunicación más eficaz, tanto con las personas que estaban intentando alcanzar con el evangelio así como con los nuevos creyentes que se convirtieron en parte de estas *turmas*. Esto también ilustra la filosofía de Pablo con relación al ministerio, ser «todo para todos» para que «por todos los medios posibles» podamos ganar a algunos. Sin embargo, a algunas iglesias les preocupa tanto cómo identificar a sus líderes que esto lleva a la desunión. Obviamente no están conscientes de que el Espíritu Santo ha dado libertad para usar la nomenclatura que mejor funcione en una situación cultural en particular. Insisto, el factor importante no es cómo *se llamen* sino cómo *funcionen*.

PRINCIPIO 8: *Padres múltiples*

Los líderes espirituales deben gobernar y pastorear la iglesia así como los padres cuidan de sus familias y los pastores de sus ovejas.

Si los ancianos van a gobernar y pastorear las iglesias como Dios quiere, es importante comprender la amplitud de la función que se incluye en estas responsabilidades generales. Afortunadamente, cuando analizamos los dos modelos que Pablo utilizó para definir el ministerio en general de los ancianos, es fácil comprender bastante pronto los parámetros que están incluidos en las «descripciones de sus puestos de trabajo».

Dos modelos para definir los ministerios

El modelo de la familia

El «modelo de la familia» es el más conocido ya que la «vida familiar» es una experiencia universal. El diseño ideal de Dios es que un «padre» sea el principal responsable de dar una guía general semejante a la de Cristo a esta unidad social. Basado en este modelo, en esencia Pablo definió el rol gobernante de los ancianos.

Junto con otros hombres que califican como padres eficaces, ellos *juntos* se convierten en «padres múltiples» al gobernar la familia de Dios. Además, sus esposas y las madres de sus hijos deben servir con ellos en la iglesia básicamente de la misma manera en que están funcionando como equipos de padre/madre en sus hogares. (Ver capítulo 15 para analizar cómo los hombres y mujeres solteros también ocupan un lugar significativo en este modelo.)

Esto lleva a una pregunta muy importante. Si el padre debe «gobernar bien su familia», ¿en qué aspectos de su vida hogareña él no es responsable y no tiene que rendir cuentas? En el sentido bíblico, no hay excepciones ni exoneraciones para un padre cuando se trata de supervisar las responsabilidades familiares. Por supuesto, esto no significa que él tiene que hacer todo el trabajo, pero al final de la jornada él es responsable de asegurarse que todos los miembros de su familia sean amados, se les cuide, se les anime y se les enseñe la verdad de Dios. A su vez, él es responsable de que cada persona funcione adecuadamente (según la edad) dentro de esta unidad social que Dios ordenó.

Esto lleva naturalmente a otra pregunta importante. Si el modelo de la familia demuestra que en última instancia el padre es responsable ante Dios por todo lo que suceda en su familia, entonces, ¿qué funciones de la iglesia están más allá del ámbito de los ancianos? En otras palabras, ¿en qué aspectos estos hombres *no* son responsables y no deben rendir cuentas por lo que suceda en la familia de una iglesia local? La respuesta, por supuesto, es básicamente la misma que cuando hicimos la pregunta con relación a un padre y su familia biológica. No hay exoneraciones para los ancianos. Según las Escrituras, a la postre ellos son responsables ante Dios por todo lo que necesita hacerse en la iglesia.

Pero esto no significa que ellos tengan que hacer todo el trabajo. A medida que la iglesia crece en número y en espiritualidad, los ancianos necesitan ayudantes múltiples y piadosos, a quienes Pablo llamó «diáconos», hombres y mujeres que pueden ayudar a estos hombres a realizar sus responsabilidades generales para gobernar y pastorear de manera eficaz la iglesia.

El modelo del pastor

Podemos interpretar este «modelo pastoral» de la misma manera básica en que hemos interpretado el «modelo familiar». Aunque este marco de liderazgo es cultural y empíricamente desconocido para muchos de nosotros, podemos fácilmente responder a la pregunta siguiente: Cuando se trata de cuidar un rebaño de ovejas, ¿qué responsabilidades están más allá del ámbito del pastor? Si se aplica a los ancianos como pastores múltiples, ¿qué responsabilidades están más allá de su esfera a la hora de rendir cuentas?

Una vez más la respuesta está clara. Como pastores, los ancianos al final de la jornada son responsables de asegurarse de que sus ovejas estén resguardadas, alimentadas y protegidas de los lobos, y cuando estén heridas, necesitan que se les cuide. Y si un «cordero» u «oveja» descarriado o ingenuo se aventura a territorio peligroso y se pierde o queda atrapado en la maleza, los buenos pastores se aseguran que alguien se haga responsable de ministrar a esa oveja perdida.

PRINCIPIO 9: *Prioridades importantes*

Todos los líderes espirituales deben asegurarse de gobernar y pastorear bien la iglesia al mantener seis prioridades importantes: enseñar la Palabra de Dios, modelar una conducta que semeje la de Cristo, mantener la pureza doctrinal, disciplinar a los creyentes desobedientes, supervisar las necesidades materiales de la iglesia y orar por los enfermos.

Seis prioridades clave

El principio 9 establece seis prioridades importantes para los líderes espirituales en la iglesia. Desde la enseñanza de la Palabra de Dios hasta orar por los enfermos, estos deberes garantizan que se pastoree de manera adecuada al rebaño de la iglesia local.

1. Enseñar la Palabra de Dios

Una vez que las personas ponen su fe en Jesucristo y «nacen de nuevo», la clave para el crecimiento espiritual es alimentarse de la verdad de Dios (1 Pedro 2:2). Los ancianos son responsables de hacer todo lo que puedan para asegurarse de que esto suceda. Algunos dedicarán más tiempo a esta función importante. Sin embargo, todos estos líderes deben estar involucrados a cierto nivel. De hecho, los «momentos de enseñanza» más estratégicos implican oportunidades de «tú a tú» según las personas buscan dirección para cómo vivir la vida cotidiana en la voluntad de Dios. De esto, por supuesto, se trata el ser «padres» (Deuteronomio 6:4-9).

Hace poco un hombre de negocios y su esposa me pidieron que les recomendara dos hombres que pudieran evaluar una posible nueva empresa. Yo sugerí a dos de nuestros ancianos, un ejecutivo bancario retirado y un anciano más joven que actualmente está operando su propia empresa consultora de beneficios para empleados. Ellos escucharon atentamente la visión de este hombre y luego le recomendaron que no procediera debido a las incertidumbres y los riesgos que implicaba.

Sin embargo, durante los comentarios, uno de estos hombres les aconsejó a este hombre y a su esposa que consultaran con otro de nuestros ancianos que está más involucrado en aventuras empresariales. Lo hicieron y recibieron el mismo consejo, lo cual confirmó los resultados de la primera consulta.

Aunque estos tres ancianos no estaban «enseñando la Palabra de Dios» en un marco formal, estaban desempeñando un «rol de enseñanza» muy importante que probablemente fue más productivo que muchos sermones en cuanto a la aplicación para la vida. Además, tenían mucha más sabiduría de la vida que muchos pastores capacitados que a penas tienen experiencia en los negocios. Es por eso que aquellos de nosotros que nos hayamos preparado teológicamente en instituciones educacionales debemos buscar ancianos que tengan ese tipo de experiencia en los negocios para dar este tipo de consejo y asesoramiento.

2. Modelar una conducta como la de Cristo

Alguien ha dicho que se aprende más de lo que se «capta» que de lo que se «enseña». Aunque está súper simplificado, esto se basa en una verdad bíblica importante. A pesar de que sin dudas es importante comunicar la Palabra de Dios de manera didáctica, lo que da peso a nuestras palabras es lo que las personas ven en nuestras vidas. Es por eso que los requisitos para los ancianos son tan importantes. Si vamos a «enseñar la Palabra de Dios» eficazmente, debemos al mismo tiempo «vivir la Palabra de Dios». Estas dos realidades no deben separarse nunca.

Con los años he visto que este es uno de los factores más significativos para ayudar a nuestra gente a crecer y madurar en Jesucristo. Una y otra vez recibo comentarios de cuánto nuestra gente aprecia a nuestros ancianos y su compromiso con la santidad. Por supuesto, están conscientes de cuán en serio tomamos los requisitos delineados por Pablo. De hecho, cada vez que colocamos a un nuevo anciano, presentamos los criterios bíblicos a toda la congregación y explicamos cómo cada anciano y su esposa se han evaluado a sí mismos de acuerdo a esta norma bíblica. Esto, por supuesto, nos hace a todos como líderes espirituales más responsables ante el cuerpo de la iglesia. Nuestras vidas se vuelven un «libro abierto». Ellos saben sin dudas que estamos muy lejos de ser perfectos, pero también conocen que nuestro deseo es ser capaces de decir lo que Pablo escribió a los Tesalonicenses acerca de sí mismo, de Silas y de Timoteo: «Dios y ustedes me son testigos de que nos comportamos con ustedes los creyentes en una forma santa, justa e irreprochable» (1 Tesalonicenses 2:10).

3. Mantener la pureza doctrinal

Una cosa es *alcanzar* la sana doctrina y otra muy diferente es asegurarse de que los miembros en la iglesia no estén promoviendo falsas enseñanzas. En una ocasión enfrentamos este desafío cuando un líder de uno de nuestros grupos de estudio bíblico para mujeres comenzó a diseminar un punto de vista muy erróneo acerca de la segunda venida de Cristo. Lamentablemente, esta maestra en particular tenía la influencia de un hombre que decía saber quién era el anticristo y cuándo Cristo regresaría.

Ella era tan enfática al comunicar esta información que varias mujeres quedaron muy confundidas. Algunas hasta estaban listas para vender sus casas y mudarse a lugares seguros para estar protegidas durante el período de tribulación que se describe en detalles en el libro de Apocalipsis.

Como ancianos, tuvimos que tratar este asunto con sensibilidad pero de forma directa. Pudimos dejar el asunto en manos de uno de nuestros pastores que se reunió con estas mujeres, explicó este errado punto de vista sobre la escatología y le pidió a la maestra que renunciara. Ella lo hizo, pero como era de esperarse, se fue de nuestra iglesia creyendo que tenía la razón. El daño fue mínimo, pero si no hubiéramos intervenido cuando lo hicimos, hubiéramos enfrentando un problema mucho más serio de confusión y falta de unidad. Como ancianos, nuestra responsabilidad era y es, mantener la pureza doctrinal.

4. Disciplinar a los creyentes rebeldes

Quizá el aspecto más difícil de ser un buen pastor es impartir disciplina. Por otro lado, puede ser el más gratificante. Pablo agonizaba cuando los cristianos no crecían en sus vidas cristianas (Gálatas 4:19-20). Sin embargo, se alegraba cuando los veía responder a la verdad de Dios.

Este tipo de conducta pastoral consume tiempo y energía, mucho más que sencillamente impartir la «enseñanza formal». Es relativamente fácil «preparar» y «dar mensajes» en comparación con esas reuniones cara a cara donde enfrentamos el pecado y un posible rechazo. Sin embargo, estar dispuesto a llevar a cabo este tipo de ministerio revela el verdadero corazón de un pastor.

Me vienen a la mente dos experiencias personales. En una ocasión, un hombre cristiano muy conocido de nuestra iglesia decidió dejar a su esposa y a su familia y tener una relación con una mujer casada. Yo conocía bien a este hombre y estaba muy sorprendido. Por lo tanto, uno de mis ancianos y yo fuimos a su negocio, entramos a su oficina y le dijimos que veníamos a ayudarle a revertir esta decisión. Honestamente, él se quedó lívido y nos pidió que nos marcháramos. Sin embargo, insistimos en que conversáramos. De hecho, nos negamos a irnos hasta que él literalmente nos escoltó hasta la salida. Por favor, comprende que ambos teníamos una amistad muy profunda con este hombre.

Por fin, viendo que no cambiaríamos de opinión, estuvo de acuerdo con hablar en un lugar privado. En un momento mi compañero anciano, también un hombre de negocios, colocó su mano en el brazo de este hombre y con lágrimas que rodaban por sus mejillas le suplicó que reconsiderara su decisión. Después de una sesión de dos horas, finalmente estuvo de acuerdo con ver a un consejero cristiano que estábamos recomendando. Tanto mi compañero anciano como yo estuvimos de acuerdo en reunirnos personalmente con él y con su esposa durante la sesión inicial. Entonces este hombre hizo el compromiso de asistir al menos a seis sesiones de consejería. Más adelante nos dijo que solo había accedido para «que lo dejáramos tranquilo».

Nunca olvidaré el día en que este hombre regresó nuevamente a la iglesia. Han pasado algunos meses. Después del servicio, se me acercó con lágrimas en los ojos. Me abrazó y dijo: «Gracias a Dios que no me abandonaron». Su relación con su esposa se restauró, y Dios les dio otros diez años maravillosos juntos antes de que ella muriera de cáncer. En una ocasión durante el proceso de restauración, él dijo: «Gene, estaré en deuda contigo durante el resto de mi vida». Eso, por supuesto, hace que ser un «pastor» valga todo el tiempo, esfuerzo e incluso el rechazo inicial.

Esta es sin dudas una gran historia. Hoy somos grandes amigos. Quisiera que cada encuentro como este terminara tan bien, pero además recuerdo que otro anciano y yo pasamos por el mismo proceso con otro hombre que había abandonado a su esposa y a su familia. Aunque le suplicamos que revocara su decisión, nunca tuvimos éxito. Él rechazó por completo nuestras palabras de preocupación y se negó a buscar consejo y ayuda. Día tras día se sentaban en su casa móvil y ponía la canción secular «I've Got to Be Me» [Tengo que ser yo].

Este hombre se divorció de su esposa y se fue a vivir fuera de la voluntad de Dios. Desde luego, el Señor nunca prometió que siempre tendremos éxito al intentar restaurar a las «ovejas» que se han descarriado a una «maleza» de pecado. Pero esperamos que al final, este hombre nunca olvide nuestro amor y nuestra preocupación por él, y que confiese su pecado. Lamentablemente, hasta donde sabemos, esto todavía no ha sucedido.

5. Supervisar las necesidades materiales de la iglesia

Algunas iglesias creen que la supervisión de las necesidades financieras y materiales es responsabilidad de un grupo diferente de líderes, no de los ancianos. Tienden a clasificar el ministerio pastoral como «espiritual» y los «asuntos financieros» como «no espirituales». El hecho es que el «modelo familiar» no permite este tipo de dicotomía. Un «padre» es responsable a la larga por el bienestar material de su familia, lo que también es una dimensión espiritual muy importante de su responsabilidad.

Esto no significa que los líderes espirituales deban estancarse en detalles y funciones que los desvíen de otras prioridades importantes. Razón por la cual el principio de delegar en ayudantes calificados es tan importante. Pero al final de la jornada, los ancianos son en última instancia responsables por el bienestar financiero y material de la familia de la iglesia.

El tamaño de nuestra iglesia es lo suficientemente grande como para poder delegar el liderazgo del proceso de presupuestos en nuestro administrador de negocios (quien también es un pastor del equipo de trabajo), quien a su vez trabaja con otros líderes clave del personal para preparar un presupuesto inicial. Además, los ancianos han pedido a dos compañeros ancianos que se reúnan con los líderes del personal para darles dirección durante el proceso. Se han asignado otros dos ancianos para que trabajen con el pastor principal (un servidor) y con el pastor que dirige el proceso del presupuesto para evaluar los salarios e incorporar estos números a la propuesta del presupuesto general. Después de que este proceso se termina, son los cuatro ancianos involucrados, que no son parte del personal, quienes presentan las mociones a toda la junta de ancianos para que aprueben el presupuesto final.

Por supuesto, hay varias formas de hacer que el proceso del presupuesto sea eficiente y adecuado. No obstante, al final, son los ancianos quienes son responsables del bienestar financiero de la iglesia.

6. Orar por los enfermos

Aunque se menciona al final, la oración por los enfermos aparece muy temprano en el relato bíblico de la iglesia. Jacobo, el líder principal de la iglesia en Jerusalén, sin dudas escribió la carta más antigua del Nuevo Testamento y él animó a los creyentes que estuvieran enfermos a que hicieran «llamar a los ancianos de la iglesia para que oren por [ellos]» (Santiago 5:14). Santiago hizo de esto una prioridad para los ancianos (ver 5:13-16).

En nuestra iglesia hemos intentado tomar en serio esta prioridad. Tenemos un grupo de líderes preparados, que se identifican como los Ministros Esteban, quienes están disponibles después de cada servicio para orar por las personas. No obstante, los ancianos dejan claro que nos reuniremos con cualquiera que pida oración por sanidad, sea cual sea la naturaleza de la enfermedad. A menudo nos reunimos con las personas en un marco privado entre y después de los servicios. Sin embargo, si se nos pide, visitaremos a las personas en hospitales o en sus hogares.

Este estudio que hemos hecho juntos solo ha aumentado nuestra motivación para estar disponibles para las personas. Dios ha honrado nuestros esfuerzos y hemos presenciado respuestas inusuales a la oración, especialmente al ver a Dios derramar su gracia en aquellos por quienes hemos orado. (Ver apéndice B para un estudio exhaustivo de la exhortación de Santiago a que los ancianos estén disponibles para orar por los enfermos. El apéndice concluye con una ilustración contemporánea.)

PRINCIPIOS PARA LAS FUNCIONES DEL LIDERAZGO (Parte 2)

PRINCIPIO 10: *Rendirse cuentas mutuamente*

Los líderes espirituales de la iglesia deben rendirse cuenta entre sí de sus vidas espirituales así como de la manera en que cumplen con sus ministerios.

«Tengan cuidado de sí mismos». Esta fue la exhortación de Pablo a los ancianos efesios (Hechos 20:28), la cual solo puede interpretarse de una manera: rendirse cuentas mutuamente. Sin embargo, implementar y mantener un sistema de rendición de cuentas es probablemente uno de los mayores desafíos que enfrentan los líderes cristianos. ¡Va en contra de lo que la mayoría de nosotros pensamos! Esto implica ser vulnerables, lo cual normalmente nos intimida. Por naturaleza no invitamos a otros a nuestras vidas.

Cómo instituir la rendición de cuentas

¿Cómo podemos aplicar este principio entre un grupo de líderes espirituales? Primero, estoy convencido de que el líder principal es quien debe iniciarlo y modelarlo. Por ejemplo, si como pastor principal yo no llevo la vanguardia al ser responsable por mis actitudes y mis acciones, será difícil para mis compañeros ancianos y pastores iniciar y participar en este tipo de rendición de cuentas. Por supuesto, mientras más comprometidos estemos con el crecimiento espiritual para reflejar el fruto del Espíritu Santo en nuestras vidas, más fácil será rendir cuentas. Sin embargo, si tenemos «pecados ocultos» que nos avergüenzan y nos producen bochorno, por naturaleza buscaremos maneras de evadir este proceso.

Dos niveles de rendición de cuentas

Entre los líderes espirituales de una iglesia determinada existen, al parecer, dos niveles de rendición de cuentas. Por ejemplo, cuando los ancianos se reúnen, debe haber un tiempo para hablar de necesidades y preocupaciones personales. En realidad la profundidad de esta conversación será un reflejo de cuán maduros sean verdaderamente estos hombres.

Un segundo nivel de rendición de cuentas implica un compromiso con uno o dos hombres donde pueda existir más franqueza y vulnerabilidad con respecto a asuntos sensibles y personales. Esto implica un ambiente completo de confianza, pero también un compromiso a estar abiertos a las exhortaciones bíblicas del uno al otro.

Preguntas para el nivel dos de rendición de cuentas

Este tipo de rendición de cuentas también sirve como un modelo dinámico para todos los hombres de la iglesia. En el libro *La medida de un líder*, he sugerido una serie de preguntas que pueden utilizarse al menos como un medio para iniciar este proceso con otro amigo de confianza. Son las siguientes:

1. ¿Cuán a menudo te encontraste con Dios esta semana?
2. ¿Qué ha estado diciéndote Dios esta semana mediante su Palabra?

3. ¿Qué pecados en tu vida personal o de negocios experimentaste esta semana que necesites confesar?

4. ¿Le estás dando a la obra de Dios habitual y proporcionalmente según Dios te ha bendecido? ¿Qué porcentaje diste el mes pasado?

5. ¿Qué películas viste la semana pasada? ¿Te sientes bien al ver estas películas? ¿Y en la Internet? ¿Serías capaz de decirles a los hermanos de tu iglesia lo que has visto sin sentirte avergonzado?

6. ¿Cómo serviste de influencia a tu matrimonio y a tu familia en esta semana? ¿Cómo serviste de manera positiva? ¿Y de manera negativa? ¿Qué podrías hacer para mejorar?

7. ¿Oraste por mí/nosotros esta semana?

8. ¿Qué desafíos o luchas te están preocupando?

9. ¿Qué vidas influenciaste para Cristo en esta semana?

10. ¿Acabas de mentirme?

Esta última pregunta siempre produce una risita, pero es importante. Ni siquiera el compromiso de reunirse para rendir cuentas y una lista de preguntas garantizarán que en última instancia seremos responsables. Al fin y al cabo, un sistema de rendición de cuentas solo funciona cuando somos hombres íntegros.

Pienso en un ex pastor de nuestro equipo en quien yo confiaba incondicionalmente. Como equipo, habíamos desarrollado compañeros para rendir cuentas y él se reunía con otro pastor. Tristemente, durante varios meses este hombre llevó una relación secreta con otra mujer de nuestra iglesia, de hecho, esto sucedió mientras se reunía con su compañero de rendición de cuentas. Solo al considerar los hechos pudimos reconstruir la manera en que él evadió estas preguntas de rendición de cuentas. «Ya somos grandes», le dijo un día a su compañero pastor. «No necesitamos esas preguntas. ¡Vamos a hablar simplemente!» Esa debió haber sido la primera señal de que algo andaba mal, pero luego su compañero pastor confesó que la señal se le escapó por completo.

Al final de la jornada, cualquier método para la rendición de cuentas puede fallar. Sin embargo, esto no significa que como líderes espirituales debamos ignorar la exhortación de Pablo a los ancianos de Éfeso: «¡Tengan cuidado de sí mismos!» (Hechos 20:28).

PRINCIPIO 11: *Responsabilidad ampliada*

Para seguir el modelo que se desarrolla en la historia del Nuevo Testamento, cada cuerpo de líderes en una iglesia local debe tener alguna especie de sistema de rendición de cuentas que vaya más allá de sí mismos, especialmente en lo que respecta al líder principal.

El principio de la responsabilidad ampliada no es fácil de aplicar, especialmente en iglesias sin denominación, independientes. Y en los grupos que sí tienen denominación a veces ha surgido un sistema burocrático que lleva a un cristianismo institucionalizado.

Cuando considero mi experiencia en fundar iglesias independientes, *si* pudiera empezar todo otra vez, yo recomendaría que estableciéramos un sistema de rendición de cuentas para las iglesias que hemos ayudado a iniciar, al menos las que están en el área de Dallas. En lo personal, yo no quería esa responsabilidad. Quería dedicar mi tiempo a servir como pastor de una iglesia local, ayudando a iniciar otras iglesias. Sin embargo, he llegado a la conclusión de que hubiera sido mejor si se hubiera designado a un líder calificado para cumplir con esta responsabilidad. Además, al fundar una nueva iglesia, debía haber un acuerdo mutuo de que existía cierto nivel de rendición de cuentas por parte del líder principal ante esta persona. A pesar de que el pastor de una iglesia local debe ser responsable ante sus ancianos así como ser su líder, es sabio tener a una o varias personas fuera de la organización ante quienes él sea responsable, al menos al recibir consejo con relación a cómo resolver las tensiones entre él y los ancianos, si fuera necesario. Es de ayuda para resolver cualquier problema que pudiera aparecer en el futuro que al principio todo el mundo esté de acuerdo con este arreglo.

Un sistema eficaz para rendir cuentas

Recuerdo cuando acusaron al pastor de una iglesia grande y de mucha influencia en su denominación por tratar de asesinar a su esposa. Lamentablemente, quienquiera que intentara esta terrible acción la dejó en un estado vegetativo, pero a pesar del hecho de que muchas evidencias señalaban que este hombre era culpable, el problema en la iglesia se resolvió rápidamente. Aunque me sentí muy triste por todo este suceso, hubo una nota alentadora cuando vi cómo se desarrollaron los resultados de esta tragedia. Debido a acuerdos dispuestos de antemano dentro de la estructura de esta denominación, el pastor renunció inmediatamente, aunque negó su culpa cuando el «obispo regional» vino a ocuparse de las responsabilidades pastorales temporalmente.

A pesar de que esta fue una experiencia muy dolorosa para la iglesia, apenas tuvo un vuelco en cuanto a funcionamiento. De haber sido la típica iglesia independiente, probablemente se habría producido una terrible división, sencillamente porque el hombre acusado en este caso negó su participación. En estas situaciones, los pastores se han quedado para proclamar su inocencia, incluso cuando más adelante se revelara que estaban encubriendo su pecado. Los resultados son trágicos. A menudo dividen la iglesia y ante los no creyentes de la comunidad el testimonio se daña terriblemente.

Incompetencia pastoral

Permíteme contar una ilustración personal que demuestra la necesidad de rendir cuentas más allá de los ancianos en una iglesia local. En una de nuestras iglesias hijas, el pastor que fue seleccionado para dirigir la obra no estaba funcionando bien en su capacidad de liderazgo ni en la preparación de sus sermones ni en la enseñanza. Tenía mucho entusiasmo, pero no era capaz de cumplir con esos aspectos. Pensándolo bien, él no estaba listo para asumir esta responsabilidad estratégica.

Algunos de los ancianos mayores y más experimentados de la iglesia sugirieron que renunciara. Sin embargo, los ancianos más jóvenes, que eran como de su edad, le daban apoyo y confiaban en que él crecería con éxito en este rol. A esas alturas, algunos de los hombres mayores, quienes anteriormente fueron ancianos en la iglesia madre, se me acercaron y me preguntaron si yo me podría reunir con este joven y sugerir que lo mejor sería renunciar. Con toda sinceridad, llegué a la conclusión de que tenían razón con respecto a las capacidades de este joven y con sinceridad le dije al pastor que por el bien de la iglesia, él debía renunciar. Lamentablemente, no teníamos arreglos hechos de antemano con relación a la rendición de cuenta, y cuando él le reveló a su equipo de liderazgo lo que yo había sugerido, los ancianos que apoyaban a este hombre con razón se resintieron ante mi recomendación. Aunque yo ayudé a iniciar la iglesia, ellos sentían que yo estaba interfiriendo. A pesar de que yo era su pastor principal en la iglesia que inició esta obra, una vez que estuvieron por su cuenta, yo renuncié a este tipo de autoridad como para sugerir la renuncia de su pastor. ¡Tenían razón!

Al final este joven pastor sí renunció, pero no fue hasta que varios de los hombres mayores y más experimentados se retiraron en silencio y regresaron a la iglesia madre. Con el tiempo, los más jóvenes también llegaron a la conclusión de que lo mejor para su pastor era renunciar. En retrospectiva, si con anterioridad hubiéramos desarrollado un sistema de rendición de cuentas más allá de sus ancianos, habríamos sido capaces de resolver esta situación con mucha más rapidez.

Hay otra cosa que recuerdo que se convirtió en una lección significativa para mí en lo personal. Cuando este hombre finalmente renunció, la iglesia estaba a punto de derrumbarse. Entonces los ancianos invitaron a un pastor mayor y maduro para que viniera a tiempo parcial sencillamente para enseñar y ofrecer sabiduría y dirección a la junta de ancianos. En unas pocas semanas, el «barco» que estaba a punto de «naufragar» se estabilizó. La lección que aprendí fue que cuando seleccionamos hombres para ser los pastores principales de una nueva iglesia, necesitamos buscar a alguien que tenga experiencia suficiente para dirigir esta nueva obra. Aunque muchas de estas obras nuevas han marchado bien, puedo señalar la razón del éxito o fracaso de cada iglesia. El «líder principal» es quien ha marcado la diferencia.

Un asunto moral

En una segunda iglesia hija vi un patrón similar. Sin embargo, el asunto era moral. El pastor estaba pasando horas tras puertas cerradas con su secretaria. Cuando los ancianos lo desafiaron por lo impropio de sus acciones, él negó que hubiera algo mal. Continuó con esta conducta y finalmente dividió la junta de ancianos y después la iglesia. Como era de esperarse, estaba mintiendo. Con el tiempo la verdad salió a la luz pero no sin causar un grave daño a este cuerpo de creyentes.

Nuevamente los ancianos mayores se me acercaron y me pidieron que les ayudara a resolver el asunto. Yo estaba en una situación difícil. No tenía autoridad para cumplir con su petición, a pesar de que nuestra iglesia fue la que inició esta otra iglesia. Como aprendí de la experiencia anterior, decidí no involucrarme, sabiendo que los que apoyaban al pastor lo resentirían. Una vez más, si hubiéramos tenido arreglos de antemano, no solo yo sino nuestros ancianos, habrían sido capaces de involucrarse en la situación y proteger a la iglesia al menos de una larga y dolorosa experiencia. Al final, cuando se supo la verdad, el pastor obviamente renunció, pero no sin herir a muchas, muchas personas.

El poder de arreglos previos

No hay una metodología perfecta para resolver asuntos como estos. Sin embargo, esta experiencia de la vida real demuestra la debilidad de las estructuras en la iglesia cuando los ancianos no son responsables ante más nadie que ellos mismos. En situaciones como estas, las divisiones y la desunión son casi inevitables, a menos que estén de acuerdo con traer a alguien de afuera. Sin embargo, a esas alturas, la grieta puede ser tan profunda que una de las partes no escuchará.

La clave es que necesitan tener arreglos previos. Aunque así es difícil, pero hace que la solución sea más fácil. Es por eso que el apóstol Pablo y sus representantes podían ir a las iglesias y resolver asuntos que implicaban inmadurez en el liderazgo. Ellos tenían autoridad apostólica. Hoy no tenemos esa autoridad en sí, pero existe un «principio de autoridad» que puede establecerse y que reconoce a todos los interesados.

Lecciones aprendidas

Una iglesia nueva

Cuando establecimos el fundamento para nuestra iglesia hija más reciente, el pastor a quien le pedimos que iniciara esta iglesia tuvo la iniciativa junto con nuestros ancianos de desarrollar y firmar un documento en el que todos estuvimos de acuerdo con servir de árbitros en caso de que su nueva junta de ancianos tuviera diferencias con el líder principal. En esencia, en este documento este pastor y los ancianos estuvieron de acuerdo en acatarse a nuestras recomendaciones para la reconciliación y la resolución. Dicho sea en honor de este pastor, él había observado los mismos sucesos de los que acabo de hablar y no quería que le sucediera a él.

Espero que nunca sea necesario participar en este tipo de reunión. Sin embargo, habría sido de mucha ayuda para resolver los problemas haber tenido este arreglo por lo menos en dos de nuestras iglesias hijas.

Esta es una lección muy importante que aprendimos al mirar atrás. El desafío es desarrollar «formas» que permitan a los líderes funcionar sin volverse burocráticos ni autoritarios ni tampoco interferir con la necesidad que tiene una iglesia local de funcionar libremente al aplicar los principios bíblicos en todos los aspectos del ministerio y, no obstante, ser responsables.

Una aplicación personal

Durante este estudio enfrenté la realidad de que yo nunca he establecido este tipo de responsabilidad ampliada para mí mismo como pastor principal. Como resultado, con la aprobación de los ancianos, yo me acerqué a otros tres pastores principales de nuestra ciudad y los he autorizado por escrito para arbitrar, si fuera necesario, en cualquier problema que exista entre mis ancianos y yo. Una vez más espero que no sea necesario.

PRINCIPIOS PARA LAS FUNCIONES DEL LIDERAZGO (Parte 3)

PRINCIPIO 12: *Ayudantes calificados*

Para mantener sus prioridades, los líderes espirituales deben nombrar ayudantes calificados que puedan ayudarlos a satisfacer las necesidades de todos los creyentes en la iglesia.

El uso de ayudantes calificados en la iglesia primitiva se aprecia en todo el libro de Hechos y en las epístolas. Los ayudantes calificados se tratan específicamente en la primera carta pastoral de Pablo. Al delinear los requisitos para los ancianos, él hizo una lista similar para los diáconos, hombres y mujeres que servían como ayudantes (1 Timoteo 3:8-13).

En la actualidad dichos hombres y mujeres están para ayudar a los ancianos a cumplir con todos los aspectos de su ministerio. En algunas iglesias este rol se ha limitado a las necesidades más materiales de la iglesia. Sin embargo, aunque muchos de los aspectos más financieros y organizativos del ministerio sin dudas pueden asignarse a los diáconos, las ilustraciones del Nuevo Testamento demuestran que estos siervos deben ayudar a los ancianos en todos los aspectos de sus funciones administrativas y pastorales: enseñanza, servir de modelos, oración, etc.

Puestos permanentes y temporales

Estos roles de «ayudantes» pueden ser permanentes o temporales, basado en las necesidades culturales. Por ejemplo, en nuestra iglesia, tenemos cientos de personas que ayudan a los ancianos de manera permanente. Algunos son parte del personal (pagado) a tiempo completo y otros a tiempo parcial y otros ocupan puestos netamente voluntarios. Consideraríamos a todos los líderes que aparecen a continuación como ayudantes para nuestros ancianos:

- ☐ Todos los pastores del equipo ministerial que no son líderes oficiales

- ☐ Cualquier miembro del personal que no esté clasificado como «pastor», lo que incluye asistentes administrativos y secretarias

- ☐ Ministros Esteban

- ☐ Líderes de grupos pequeños (a quienes también llamamos «pastores»)

- ☐ Los que trabajan con niños y jóvenes

- ☐ Administradores de las propiedades

Además de los puestos de servicio permanente, en ocasiones nuestros ancianos también han designado personas para que ayuden en roles temporales. Por ejemplo, durante una grave recesión de la economía, nombramos lo que denominamos un «Grupo Hechos 6». Sucedió que este comité incluía a «siete hombres», aunque no fue deliberadamente. Acabábamos de entrar en la crisis económica de los años 80, la cual por supuesto, afectó las entradas en las iglesias de todas partes. Este grupo era responsable de estudiar no solo lo que sucedía en el ambiente económico de nuestra sociedad sino también de evaluar cómo estaba impactando a nuestra iglesia y luego presentar recomendaciones a nosotros como ancianos para tratar el asunto.

Una de las recomendaciones que este grupo les hizo a los ancianos fue que yo como pastor principal presentara una serie de mensajes acerca de «ofrendar». Los ancianos estuvieron de acuerdo en que esta sería una gran idea. Sin embargo, yo respondí con una petición: que tanto el «Grupo Hechos 6» como los ancianos me acompañaran en un estudio bíblico acerca de todo lo que la Biblia enseña con relación a cómo los cristianos deben utilizar sus posesiones materiales. De esta forma, ellos me ayudarían a hacer el trabajo básico para preparar esta serie de mensajes. ¡Estuvieron de acuerdo!

Ayudar a preparar al líder principal

Lejos estaba de nosotros imaginarnos la magnitud de esta tarea. Durante seis meses estudiamos juntos cada miércoles en la noche. Al final del proceso, presentamos 126 principios supraculturales para guiar a los cristianos a usar sus posesiones materiales. Luego desarrollé una serie de mensajes, pero todos estos hombres estuvieron involucrados conmigo a lo largo de este estudio y tenían una sensación de pertenencia con relación a las ideas que extrajimos de las Escrituras. ¡Qué tremenda sensación de apoyo sentí cuando presenté estos mensajes! El emocionante final de esta historia es que en lugar de despedir al personal como estaban haciendo algunas iglesias del área de Dallas, en realidad añadimos personas a nuestro equipo de trabajo para satisfacer las necesidades de nuestra creciente iglesia. Dios honró este «proyecto en comunidad».

Una vez que completamos esta tarea, ya no hizo más falta el Grupo Hechos 6. Estos hombres sin dudas habían cumplido con un rol *temporal* de diáconos, lo que creemos que está en armonía con un principio muy importante. Los diáconos del Nuevo Testamento estaban para ayudar a los ancianos en cualquier forma posible a cumplir con sus funciones administrativas y pastorales.

PRINCIPIO 13: *Apoyo financiero*

Los líderes espirituales deben asegurarse de que se atienda desde el punto de vista financiero a aquellos que dediquen cantidades significativas de tiempo al ministerio, especialmente en la enseñaza de la Palabra de Dios.

Toda la Escritura apoya este principio. Cómo se lleva a cabo variará en cada cultura del mundo. Está claro que los líderes espirituales que trabajan para presentar de manera correcta la Palabra de Dios merecen una compensación adecuada.

(Recuerda el mandato de Pablo a los ancianos que dirigen los asuntos de la iglesia, «especialmente los que dedican sus esfuerzos a la predicación y a la enseñanza, «son dignos de doble honor» [1 Timoteo 5:17].)

Determinar los salarios del personal

En la sección anterior ya ilustré cómo un «grupo de trabajo» especial nos ayudó a nuestros ancianos y a mí a estudiar toda la Escritura para descubrir lo que Dios dice acerca de cómo los cristianos deben manejar y utilizar sus posesiones materiales. Sin embargo, de este estudio salió otra recomendación inesperada. A pesar de que estábamos en una recesión financiera, ellos creían que nuestros ancianos debían analizar cuidadosamente las estructuras salariales de nuestro personal. Mediante observaciones y conversaciones generales, ellos llegaron a la conclusión de que quizá no estábamos pagándole lo suficiente a nuestra gente.

Esta fue una recomendación un tanto inusual en vista del gran viraje económico. Los ancianos aceptaron la propuesta y una vez más le pidieron ayuda al Grupo Hechos 6. A este grupo de trabajo le presentamos descripciones de empleo exhaustivas para cada miembro de nuestro personal, incluyendo datos adicionales como preparación académica, años de servicio, etc. Sin embargo, no les dimos ninguna información específica en relación a nuestros salarios. En su lugar, simplemente les pedimos que nos dieran sus recomendaciones basadas en las necesidades económicas de nuestra cultura así como sus evaluaciones de las descripciones de empleo y requisitos de nuestro personal.

Como resultado de este proceso, estos hombres recomendaron aumentos significativos de salario para la mayoría de los puestos, sin saber cuáles eran realmente nuestras estructuras salariales. En este sentido fue un proceso muy objetivo e inusual a la luz del hecho de que estábamos en medio de una recesión en nuestra economía. Como resultado, Dios bendijo la decisión de los ancianos de aplicar este principio. De hecho, aumentamos los salarios del personal durante este difícil período económico e hicimos nuestro presupuesto. Por supuesto, comunicamos al cuerpo de la iglesia lo que estábamos haciendo y por qué. Obviamente, ellos respondieron en obediencia a la Palabra de Dios.

Evitar un conflicto

Al hacer énfasis en la responsabilidad bíblica que tienen los creyentes de proporcionar un cuidado adecuado a su personal, también hay una advertencia para aquellos de nosotros que somos los pastores principales en iglesias grandes y reconocidas. Vivimos en una época de la historia, especialmente en la cultura occidental, donde es posible convertirse en un ministerio muy exitoso y utilizar ese éxito para beneficiarnos nosotros mismos desde el punto de vista financiero. Cuando esto comienza a suceder, necesitamos desarrollar un plan para evitar un conflicto de intereses.

Recuerdo que enfrenté este desafío en mi propio ministerio hace varios años. Ya que tengo muchas oportunidades de hablar, comenzó a preocuparme lo que era en potencia un conflicto de intereses. Pronto me vi en el peligro de dedicar tiempo y energía a ministerios fuera de la iglesia, por los que recibía compensación, y descuidar el ministerio por el que ya estaba recibiendo un salario a tiempo completo.

Después de meditar y orar mucho, inicié un plan del que nunca me he arrepentido. Les informé a los ancianos que quería establecer una cuenta especial para misiones/viajes en la que yo depositaría todos los ingresos que generara al hablar aparte de mi salario a tiempo completo en la iglesia. Al mismo tiempo, pedí permiso para utilizar estos fondos para proyectos de ministerios especiales, por ejemplo, viajar a campos misioneros del mundo para ministrar a y con los misioneros que no pueden financiar dichos viajes. Mis compañeros ancianos estuvieron de acuerdo con el plan y cada mes estos ingresos se reportan en los informes financieros habituales.

Insisto en que nunca me he arrepentido de esta decisión. En primer lugar, mi conciencia está libre de cualquier conflicto de intereses. En segundo lugar, no me veo tentado a aceptar compromisos para hablar basado en la cantidad de ingresos que puedo generar. En tercer lugar, nunca me he sentido tentado a establecer estructuras de honorarios que determinen si acepto una invitación. En cuarto lugar, estos ingresos adicionales se convierten en una inversión para diversos ministerios.

Para ser honesto, he dudado en contar esta experiencia ya que a algunos pastores les pagan tan mal que tienen todo el derecho de generar ingresos adicionales. Sin embargo, sin juzgar a otros lo que con certeza no es mi intención, creo que esto es algo que todo líder cristiano eminente necesita evaluar a la luz de los principios bíblicos. En resumen, como ancianos recibiendo «doble honor» todos necesitamos rendir cuentas para ser intachables en cuanto a la integridad financiera.

PRINCIPIO 14: *Formas adecuadas*

Los líderes espirituales son responsables de asegurarse de que se desarrollen formas adecuadas para llevar a cabo las funciones inherentes a los principios bíblicos descritos anteriormente.

¿Cómo deben los líderes espirituales cumplir con las funciones bíblicas inherentes a los principios anteriores? He observado que las diversas formas culturales son flexibles pero las funciones bíblicas normativas no lo son. La forma debe desarrollarse y adaptarse a cada marco cultural.

Ya he ilustrado algunas de las maneras en que esto puede hacerse. Sin embargo, hay algunas «preguntas de forma» que deben tratarse:

1. ¿Qué edad deben tener estos líderes espirituales?
2. ¿Qué metodología específica debe utilizarse para seleccionar y nombrar a líderes espirituales capacitados?

3. ¿Cuántos ancianos deben nombrarse para dirigir una sola iglesia?

4. ¿Durante cuánto tiempo deben servir estos ancianos?

5. ¿Cómo debe tomar las decisiones una junta de ancianos?

6. ¿Tiene base bíblica una iglesia que dirige un equipo ministerial pagado?

7. ¿No debieran ser ancianos todos los pastores miembros del equipo ministerial?

8. ¿Qué es más bíblico: una iglesia con forma de gobierno con participación de los miembros o una iglesia que los ancianos dirijan?

9. ¿Qué cambios de «forma» necesitan hacerse según la iglesia crezca en número?

10. ¿Cómo funciona el «modelo de la familia»?

Aunque el Nuevo Testamento no da respuestas específicas a estas «preguntas de forma», en los próximos capítulos contaré algunas lecciones que hemos aprendido con los años.

TREINTA Y TRES

REQUISITOS EN CUANTO A LA EDAD

Como con tantos aspectos de la eclesiología, el Nuevo Testamento no ordena y ni siquiera describe diversas formas de aplicar los principios supraculturales que salen de este estudio. Esto es lo que hace que el relato histórico sea tan relevante. Como dije en la introducción, solo el Espíritu Santo podía haber supervisado este tipo de proyecto de redacción. Este «diseño divino» es lo que hace que el mensaje del cristianismo, si se interpreta correctamente, sea supracultural. Podemos «funcionar» eficientemente y practicar la verdad bíblica en cualquier lugar del mundo y en cualquier momento de la historia porque el Espíritu Santo nos ha dado la libertad de desarrollar esas «formas» únicas que nos permitirán ser verdaderamente cristianos sin cambiar la esencia del mensaje bíblico.

En este capítulo y en los que siguen, queremos responder a algunas «preguntas de forma». Por supuesto, no hay respuestas absolutas. Sin embargo, podemos explicar cómo hemos tratado estas preguntas en nuestro propio peregrinaje al fundar iglesias.

UNA PALABRA DE ADVERTENCIA

Estoy presentando las ilustraciones de los capítulos siguientes con un propósito: hacer posible que los líderes de otras iglesias procesen los asuntos de sus propias iglesias, no para que copien nuestras «formas». Si son transferibles y útiles, utilízalas al máximo, pero estoy convencido de que no deben usarse las formas de otros sin *primero comprender los principios bíblicos que han moldeado dichas formas.*

UNA CUESTIÓN DE EDAD

Nuestra primera pregunta de forma es: ¿Qué edad deben tener estos líderes?

El Nuevo Testamento no trata directamente el asunto de la edad, ni siquiera en la lista de los requisitos. Lo mismo se cumple con los diáconos. Ya que el término «anciano» (*presbuteros*) a veces se traduce como «mayor» (1 Timoteo 5:1; Tito 2:2), algunos concluyen que el título «anciano» implica que solo «un hombre mayor» debe nombrarse para este puesto. Sin embargo, no podemos derivar la misma pauta del significado de la palabra «obispo» o «supervisor» (*episkopos*), que se usa de forma intercambiable con el título «anciano».

Cuando mis compañeros ancianos y yo examinamos todo el relato del liderazgo en el Nuevo Testamento y también evaluamos nuestras propias experiencias en cuanto a seleccionar ancianos a través de los años, llegamos a la conclusión de que por lo general es sabio nombrar líderes espirituales que hayan aprendido de años de experiencia, lo cual les hace sabios y juiciosos. Por otro lado, también hemos llegado a la conclusión de que «la edad solamente» no garantiza la madurez. Ni esto tampoco significa que los hombres más jóvenes no puedan ocupar puestos estratégicos de liderazgo.

DINÁMICA CULTURAL DEL PRIMER SIGLO

El muy joven Timoteo

Al responder la pregunta de «la edad», es importante considerar las expectativas culturales. Esto es muy obvio cuando analizamos a Timoteo. Él tenía aproximadamente veinte años cuando Pablo lo escogió para que lo acompañara en su segundo viaje misionero. En la mayoría de las culturas esto se consideraba *muy* joven, especialmente para ocupar este tipo de rol. Y era particularmente cierto en el mundo greco-romano. De hecho, todavía se consideraba a Timoteo «joven» a la edad aproximada de treinta y tres años cuando Pablo lo dejó en Éfeso para seleccionar y nombrar ancianos. Es por eso que Pablo le instruyó: «Que nadie te menosprecie por ser joven. Al contrario, que los creyentes vean en ti un ejemplo a seguir en la manera de hablar, en la conducta, y en amor, fe y pureza» (1 Timoteo 4:12).

Timoteo demostró que es posible ser un líder maduro a una edad muy temprana. En realidad, Pablo lo envió a algunas tareas muy difíciles cuando probablemente tenía entre veinticinco y treinta años (Filipenses 2:19-24; 1 Tesalonicenses 3:1-2).[1]

Un gran mentor

Esta madurez no se produjo de la noche a la mañana. Antes de ser cristiano, Timoteo recibió las sagradas Escrituras de su madre «desde [su] niñez» (2 Timoteo 3:15); cuando Timoteo comenzó sus experiencias misioneras, Pablo se convirtió en un «padre sustituto» y en un gran mentor, a menudo lo protegía de participaciones que podrían haberlo desanimado.

Esto podría explicar por qué, por ejemplo, Pablo y Silas fueron encarcelados y brutalmente golpeados en Filipos y Timoteo, que estaba con ellos, no lo fue. Así también, el hecho de que era muy joven podría haber generado cierta compasión de parte de los oficiales romanos. En lo personal creo que Pablo a propósito protegía a Timoteo de las situaciones tensas que podrían haberlo abrumado e intimidado, causando posiblemente que hiciera lo que hizo Juan Marcos, escaparse cuando la presión fue demasiado grande. En este sentido yo creo que Pablo había aprendido una lección.

Dinámica cultural de hoy

¿Qué deben hacer hoy los hombres relativamente jóvenes e inexpertos cuando se gradúan de un instituto bíblico o de un seminario y quieren convertirse en los líderes principales de una iglesia, especialmente en una cultura que tienda a glorificar el potencial de la juventud y a menudo niega la sabiduría de las personas mayores? Yo he sugerido con frecuencia que busquen un puesto de asociado en el que puedan servir junto a un líder mayor y que este les sirva de mentor, preferiblemente un pastor principal.

Mi primer mentor personal

Esta fue una de las cosas más significativas que me pasó mientras hacía mi diplomado con un poco más de veinte años. Un pastor experimentado había vuelto a la escuela para obtener un diploma superior. Mientras estaba allí, una iglesia relativamente pequeña lo invitó para que fuera su pastor. Él a su vez me pidió que le sirviera como asociado. Aunque ambos estábamos a tiempo parcial, fue una gran experiencia para mí en lo personal. De hecho, allí aprendí algunas de mis mayores lecciones.

En una ocasión me busqué un problema bastante serio al confrontar a una chica adolescente y a su novio quienes estaban siendo demasiado efusivos durante los servicios de la iglesia. Los padres de ella eran miembros prominentes de la iglesia y estaban un tanto disgustados conmigo, por no decir más. Principalmente estaban más molestos por la manera en que lo hice. Se quejaron a mi pastor principal y este les aconsejó que se reunieran conmigo personalmente.

Para ser honesto, yo me moría de miedo. Recuerdo vívidamente que aquel pastor me llevó a un lado y me dijo que iba a permitirme ir solo. Sin embargo, él me aseguró que estaría disponible para ayudarme a salir del apuro si la situación se ponía muy difícil, pero dejó bien claro que esta sería una gran experiencia de aprendizaje. Yo me había metido en el problema y él sentía que yo necesitaba la experiencia de resolverlo, lo que pude hacer pero no sin cierta ansiedad intensa. Luego le dio seguimiento conmigo y me ayudó a aprender de esta experiencia. Yo ansío este tipo de experiencia de un mentor para cada persona joven que entra al ministerio.

En lo que se refiere a nombrar a otros hombres jóvenes para que estén en la junta de ancianos, yo creo que hay varios asuntos que deben considerarse al tomar esa decisión. ¿Hay hombres mayores que estén más capacitados? ¿Cuál es la edad promedio de la congregación? Además, ¿cuán maduros son los hombres jóvenes?

Cómo responder: Comunicación entre adultos

Recuerdo un anciano más joven, un seminarista, quien trajo una propuesta a una de las reuniones de nuestra junta. ¡Era obvio que él pensaba que sus ideas eran estelares! Sin embargo, también recuerdo vívidamente que un anciano mayor, un hombre de negocios, escuchó atentamente y luego respondió de manera sensible pero muy directa con al menos cinco razones de por qué sus ideas no funcionarían. Lamentablemente, el hombre más joven respondió con una ira interna. En lugar de interactuar «como adulto», volvió a una «mentalidad de adolescente». En el sentido emocional, volvió a ser el «hijo» que reacciona de manera negativa para con su «padre». Por desgracia, este joven nunca aceptó su falta de madurez y fracasó como líder espiritual.

En comparación, he visto a otros hombres jóvenes responder con franqueza, dispuesto a que se les enseñe y con respeto cuando hombres mayores cuestionan sus ideas. Ellos quieren aprender, ¡y lo hacen! Esto debe haber caracterizado a Timoteo cuando Pablo lo escogió para que fuera su ayudante. Los hombres maduros, jóvenes o mayores, se relacionan entre sí como adultos.

Una lección de humildad

Recuerdo que uno de nuestros ancianos mayores tenía algunas preguntas con relación a una propuesta. Aunque todos estábamos de acuerdo con la idea, él dijo abiertamente que tenía dudas para apoyarla. Él simplemente pidió tiempo para pensar y orar al respecto, y así ganar más perspectiva. Pero lo que recuerdo tan vívidamente fue su reacción en nuestra próxima reunión. Abrió el debate diciendo que había llegado a la conclusión de que sus dudas no eran válidas. Expresó que estaba en total acuerdo con el resto de nosotros.

A esas alturas en mi propia experiencia como pastor, yo aprendí una gran lección. Lo que este hombre hizo reflejaba humildad. Aunque era un líder muy fuerte en su negocio y en la iglesia, a él no le avergonzaba admitir que sentía que «se había equivocado» en sus juicios iniciales. Está claro que en ese momento aumentó todavía más el «nivel de respeto» entre todos nosotros hacia él.

Trasfondos diferentes

Si somos honestos, tales historias de humildad y sabiduría nos han tocado a todos en algún momento durante nuestros años más jóvenes. Simplemente hay cosas que no comprendemos hasta que tenemos experiencias en la vida que abren nuestros ojos a nuestros puntos ciegos, pero también es verdad que algunas personas son maduras más allá de sus años y por diversas razones. Han enfrentado crisis en sus vidas que la mayoría de nosotros no enfrentamos. En este sentido «envejecen prematuramente», si han sido capaces de crecer a través de estas difíciles experiencias en lugar de permitir que el dolor les haga desarrollar escudos protectores, como racionalizaciones, tácticas de control y otros mecanismos de defensa.

Por otra parte, la edad y la experiencia en sí no garantizan la madurez. Conozco hombres jóvenes con mucha más sabiduría para dirigir que algunos hombres mayores. No hay nada más disgregador que un hombre de cincuenta o sesenta años que encubre sus inseguridades con tácticas de control. Esto normalmente se hace obvio cuando es testarudo, defensivo y no está dispuesto a reconocer los errores. Sin embargo, en mi propia experiencia, yo he visto que esto es la excepción y no la regla. La mayoría de los hombres mayores que están comprometidos con Jesucristo han aprendido luego de años de experiencia, lo que los ha vuelto sabios y discernidores.

NOTA

1. Ramsay, William M., «The Age of Timoteo», *Historical Commentary on the Pastoral Epistle* [La edad de Timoteo, Comentario histórico de la epístola pastoral], Kregel, Grand Rapids, MI, 1996, pp. 117-21.

SELECCIÓN
DEL LIDERAZGO

Consideremos una segunda pregunta de forma que pueda ayudarnos a cumplir con las funciones bíblicas del liderazgo: ¿Qué metodología específica debe usarse para seleccionar y nombrar líderes espirituales calificados?

En mi propia experiencia fundando iglesias, la metodología ha sido un proceso en desarrollo. Siempre hemos tomado en serio los requisitos para los líderes espirituales. Sin embargo, en los primeros años de nuestro ministerio, no teníamos una metodología adecuada para probar el grado en que estos requisitos estaban desarrollándose en las relaciones matrimoniales, familiares y del ministerio. Sencillamente les pedíamos a las personas (en la mayoría de los casos a las parejas) que se evaluaran a sí mismos, utilizando los requisitos de Pablo en sus epístolas pastorales. En cierto sentido este método era mucho mejor que un «concurso de popularidad» entre los miembros de la iglesia en general, pero todavía no era adecuado. Por lo tanto, cometimos algunos errores bastante graves al juzgar, lo cual no era justo ni para los líderes que habíamos nombrado ni para la iglesia.

Hoy hemos ampliado y profundizado nuestro proceso evaluativo. Hay que reconocer que nuestro método está relacionado exclusivamente con las estructuras peculiares de nuestra iglesia que hemos desarrollado durante años. Por favor, ten eso en mente mientras lees «nuestra historia».

Desde el comienzo de la iglesia *Fellowship Bible Church,* optamos por un ministerio de grupos pequeños en lugar de las tradicionales clases para adultos. Llamamos a estos grupos «mini-iglesias». La mayoría de estas «comunidades de fe» las dirigen parejas a quienes a menudo denominamos «pastores de mini-iglesias». Ellos son responsables de pastorear a estos «rebaños pequeños».

A su vez estos líderes de grupos pequeños se han convertido en la «reserva» de la cual escogemos candidatos para ancianos. Buscamos aquellos que han sido líderes exitosos de mini-iglesias. Esto no significa que esperamos descubrir «iglesitas perfectas». Más bien, buscamos fidelidad al pastorear a la gente, incluso cuando algunas de «las ovejas» son poco manejables. Sin embargo, la salud espiritual del grupo pequeño en general normalmente indica un buen liderazgo.

Hemos establecido esta pauta porque creemos que es importante que los líderes sean capaces de dirigir grupos más pequeños antes de asumir la responsabilidad de gobernar y pastorear al cuerpo de la iglesia en su totalidad. De hecho, los creyentes que forman una mini-iglesia son las personas que dan un «voto de confianza final» al asegurarnos a nosotros como ancianos que ellos creen que sus propios «líderes pastorales» están realmente calificados para servir como una «pareja de ancianos».

Un proceso actual

Hace poco hemos adoptado los siguientes ocho pasos para hacer cuatro nombramientos clave.

Paso 1. Seleccionar a los posibles candidatos

Como ancianos, al consultar con nuestras esposas, hablamos juntos de los posibles candidatos: personas que sirvieron fielmente como líderes de grupos pequeños durante un tiempo significativo. De hecho, algunos de los ancianos que hemos nombrado últimamente han servido como líderes de mini-iglesias de diez a veinte años. Además, buscamos personas que hayan desarrollado las cualidades de carácter delineadas por Pablo: que den fielmente «de su tiempo, «de sus talentos» y «de sus tesoros». Al hacer la selección de estos candidatos tuvimos un acuerdo del cien por cien entre los ancianos. En este tipo de decisión, no habríamos procedido sin esta unanimidad.

Paso 2: Una invitación a la evaluación

Cuando redujimos la lista, nos acercamos a estas parejas y les explicamos por qué los seleccionaron como candidatos. Luego les preguntamos si estarían dispuestos a someterse a un proceso de evaluación que se describe en los pasos siguientes. Además nos aseguramos de que comprendieran que no tenían obligación de aceptar este rol una vez que dieran estos pasos y que al final tampoco nosotros estábamos obligados a ofrecerles esta posición.

Paso 3: Estudiar los requisitos bíblicos

Luego les pedimos a estos posibles candidatos que se reunieran con mi pastor asociado y su esposa para pasar varias semanas revisando los veinte rasgos del carácter que Pablo delineó para Timoteo y para Tito. En este caso, utilizaron mi libro *La medida de un líder* como base para el debate y la interacción. Todos los participantes, incluyendo a mi pastor asociado y su esposa, se evaluaron a la luz de los requisitos bíblicos y escogieron una cualidad como un «proyecto de carácter» para el resto del estudio.

Como explicaré más adelante (capítulo 37), en el momento en que se escribe este libro, llevamos tres años con un plan de sucesión de siete años. Esperamos que el pastor asociado me reemplace en 2007 y que también hayamos nombrado un grupo nuevo de líderes que con el tiempo reemplazarán a la mayoría de los ancianos que tenemos en este momento. Esto explica por qué le pedimos a mi pastor asociado que dirigiera a estas parejas en el estudio bíblico sobre los requisitos del liderazgo. Según se desarrolle este plan, estas son las personas que servirán con él. Como dijera uno de nuestros ancianos durante el proceso de selección, es absolutamente imperativo que mi sucesor se sienta cómodo cien por cien con estos nuevos nombramientos.

Paso 4: Una experiencia relacional más profunda

Al final de este proceso de evaluación, mi asociado pasó varios días con estos hombres y varios de los ancianos actuales en un lugar apartado (una hacienda privada en la región de Big Bend en Texas). Ahí tuvieron la oportunidad de conocerse unos a otros en un nivel más profundo: estudiar juntos la Palabra, orar juntos, conversar y pasar tiempo a solas con Dios en un ambiente semi-desierto. Uno de nuestros ancianos de más tiempo fue el moderador de los debates acerca de los roles y responsabilidades y contó sus propias experiencias y perspectivas acerca de ser anciano.

Paso 5: Evaluación de los candidatos

Nuestro paso siguiente fue hacer que los líderes que mencionaré llenaran un formulario de evaluación tanto de ambos candidatos «el esposo y la esposa»: (1) los ancianos actuales y sus esposas, (2) las personas principales de nuestro personal y (3) aquellas personas que son parte de la mini-iglesia que esta pareja ha pastoreado.

Consideramos que las evaluaciones de los grupos pequeños son muy importantes ya que ellas representan a las personas que mejor conocen a estos candidatos, especialmente con respecto a sus relaciones matrimoniales y familiares. Para ellos ha sido «en carne propia».

Una muestra de ese formulario se muestra en el apéndice C. Las preguntas con relación al carácter se basan en los requisitos que Pablo delineó en 1 Timoteo y en Tito.

Paso 6. Una invitación final

Una vez que los ancianos han analizado dichas evaluaciones y perciben que no hay reservas graves, entonces nos acercamos a las parejas y de manera formal les invitamos a aceptar el rol de ancianos. Por favor, ten en cuenta que consideramos a estas parejas equipos de «padre y madre» que juntos están involucrados en dirigir la iglesia. (Ver el capítulo 15 nuevamente donde tratamos el «modelo de la familia» como la base bíblica para este enfoque.)

Paso 7: Presentación a la congregación

Luego presentamos estas parejas a toda la congregación, explicando por qué se escogieron y el proceso por el que pasaron. Revisamos los requisitos de las cartas de Pablo y pedimos que cualquier que tuviera alguna preocupación seria que se comunicara conmigo (el pastor principal) antes del próximo miércoles.

A estas alturas también pedimos la opinión de las personas presentes que pueden no considerarse parte de la iglesia pero que pueden conocer a estas personas por asociaciones de negocios, relaciones sociales, como vecinos, etc. La base de este método es que un anciano debe tener buena reputación entre «los que no pertenecen a la iglesia» (1 Timoteo 3:7).

Durante este paso dejamos claro a la congregación que esto no es un «voto». Más bien es una oportunidad para expresar reservas de una manera abierta, directa, comprendiendo que si hubiera preocupaciones, los candidatos en cuestión deseaban reunirse personalmente con cualquier persona que tenga estas preocupaciones para hacer los cambios adecuados en sus vidas. Al mismo tiempo, dejamos claro que no procesamos ninguna carta que no esté firmada.

Paso 8: Comisionados públicamente

Nuestro paso final es presentar a estas parejas al cuerpo completo de la iglesia. En ese momento, todos nuestros ancianos y sus esposas imponen las manos a estas parejas y públicamente los reciben en esta posición oficial.

Varias preocupaciones

¿Qué sucede si hay preocupaciones graves que surjan durante este proceso? Las tratamos con el individuo y su esposa. Esto puede ser muy productivo. Permíteme contar una historia muy alentadora. Un hombre tenía varios puntos bajos en algunas esferas del formulario de evaluación.

A varias personas les preocupaba lo que en ocasiones parecía ser una conducta contenciosa y discutidora. Por otra parte, su esposa tenía buena puntuación en todas las esferas.

Se convirtió en mi responsabilidad como pastor principal junto a otro anciano expresarle estas preocupaciones a dicha pareja. Era una tarea difícil, pero al final fue una experiencia muy gratificante. Al reflexionar en este tiempo un tanto difícil de su vida, esto fue lo que Ed Buford escribió más adelante:

> Cuando Maureen dijo que estaba de acuerdo con la evaluación en cuanto a que yo podía ser contencioso, discutidor y demasiado atrevido al defender los puntos de vista en los que yo creía fuertemente, supe que Dios quería mi atención, y mucho. También sabía muy dentro de mí que la evaluación era correcta. Cuando le pedí ayuda a Dios, él dejó claro que necesitaba desarrollar el fruto del Espíritu conocido como gentileza.
>
> Él también me dio un plan. Yo tenía que rendir cuentas a mi familia. Una noche reuní a mi familia y le pedí a cada uno que me perdonara por no ser gentil y les pedí su ayuda. Les expliqué que cada vez que me vieran usando mis facultades verbales para pasar por encima de ellos, subir la voz, mostrar ira o ser contencioso de alguna manera, ellos debían poner una X en el calendario familiar que estaba en la cocina. Para mi tristeza, al día siguiente obtuve cinco Xs. ¡Pensé en cambiar las reglas! Pero estaba comprometido y mi familia me ayudó a aprender a ser gentil.
>
> Lo que comenzó como un aplastante porrazo a mi ego atacador, se convirtió en una maravillosa bendición para mi vida. Ahora sé que los puntos de vista expresados con gentileza y energía son mucho más aceptables y efectivos para el oyente. Todavía no he llegado a la meta, pero estoy en camino.[1]

Todos los que conocemos bien a Ed vimos cambios inmediatos en su vida. Con el tiempo llegó a ser anciano. Él siente pasión por Dios, por el ministerio y por las personas. Realmente siempre la tuvo, solo que necesitaba cambiar su estilo de comunicación. No era su intención parecer contencioso, autoritario, discutidor ni controlador, pero cuando supo que otros líderes maduros pensaban que él era contencioso y controlador, hizo algunos cambios permanentes y duraderos. Lo he visto contar esta experiencia en varias ocasiones a los estudiantes que están de práctica en nuestra iglesia así como a otras personas. En cada situación a Ed se le han «aguado los ojos» no por tristeza sino con agradecimiento. También me ha dado las gracias en público por seguir creyendo en él durante este «proceso de cambio». Esto, por supuesto, es un resultado muy gratificante aunque al principio me resultó difícil hablar de esas preocupaciones.

Olvidar lo que queda atrás

Esto no quiere decir de ninguna manera que alguno de los ancianos de la iglesia *Fellowship Bible Church North* se considere «perfecto». En ocasiones todos fallamos por no estar «a la altura», pero cuando fallamos, nuestro compromiso es buscar perdón, si fuera necesario, y hacer los cambios. Al igual que el apóstol Pablo, queremos ser capaces de decir:

> No es que ya lo haya conseguido todo, o que ya sea perfecto. Sin embargo, sigo adelante esperando alcanzar aquello para lo cual Cristo Jesús me alcanzó a mí. Hermanos, no pienso que yo mismo lo haya logrado ya. Más bien, una cosa hago: olvidando lo que queda atrás y esforzándome por alcanzar lo que está delante, sigo avanzando hacia la meta para ganar el premio que Dios ofrece mediante su llamamiento celestial en Cristo Jesús (Filipenses 3:12-14).

El proceso que acabo de describir se ha desarrollado con el tiempo. Huelga decir que cada vez que pasamos por esta experiencia, se convierte en una oportunidad para todos nosotros, hombres y mujeres, de volver a examinar nuestras vidas, usando patrones bíblicos que reflejan la vida y el carácter del Señor Jesucristo. Además, nos da otra oportunidad de depurar el proceso.

NOTA

1. Getz, Gene A., *La medida de un líder*, ELA, México, p. 174.

TREINTA Y CINCO

TAMAÑO DE LA JUNTA Y TIEMPO DE SERVICIO

Dos preguntas adicionales de forma tratan con algunos aspectos muy prácticos: ¿Cuán grande debe ser la junta de ancianos y por cuánto tiempo deben servir dichos líderes?

Una vez más el relato bíblico no responde a estas preguntas. Como hemos señalado, las «formas de la iglesia» en el mundo del Nuevo Testamento estaban relacionadas con las funciones de una «sola iglesia» en una «sola ciudad» (ver 221-224). Esta dinámica cultural sin dudas tenía un impacto en la cantidad de ancianos de una ciudad determinada. Algunos especulan que en Jerusalén la cantidad de ancianos creyentes igualaba a la cantidad de los ancianos judíos en el Sanedrín (es decir, setenta).

UNA LECCIÓN DE NÚMEROS

Para ser completamente honesto, creo que cometí un error grave en la primera iglesia que ayudé a fundar. Ya que habíamos creado un ministerio de grupos pequeños que necesitaba varios pastores, yo erróneamente llegué a la conclusión de que solo los ancianos oficiales y sus esposas podrían llevar a cabo este tipo de ministerio.

Después de todo, las Escrituras son claras en que estos líderes deben «pastorear el rebaño de Dios». Por tanto, al iniciar grupos nuevos en una iglesia que crecía rápido, nosotros a su vez nombrábamos ancianos para que cuidaran de estas mini-iglesias.

Lo que sucedió era de esperarse. Terminamos con una junta de ancianos que era demasiado grande como para funcionar bien. Además, no fuimos tan selectivos como debimos haberlo sido en cuanto a quiénes nombrábamos como ancianos. Para satisfacer una necesidad, procedíamos demasiado pronto. Realmente, nos volvimos más prácticos que bíblicos. Al final de la jornada, algunas de estas personas no estaban a la altura de los requisitos para el carácter que se delinean en las Escrituras.

Según recuerdo, con el tiempo la junta llegó a tener aproximadamente cuarenta y cinco hombres. Con tantos ancianos, enfrentábamos otro problema. Cerca de un cuarto a un tercio de estos hombres estarían ausentes en las reuniones debido a viajes de negocios, prioridades familiares o emergencias. En la próxima reunión, estos hombres estarían presentes y faltaría otro grupo. Y así sucedía ¡reunión tras reunión! Perdíamos continuidad y nos atrasábamos al tener que revisar las razones de las decisiones. El proceso se volvió increíblemente ineficaz y se nos hacía muy difícil mantener abierta la comunicación.

Tales situaciones pueden convertirse en un semillero para la falta de unión. Para evitar este problema, a menudo yo pasaba muchas horas en el teléfono comunicándome con los hombres que estuvieron ausentes en una reunión dada para ponerlos al día para la próxima reunión. Esto ayudaba de manera significativa a resolver el desafío de la comunicación, pero lamentablemente me impedía cumplir con otras prioridades bíblicas como pastor.

En la estructura actual de nuestra iglesia hemos intentado mantener el tamaño de nuestra junta aproximadamente de siete a ocho hombres. Sin embargo, ya que ahora estamos en un plan de sucesión (ver capítulo 37), ahora tenemos doce ancianos. Esto pudiera aumentar durante los próximos años hasta que se complete la transición. En ese momento, de nuevo la junta debe volverse más pequeña a medida que muchos de nuestros ancianos más antiguos entreguen las riendas del liderazgo a aquellos que han sido nombrados en los últimos años. Confiamos en que esto funcione como está planeado. Solo el tiempo lo dirá.

En cuanto a pastorear los grupos pequeños, hemos desarrollado un grupo grande de «pastores» que no son ancianos, pero que sin dudas están capacitados espiritualmente para ser pastores. La diferencia fundamental entre estos líderes de mini-iglesias y nuestros ancianos es que los ancianos tienen autoridad para tomar decisiones para gobernar y pastorear la iglesia en general. Los líderes de las mini-iglesias son responsables de gobernar y pastorear un «rebaño pequeño» dentro del «rebaño más grande», pero siempre funcionan como ayudantes de los ancianos.

UN SISTEMA CERRADO

Si limitamos el tamaño de la junta para ser eficientes, ¿no se convierte esto en un «sistema cerrado»? Eso es realmente un verdadero peligro. De hecho, a medida que la iglesia crece, este plan cierra la puerta a muchos hombres y mujeres piadosos que están o estarán capacitados para servir en este rol. A propósito, yo sé de una iglesia que comenzó con un grupo pequeño de ancianos. A medida que la iglesia creció, el tamaño de la junta siguió siendo el mismo y estos hombres se volvieron cada vez más «solitarios» al tomar las decisiones. Ya que no tenían un plan eficaz para seguir siendo pastores, a menudo tomaban decisiones que no estaban al tanto de las necesidades de las personas. Su trabajo se volvió fundamentalmente «administrativo».

Lo que sucedió después es predecible. Había hombres y mujeres piadosos en la congregación que no tenían forma de relacionarse con las que parecían ser «la gente de poder» en la iglesia. Cuando trataban de comunicar sus preocupaciones, sentían que sus voces no se escuchaban. Tristemente con el tiempo la iglesia de dividió. Estos hombres, por suerte, «captaron el mensaje» pero cuando ya era demasiado tarde para evitar la división.

Conozco bien esta situación ya que me invitaron a evaluar, como alguien de afuera, lo que había sucedido. En realidad, estos hombres eran piadosos y estaban a la altura de los requisitos que se delinean en las Escrituras. Sencillamente habían implementado una «forma» que no evolucionaba con el crecimiento de la iglesia. Aunque en esta situación yo era un consejero, aprendí una lección muy valiosa. Debemos tener «formas» que permitan a los ancianos estar en contacto con las personas a pesar del tamaño de la iglesia.

Un sistema rotativo

Una manera de resolver este problema es tener un sistema rotativo. Sin embargo, lo que normalmente sucede es que los nuevos líderes a menudo entran a la junta pero tienen muy poca continuidad en cuanto a filosofía, experiencia y las razones por las que se han tomado las decisiones en el pasado. ¡Pregúntale a cualquier pastor principal acerca de este plan rotativo! Pudiera tomar un año poner al corriente a estos nuevos ancianos y sus esposas, y el proceso vuelve a comenzar con cada nuevo nombramiento. Esta es la razón por la cual algunas iglesias han optado por una «iglesia dirigida por el personal». El equipo de liderazgo no se atrasa debido a la falta de continuidad.

Otra opción: líderes de grupos pequeños

En nuestra iglesia evitamos este problema cuando descubrimos que un gran grupo de personas maduras podía tener un ministerio pastoral laico muy gratificante, dirigiendo a los grupos pequeños. Pero existe otro factor. La mayoría de nuestros ancianos sirven como «pastores de cuidado» a los pastores de las mini-iglesias con la intención de estar atentos a sus necesidades y las necesidades de las personas que están en las mini-iglesias. Por ejemplo, si existen algunas necesidades serias en estos grupos pequeños, por lo general los ancianos van a saber en poco tiempo. Queremos que estos «ayudantes pastorales» sepan que tienen acceso a los ancianos en cualquier momento. No solo somos sus líderes sino también sus siervos.

Esta, por supuesto, es nuestra meta. Los ancianos no siempre operamos de forma tan eficiente como nos gustaría. Pero hemos descubierto que este método mantiene el número de ancianos de la junta en un tamaño factible, lo que mantiene la continuidad y al mismo tiempo no crea un «sistema cerrado» por completo que se vuelva anquilosado. Aun así, es muy importante que los ancianos sigan siendo pastores. Si no lo hacemos, no cumplimos con las funciones que se delinean en la Escritura. Vamos directo a un «rol administrativo» que nunca se recomienda en el relato bíblico. Y si esto sucediera, perderíamos la confianza y la fe de las personas.

Este método tiene otro «requisito». Cuando tomamos decisiones significativas para todo el cuerpo de la iglesia, queremos que los líderes de las mini-iglesias sean los primeros en saber lo que está sucediendo *antes* de que suceda. Además, ya que ellos sirven como nuestros «ojos» y «oídos», nos pueden dar opiniones valiosas con respecto a lo que siente la iglesia en general, lo cual nos ayuda a tomar decisiones sabias. Hemos aprendido que una comunicación adecuada es la clave para fomentar la confianza y mantener la unidad.

Tiempo de servicio

Con relación al tiempo de servicio, algunos creen que una vez que un hombre se convierte en anciano, siempre debe ser anciano. Asumen esto porque las Escrituras carecen de pautas en cuanto al tiempo de servicio. Sin instrucciones específicas, llegan a la conclusión de que es la voluntad de Dios que estos hombres sean «ancianos de por vida». Lamentablemente, una vez más esto es superponer una «forma» a las Escrituras. También es argumentar basándose en el silencio.

El hecho es que el relato bíblico tiene un final abierto. Faltan muchos detalles y esto es por diseño divino. Dios quiere que cada iglesia local desarrolle «formas» que les permitan a los ancianos hacer el mejor trabajo posible para «gobernar» y «pastorear» la iglesia dentro de una cultura determinada.

En este sentido, un sistema rotativo sin dudas cae en el reino de la «libertad de forma», pero como se dijo antes, entre las mayores debilidades de este método están la falta de continuidad y la ineficiencia. Algunas iglesias intentan resolver este problema permitiendo que los ancianos sirvan durante varios términos. Por otra parte, si se nombra a los ancianos para que sirvan de manera indefinida, como sucede en nuestra iglesia, existe un desafío en cuanto a qué hacer con los ancianos que no pueden o no funcionan como debieran. ¿Y si se vuelven inelegibles?

En realidad, hemos descubierto que cuando tomamos en serio los requisitos (como lo hacemos) y cuando los ancianos se rinden cuentas unos a otros (como lo hacen), por naturaleza los hombres renunciarán cuando sea adecuado. Si sienten que les faltan los requisitos, deben ser capaces de renunciar con dignidad (véase la historia de Jaime en el capítulo 28, «Mayor pero sin estar listo»). Si sienten que muchas otras cosas reclaman su tiempo, también pueden renunciar con todo el apoyo en oración del resto de los ancianos. Esto nos ha sucedido a través de los años, pero no porque se les pidiera que renunciaran por una u otra, sino porque ellos tomaron la iniciativa en la decisión. Sin embargo, hay situaciones en las que un anciano puede volverse disgregador y se niega a renunciar debido a su orgullo y a sus ambiciones egoístas. Para tratar este posible problema, es sabio que cada anciano (incluyendo a los ancianos actuales) firme un acuerdo de que si otros ancianos consideran que debe renunciar, este acatará dicha decisión. Afortunadamente, no hemos enfrentado este problema y oramos porque nunca sea necesario.

Recuerda que una de las decisiones más nobles que un anciano puede tomar es renunciar a su posición para dedicarle más tiempo a su familia. ¿Quién puede culpar a este hombre? Solo aquellos que están muy lejos de ser espirituales criticarán esta decisión. Cuando esto sucede, solo habrá admiración de parte de aquellos que son «espirituales».

TREINTA Y SEIS

MÁS PREGUNTAS SOBRE LA FORMA

En los capítulos del 33 al 35 analizamos cuatro preguntas de forma, cuestiones de metodología y procedimientos para ayudar a las iglesias locales a funcionar eficientemente mientras declaran y practican la verdad bíblica. Estas son: (1) ¿Qué edad deben tener los ancianos? (2) ¿Qué métodos específicos deben utilizarse para seleccionar y nombrar líderes espirituales capacitados? (3) ¿Cuántos ancianos debe tener una iglesia? (4) ¿Durante cuánto tiempo deben servir estos ancianos?

He aquí seis preguntas más acerca de la forma.

PREGUNTA 5:

¿CÓMO UNA JUNTA DE ANCIANOS
DEBE TOMAR LAS DECISIONES?

Buscar el consenso general

Al comienzo de mi experiencia fundando iglesias, me enamoré del concepto de «consenso». Si nos va a guiar el Espíritu Santo, ¿no debiéramos llegar a un acuerdo en todos los asuntos? Esto suena muy espiritual y funciona bastante bien cuando el grupo es pequeño y las decisiones no son cruciales. Pero pronto percibí varios problemas con este método.

Primero, el método del «consenso» en ocasiones pone una presión intensa en un anciano que pudiera tener sus reservas con respecto a una decisión en particular. Para evitar ser un impedimento, algunos hombres sencillamente están de acuerdo externamente pero en lo interno no lo están. Esto a menudo lleva a tensiones internas e incluso a un resentimiento que con el tiempo saldrá a la superficie.

Segundo, cuando un grupo se compromete con este método, pero un anciano o dos siguen presentando objeciones a decisiones importantes, nuestra tendencia como «ancianos principales» es ponerles un poco de presión sutil a estos hombres para que se conformen. Aunque nuestras intenciones son llevar el ministerio hacia delante, aquellos que están bajo presión perciben nuestra frustración y una vez más a menudo concuerdan porque no quieren ser «la nota discordante». Lamentablemente, esto también crea un conformismo «externo» pero, nuevamente, sin convicciones «internas». Esto también motivará el resentimiento y sentimientos de ser manipulado. Además, la persona que objeta pudiera presentar una perspectiva que el Señor quiere que el grupo escuche y considere.

Un día caí en la cuenta de que buscar un consenso es sencillamente un sistema de «voto desigual». Yo solía decir: «¿Alguna objeción?» Si había silencio, asumíamos que el acuerdo era total. Sin embargo, descubrí que no todo el mundo hablaba por miedo a ser un disidente e impedir el progreso.

Buscar el apoyo completo

Desde entonces, nos hemos comprometido con tener una votación al tomar decisiones sobre ciertos asuntos. Sencillamente seguimos un procedimiento parlamentario que con los años ha demostrado ser muy eficaz. Por ejemplo, una vez que la moción se presenta, si alguien no se siente en armonía con una propuesta, tiene la oportunidad de expresar sus preocupaciones en una discusión abierta. Sin embargo, si él todavía no está convencido y los ancianos en su mayoría se sienten cómodos con la moción, él puede emitir un «voto negativo» y posteriormente «consentir» en apoyar a la mayoría. En esencia, este es un método eficaz de llegar a un «consenso».

Por otra parte, si varios ancianos continúan preocupados por una propuesta en particular, siempre es sabio postergar el asunto para dar tiempo suficiente a reflexionar y orar y luego volver a tratar el asunto. Aunque digo esto, estoy convencido de que no siempre los hombres, por muy piadosos que sean, concuerdan en todos los asuntos. Esto no debe sorprendernos. Aunque tengo mis opiniones personales acerca de Pablo y Bernabé y su gran desacuerdo que llevó a una separación, nunca he cuestionado el carácter piadoso de estos hombres. Ambos eran «profetas y maestros» y recibían mensajes directos del Espíritu Santo; no obstante, llegaron a conclusiones con respecto a Juan Marcos que tenían 180 grados de diferencia.

PREGUNTA 6:
¿ES BÍBLICA UNA IGLESIA QUE DIRIGE UN EQUIPO DE PERSONAL?

Puntos fuertes y débiles de una iglesia que dirige el personal

No hay nada en la Escritura que diga que esté mal dirigir una iglesia con un personal pagado. Sin embargo, como en cualquier sistema organizativo, esto tiene puntos fuertes y puntos débiles. Normalmente, las personas que ocupan estos puestos pagados son líderes más jóvenes que no tienen la perspectiva que viene con la edad y la experiencia. También he visto que hombres piadosos que han tenido éxito en el mundo de los negocios aportan una sabiduría al proceso de tomar decisiones que ninguno de nosotros los pastores del equipo tenemos, sencillamente porque no hemos funcionado en ese ambiente como líderes durante mucho tiempo.

Esto no significa que los «hombres de negocios» automáticamente hagan un aporte positivo a los ancianos. De hecho, pueden tratar de funcionar con un «modelo empresarial» que en ocasiones contradice los principios bíblicos del liderazgo. Sin embargo, no hay nada como un hombre de negocios que sea maduro espiritualmente, alguien que tenga una perspectiva bíblica sobre el liderazgo y que haya integrado los conceptos bíblicos a su propio estilo de liderazgo.

Un estudio de la interacción entre los ancianos y el personal

En cuanto al desarrollo de nuestras formas, hubo un momento en la historia en que los ancianos invitaban a nuestro personal administrativo para que asistiera a las reuniones de los ancianos e hicieran aportes. Sin embargo, nunca olvidaré la reunión en la que varios ancianos presentaron una pregunta muy significativa: ¿Somos una «iglesia dirigida por ancianos» o una «iglesia dirigida por un equipo de personal»? Yo agradecí la franqueza. La idea que ellos estaban dando era que, sin querer, el personal se había convertido en una influencia tan fuerte en las reuniones que ellos, como ancianos, no sentían que realmente fueran los líderes de la iglesia. En esencia, el personal había comenzado a funcionar como si ellos fueran ancianos. Como resultado, los ancianos pidieron al personal administrativo que dejara de asistir a las reuniones habituales de los ancianos.

No fue necesario que pasara mucho tiempo para que todos viéramos el problema. Aunque algunos se sintieron un poco privados de su derecho a participar, con el tiempo se dieron cuenta de lo sabio de esta decisión. Uno de nuestros pastores se sintió desilusionado porque él sinceramente quería aprender todo lo que pudiera de los ancianos y de su interacción en los asuntos. Sin embargo, comprendió el razonamiento que llevó a esta decisión.

Para facilitar la interacción entre los ancianos y el personal, programamos momentos significativos de compañerismos de los unos con los otros, que a menudo incluían a nuestras esposas. Y cuando programamos retiros para el personal, invitamos a cualquier anciano que pudiera dejar las obligaciones de su negocio para que nos acompañara.

Pregunta 7:

¿No debiera el grupo de ancianos incluir
también a los pastores del personal?

Hacer que los pastores del personal sean miembros de la junta de ancianos pudiera funcionar en una iglesia pequeña donde el personal pagado es limitado. Sin embargo, según la iglesia crece y el número de pastores pagados aumenta, si todos fueran líderes oficiales, pronto excederían al número de ancianos que no son parte del personal. Por ejemplo, *Fellowship Bible Church North* ahora tiene cerca de veinte pastores pagados a tiempo completo. Si todos estos hombres se convirtieran en líderes oficiales, las funciones de la junta en breve se volverían ineficientes debido a la mera magnitud. Además, esto crearía un bloque de poder no saludable, especialmente cuando se trate de tomar decisiones en las que por naturaleza el personal tiene intereses personales.

Aunque cada pastor del personal debe «llenar los requisitos» para ser un anciano, en ningún lugar de las Escrituras dice que debe tener «autoridad de anciano».

Pregunta 8:

¿Qué es más bíblico: una forma de gobierno dirigida por
la congregación o una iglesia dirigida por los ancianos?

La pregunta de si la congregación o sus ancianos deben dirigir el gobierno de una iglesia es sin dudas una pregunta de «forma», ya que las Escrituras no responden a esta pregunta definitiva ni absolutamente. Sin embargo, cuando analizamos en detalle el relato bíblico, nuevamente podemos ganar una visión que nos permite evaluar los distintos métodos de gobierno para la iglesia.

*El gobierno de la congregación versus el gobierno
representativo en la iglesia primitiva*

Algunos líderes y congregaciones son un tanto inflexibles al proponer que el único sistema bíblico sea el gobierno que dirige la congregación.

Ponen ejemplos del libro de los Hechos, como cuando Lucas indica que «los doce reunieron *a toda la comunidad de discípulos* y les dijeron» que escogieran «a siete hombres» para que cuidaran de las viudas griegas. También leemos que «toda la asamblea» escogió a estos hombres y que los apóstoles los confirmaron (Hechos 6:2-6).

Podría parecer que esta fuera una decisión de la «congregación» por parte de la iglesia de Jerusalén. Sin embargo, debemos recordar que en este momento fácilmente podía haber de cincuenta mil a cien mil creyentes en Jerusalén quienes no podían reunirse en un mismo lugar. Segundo, una mirada más detallada al pasaje revela que es probable que los apóstoles solo se reunieran con aquellos judíos griegos que tenían viudas afectadas y no con los creyentes hebreos que residían en Jerusalén y en Judea. Es muy probable que este también haya sido un grupo representativo muy pequeño. Desde luego, este no es un modelo para el sistema de gobierno por parte de la congregación. Si sacamos esta conclusión sencillamente estamos superponiendo a la Escritura una «forma» que no existe en la misma.

Algunos también señalan las decisiones que se tomaron durante las reuniones del concilio por la ley versus la gracia (Hechos 15). Cuando Judas y Silas fueron escogidos para acompañar a Pablo y a Bernabé mientras estos entregaban las cartas redactadas por los «apóstoles y ancianos», leemos que «toda la iglesia» estuvo involucrada en la selección de estos dos hombres (v. 22). Sin embargo, debemos recordar que a menudo Lucas utilizaba estos términos abarcadores («todos», «todo») para referirse a un grupo muy selecto o a un grupo representativo. Por ejemplo, cuando señaló que «*todos*, excepto los apóstoles, se dispersaron por las regiones de Judea y Samaria», después de la muerte de Esteban, él podía haber estado refiriéndose a los seis judíos griegos que quedaban y que fueron nombrados para servir las mesas (ver capítulo 5, «El contexto general»).[1]

De la misma manera, cuando se refería a «toda la iglesia» que estuvo involucrada en la selección de Judas y Silas, Lucas puede haberse estado refiriendo a un grupo relativamente pequeño de creyentes devotos quienes voluntariamente se unieron a los apóstoles y ancianos en estos debates sobre «la ley y la gracia», quizá reuniéndose en la casa de María como habían hecho antes cuando Pedro fue liberado de la cárcel (Hechos

12:12). Esta no fue una «reunión de la congregación» como a menudo la definimos en la actualidad.

Una perspectiva personal que favorece las decisiones que dirigen los ancianos

Como he experimentado ambos sistemas, el de la «congregación» y el «gobierno de los ancianos», debo reconocer que tengo mi preferencia. La debilidad que he visto en el gobierno de la congregación casi siempre tiene que ver con miembros de la iglesia que no son creyentes maduros y, sin embargo, están participando en el proceso de tomar decisiones. A menudo, el ser miembro de una iglesia se basa en una profesión de fe y en expresar dicha fe mediante el bautismo. Sin embargo, esto no significa que dichos creyentes tengan la madurez suficiente en Cristo como para tomar decisiones importantes para la iglesia.

En un ambiente de familia, a un niño de tres años no se le permitiría votar por si se debe construir una casa nueva o por si papá debe cambiar de trabajo. Y sin dudas no permitiríamos a un niño pequeño votar por el presupuesto de la familia. Y, ¿qué padre le permitiría a un hijo ser parte del proceso de tomar decisiones con relación a disciplinar a un hermano o hermana? De la misma manera, hay «niños en Cristo» que se «han unido a la iglesia» y que no tienen la madurez suficiente como para tomar decisiones importantes en la iglesia. Esta dinámica representa la mayor debilidad en la forma de gobierno de la congregación.

Eso no quiere decir que no haya peligros cuando los ancianos toman las decisiones. En una iglesia dirigida por ancianos, si no se toman en serio los requisitos para los ancianos y se carece de un sistema eficaz para seleccionar y nombrar líderes espirituales, podemos tener un grupo de hombres inmaduros tomando las decisiones por la iglesia. No hay nada más devastador que tener por ancianos a creyentes carnales.

Otro problema se relaciona con el hecho de que los ancianos rindan cuentas más allá de sí mismos. Incluso, hacer que la autoridad final descanse en la congregación no evita que las iglesias se dividan. Una junta de ancianos dividida usualmente también divide a la iglesia. El plan más seguro es rendir cuentas «hacia fuera» en lugar de «hacia adentro», como se describió en el principio 11 del capítulo 31.

En lo personal, he estado en un sistema dirigido por ancianos desde el comienzo de mis experiencias fundando iglesias. Para ser honesto, los problemas más graves que he visto está relacionado con tener en el liderazgo a hombres y esposas que carezcan de las cualidades de carácter que Pablo delineó en las epístolas pastorales. Por otra parte, cuando estos requisitos se consideran y aplican cuidadosamente, he descubierto que no hay sistema más efectivo para tomar decisiones. Cuando estos hombres y sus esposas tienen una meta en mente, servir a otros y no a sí mismos, es una gran bendición para toda la iglesia.

Debe decirse que la libertad bíblica también permite a los líderes combinar estos dos métodos de diversas formas. El factor importante es que debemos regresar a los principios del liderazgo en la Escritura y comparar nuestras formas en particular con dichos principios. Si lo hacemos, seremos capaces de desarrollar métodos que funcionarán mejor en nuestras situaciones culturales en particular.

Pregunta 9:
¿Qué cambios de «forma» necesitan hacerse a medida que una iglesia crece en número?

Cuando una iglesia es pequeña, con unos pocos líderes y un pastor pagado, funcionar es relativamente fácil. Pero a medida que una iglesia crece y se añade más de un pastor al personal, es muy importante que se establezcan las líneas de autoridad. Sé de iglesias donde varios pastores del personal reportan, cada uno, a los ancianos como grupo. Por supuesto, esto crea desafíos serios en cuanto a la rendición de cuentas. Es muy poco realista creer que los líderes que no son miembros del personal pueden como grupo supervisar de manera adecuada a pastores individuales, especialmente ya que estos no están involucrados en el funcionamiento cotidiano. También crea el marco para serias equivocaciones, «juegos de poder» y una rendición de cuentas inadecuada.

Esto se vuelve todavía más importante al determinar el rendimiento en el trabajo y los salarios. Es en este punto que un líder principal es absolutamente esencial. Los líderes del personal deben rendir cuentas a este líder, quien a su vez reporta y hace recomendaciones al «cuerpo de ancianos». Y a medida que el personal pagado siga creciendo, se hace más y más crucial que continúe desarrollándose en toda la organización un sistema adecuado de rendición de cuentas sin que este se convierta en algo institucionalizado ni burocrático.

En nuestra iglesia, donde ahora tenemos casi veinte pastores en el personal, solo dos de nosotros somos ancianos: mi pastor asociado y un servidor. Como cuerpo total de ancianos, nos concentramos en dar dirección general a la iglesia, pero delegamos las operaciones cotidianas al personal. Sin embargo, como pastor principal, es mi responsabilidad (junto con mi asociado) representar de manera adecuada al personal y hacer que estos interactúen de manera habitual con los ancianos para presentar las necesidades de sus ministerios. También es responsabilidad mía (junto con mi asociado) representar adecuadamente a los ancianos ante el personal.

Pregunta 10
¿Cómo funciona el modelo de la familia?

Acoger las opiniones de las esposas de los ancianos

Como se dijo en el capítulo 15, las esposas de nuestros ancianos funcionan junto a sus compañeros al igual que en el hogar. A menudo asisten a sesiones de capacitación en la iglesia, participan en debates, trabajan en los mismos proyectos que los ancianos y hacen contribuciones significativas. En algunas ocasiones, también hemos invitado a estas mujeres a asistir a reuniones especiales de los ancianos para que nos den sus opiniones sobre determinados asuntos. Esto no significan que tengan estatus de «ancianas» como tampoco lo tienen de «esposo» o «padre».

En cuanto a la participación de las mujeres en la vida de la iglesia, el «modelo de la familia» ofrece oportunidades inusuales. Por ejemplo, una de las experiencias más bellas para nuestra congregación es cuando el pastor de un grupo pequeño (mini-iglesia) ha ayudado a bautizar a un padre, el padre a su vez bautiza a la madre y la madre, parada junto a su esposo, ha bautizado a sus hijos. En otra ocasión, el esposo bautizó a la esposa y a su vez, la esposa bautizó al esposo. En otra ocasión, una joven que sirve fielmente en nuestra iglesia llevó a un joven a Cristo y lo bautizó en uno de nuestros servicios principales. Creemos que esto está en perfecta armonía con el «modelo de la familia». Algunos grupos eclesiásticos podrían considerar esto una violación de las Escrituras. Ellos señalan la «ordenación» como la norma bíblica para bautizar, dar la cena o incluso recoger la ofrenda. Sin embargo, el Nuevo Testamento nunca define la «ordenación» como muchos lo hacen en la actualidad. Esta práctica surgió más allá del relato bíblico. En otras palabras, tiene sus raíces en la tradición y no en las Escrituras.

Sin embargo, no significa que la «ordenación» oficial sea inadecuada. De hecho, en nuestra cultura es crucial para permitir que aquellos de nosotros a quienes nos paga la iglesia, recibamos beneficios tributarios aprobados por el gobierno. En algunos estados este tipo de ordenación también es necesaria para realizar bodas, pero usar la «ordenación» para restringir el funcionamiento de los miembros del cuerpo, como se acaba de describir, es imponerle al Nuevo Testamento una «forma muy restrictiva».

La cena en la iglesia

En cuanto a la cena, animamos a los padres y madres creyentes que recuerden al Señor junto con sus hijos creyentes, incorporándola como parte de una comida tal y como se hacía en los tiempos del Nuevo Testamento. Debemos recordar que en la mayoría de los casos la iglesia primitiva solo podía reunirse en hogares. Durante los dos primeros siglos ellos no tuvieron «edificios oficiales». Además, la «Cena del Señor» se convirtió en una extensión de la Pascua judía. Es lo que sucedía en Jerusalén cuando estos nuevos creyentes «partían el pan y compartían la comida con alegría y generosidad» (Hechos 2:46).

Con respecto a las prácticas de la cena, debemos recordar que muchas iglesias no comenzaron a practicar la «cena simbólica» hasta mucho después en la historia de la iglesia. En la actualidad muchos creyentes no se dan cuenta de que ya estamos practicando la «libertad de forma» cuando se trata del modelo de la iglesia primitiva.

Además, animamos a las mini-iglesias a celebrar juntas esta cena cuando se reúnen en los hogares. Lo cual le permite a los creyentes tener esta experiencia junto con una cena de compañerismo. Aunque a menudo son los líderes oficiales de las mini-iglesias quienes dirigen este servicio, también comparten la responsabilidad con otros miembros del grupo. Creemos que esto es la verdadera libertad bíblica de forma.

Siempre me sorprende cuando algunas personas creen que la Biblia enseña que no se puede tener la cena a menos que esté presente un anciano oficial o un diácono. Por supuesto, no comprenden que estas «tradiciones» han surgido de la historia de la iglesia y no de las Escrituras. Y están los que creen que un servicio de cena debe realizarse en el edificio de una iglesia, lo cual es aún más sorprendente ya que los creyentes durante un par de siglo no pudieron reunirse en edificios especiales. *Tenían* que reunirse en casas.

Una palabra final

Esto nos lleva al comienzo en este estudio. Los principios de las Escrituras reflejan funciones y pautas bíblicas que nos dan la libertad para desarrollar formas que nos permitirán practicar un cristianismo bíblico en toda cultura y en cualquier momento de la historia. Ser capaces de diferenciar entre «función» y «forma» es ser capaces de distinguir entre lo que nunca debe cambiar y lo que *debe* cambiar para cumplir con la Gran Comisión de nuestro Señor Jesucristo.

NOTA

1. En su artículo «The Acts of the Apostles: 1:1-5» [Los Hechos de los Apóstoles: 1:1-5], Richard N. Longenecker nos dio un comentario útil con respecto a cómo Lucas utilizó la palabra griega *pantes* tanto en su Evangelio como en el libro de Hechos: «A lo largo de sus dos volúmenes, Lucas utiliza la palabra «todos» como una expresión general que el contexto debe definir en cada caso. Así que no podemos imaginar que él haya querido decir que su Evangelio sea más exhaustivo que Hechos. En varios lugares del Nuevo Testamento "muchos" *(polloi)* y "todos" *(pantes)* se utilizan de manera intercambiable (p. ej. Mateo 20:28; Marcos 10:45 [cf. 1 Timoteo 2:6]; Mateo 12:15, Marcos 3:10; Romanos 5:12-21), donde en cada caso solo el contexto determina un matiz preciso». *The Expositor's Bible Commentary* [El comentario bíblico del expositor], vol. 9, ed. Frank E. Gaebelein, Zondervan, Grand Rapids, MI, 1981, p. 253.

UN PLAN DE SUCESIÓN

Al observar la multiplicación de las mega-iglesias que han desarrollado un gran personal y construido instalaciones multimillonarias, una de mis preocupaciones es qué sucederá cuando el pastor fundador se retire o pase a otro ministerio. Sin duda, el éxito de estas iglesias está relacionado directamente con sus dinámicos líderes. Esto no es una crítica sino una observación basada en la realidad. Dios utiliza la personalidad y los dones de los líderes principales para lograr metas muy significativas. Estaría lejos de ser honesto si no admitiera que mi propio estilo de liderazgo ha tenido un impacto significativo en *Fellowship Bible Church North* donde soy pastor en la actualidad.

Esta preocupación sin dudas ha influido en mi propia manera de pensar y en mi estrategia como pastor. A estas alturas del libro comparto nuestro plan de sucesión porque Bob Buford y Brad Smith, quienes con gentileza escribieron el prefacio de este libro, me han animado a contar nuestra historia. Espero que sea útil.

En esencia, este capítulo trata de líderes preparando a líderes, al próximo líder principal de la iglesia y también a los futuros líderes ancianos. Si tienes una iglesia grande o una iglesia donde uno o más líderes estén en edad de retiro, este es un modelo que puedes considerar.

Comienzos

Cuando yo comencé mi ministerio de fundar iglesias, yo estaba comprometido con multiplicar iglesias partiendo de la iglesia madre en lugar de simplemente edificar un cuerpo centralizado cada vez más grande. Eso no quiere decir que este último método sea inadecuado. Pronto descubrí que aunque uno intente fundar iglesias, si estás haciendo las cosas bien en un área muy poblada, no evitarás que la iglesia madre siga creciendo. Esto ciertamente se cumple en *Fellowship Bible Church North*. Somos una mega-iglesia y también lo son varias de las iglesias que hemos fundado en el área de Dallas.

A medida que nuestro equipo pastoral en *Fellowship Bible Church North* siguió expandiéndose, yo comencé a delegar parte del ministerio de la enseñanza y la predicación con varios de estos hombres, especialmente entregando el púlpito cuando estaba viajando o de vacaciones. Decidí no traer oradores invitados para «llenar el púlpito» (excepto en unas pocas raras ocasiones), sino más bien darles a algunos de los otros pastores la oportunidad de hablar. Jeff Jones, uno de los hombres que tenía esta responsabilidad periódicamente, comenzó a recibir algunas preguntas un tanto difíciles de responder, como: «¿Tú sabes algo que nosotros no sabemos?» Era obvio que muchos en la congregación estaban reaccionando de una forma en particular a la enseñanza y el liderazgo de Jeff en otros aspectos. Además, la mayoría de nuestra gente sabía que yo pasaba de los sesenta y cinco años y se preguntaban si quizá estaríamos preparando a Jeff para que fuera mi sucesor.

Un nuevo milenio

Estas opiniones positivas y las preguntas consiguientes pusieron a Jeff en una posición muy incómoda. Al conversar de este asunto, yo sabía que teníamos que «adelantarnos» a lo que estaba sucediendo. Este tipo de especulación puede llevar a falsas conclusiones y rumores. Por lo tanto, programé reuniones con cada anciano en privado e hice una pregunta deliberada: «¿De toda la gente de nuestro personal quién crees que debe ocupar mi papel dentro de siete años?» Esta pregunta, por supuesto, se basaba en la suposición de que yo pudiera continuar funcionando eficientemente hasta que tuviera setenta y cinco años. Sin saber lo que los demás ancianos estaban pensando, cada hombre, sin titubeo alguno, mencionó a Jeff Jones. Curiosamente entrábamos al año 2000, un punto muy importante de la historia. También resultó ser un momento muy importante en la historia de nuestra iglesia.

Decidí conversar con otros pastores del personal que también habían hablado en mi ausencia. Nuevamente estos hombres respondieron de la misma forma. Todos confirmaron la capacidad de Jeff para enseñar las Escrituras y dirigir a otros. Ni una persona sintió que la estaban pasando por alto, lo cual es un tributo a su propia madurez y una confirmación para los ancianos de que Jeff era realmente un candidato muy viable.

Un equipo de esposo-esposa

Con la bendición de los ancianos, me acerqué a Jeff y a Christy, su esposa, y les dije lo que habíamos estado haciendo tras bastidores. Por supuesto, se sintieron honrados de que hubiera tal unanimidad en las respuestas a mi pregunta. Después de considerarlo en oración con su esposa, Jeff aceptó la invitación, comprendiendo que siete años es un largo período. Sin embargo, nunca olvidaré su respuesta inicial a la invitación: «Me tomará siete años estar listo». Yo podía percibir que no eran simples palabras ni una perogrullada servil. ¡Él lo decía en serio!

Como ancianos, después desarrollamos un plan para comunicar nuestra decisión a toda la iglesia. Ya que no somos una iglesia con gobierno de la congregación, no era necesario convocar al voto de toda la iglesia. Sin embargo, la respuesta de la gente fue espontánea y unánime. Podíamos percibir que todo el que estaba comprometido con nuestra comunión se sentía animado con nuestra decisión. De hecho, le dio a nuestra gente una sensación de seguridad con relación a su compromiso futuro para con la iglesia.

Convertirse en pastor asociado

A estas alturas, promovimos a Jeff para que sirviera como pastor asociado. En este rol, él hace aproximadamente un tercio de la enseñanza y mi
meta es ayudarlo a fomentar su equipo para el futuro. En este momento
él ha llevado con eficiencia a todo nuestro equipo de liderazgo a través
de un proceso de alineamiento. Aunque no estábamos seriamente «com-
partimentando» nuestros diferentes ministerios, estaba empezando a
suceder, lo cual es predecible cuando una organización llega a cierto
tamaño. Las iglesias no están exentas. Se vuelven una institución como
cualquier empresa grande.

Es una gran experiencia percibir que todos los líderes de nuestros
ministerios se dirigen en la misma dirección y están comprometidos con
los mismos valores. Jeff ha dirigido esta carga y aunque ha hecho que
todo nuestro personal analice cuidadosamente sus ministerios y cómo
estos se relacionan con nuestros valores, nunca hemos estado más unidos
alrededor de dichos valores. Oramos de forma regular para que Satanás
no perturbe lo que está sucediendo. Debemos estar en guardia, «[esfor-
zándonos] por mantener la unidad del Espíritu mediante el vínculo de
la paz» (Efesios 4:3).

En sus propias palabras

¿Cómo afecta dicho plan de sucesión al futuro líder? Le pedí a Jeff que
comentara sobre el proceso, incluyendo su impacto en la iglesia. Estas
son sus palabras:

> Cuando Gene me habló por primera vez de la idea de ser su sucesor,
> me sentí tanto entusiasmado como asustado. Estaba entusiasmado
> porque no hay otra persona que yo prefiriera tener como mentor en
> mi vida. No obstante, también estaba asustado, por supuesto, porque
> pasar a ocupar el puesto de Gene es intimidante. Él es el fundador de
> nuestra iglesia, un maestro, autor y líder reconocido y es la persona que
> Dios utilizó para restaurar mi propia pasión por la iglesia local.
>
> Una clave significativa para una transición exitosa es que ambos
> líderes tienen que dejar atrás sus egos y aprender a dirigir y a servir

juntos. Esto por lo general es un desafío mayor para el pastor que sale que para el que entra. Un proceso de sucesión significa que una persona lentamente está soltando mientras que la otra poco a poco está asumiendo más. A la mayoría se nos hace más difícil soltar que aceptar más. Gene ha equilibrado esto inusualmente bien.

Él ha dado libertad de manera increíble, dándome espacio para dirigir y crecer. Bajo su supervisión, yo ayudo a dirigir al personal y trabajo con él y con los ancianos para establecer la dirección de los ministerios. Esto me ha permitido asumir un nivel ejecutivo de liderazgo, no obstante, todavía con su sabiduría y con su experiencia. En este sentido, dirigimos juntos la iglesia. Soy muy cuidadoso de no avanzar a menos que ambos estemos a bordo. Esto pudiera alargar el proceso de tomar decisiones, pero las decisiones que se logran de esta manera por lo general son mucho mejores que si se hubieran tomado de otra manera. Es imperativo para ambas partes en la sucesión, tanto como sea posible, tener el máximo de pertenencia en las opciones clave en cuanto a la dirección.

Esto implica una cantidad significativa de comunicación. Recuerdo ocasiones durante los últimos años cuando Gene me pediría mi opinión y yo podría tener una perspectiva diferente. En ocasiones he dicho: «Gene, ¿qué sombrero quieres que me ponga? ¿Quieres que me ponga el de pastor asociado y luego te diré lo que pienso y seguiremos adelante con lo que quieras hacer? ¿O puedo ponerme mi sombrero de futuro pastor principal y será un debate con más participación?» Él siempre ha dicho: «Jeff, ponte el sombrero del futuro pastor principal. Esta es la única manera en que esto funcionará. Si actúas como que te parece bien, pero realmente no es así, esto podría descarrilar el plan de sucesión».

Una ventaja significativa de un proceso de sucesión a largo plazo es que las ovejas tienen tiempo para conocer mi voz además de la de Gene. Al dirigir y enseñar, la gente llega a conocer mi corazón. Aprender no solo a seguir a Gene, sino a mí también. Al comenzar, yo trabajaba con la credibilidad que tomaba prestada de Gene, ya que la gente sabía cuánto él creía en mí. Con el tiempo, mi propia credibilidad de liderazgo está surgiendo a medida que las personas se acostumbran y se entusiasman con mi liderazgo. Ese proceso natural es crucial, aunque sería amenazador para un pastor inseguro.

Estilos de liderazgo

Otra clave para el proceso de sucesión es demostrar continuidad y al mismo tiempo permitir las diferencias. Gene y yo somos personas diferentes y, por tanto, nuestros estilos de liderazgo y de hablar son diferentes. Cuando los ancianos se reunieron para pedirme que fuera el sucesor de Gene [ellos explicaron]: «Queremos que Jeff Jones sea el futuro pastor de esta iglesia y no esperamos ni queremos que trates de ser como Gene. Tú diriges de la manera en que Dios te ha llamado a dirigir».

Esto me da una libertad increíble. No obstante, también le da seguridad a la iglesia. Aunque nuestros estilos son diferentes, nuestra filosofía de ministerio es la misma. Nuestros valores son muy similares. Mientras más énfasis podamos hacer en eso, mejor. A las personas les encanta cuando hablamos el uno del otro de forma positiva. Disfrutan vernos juntos en la plataforma y disfrutan juntos la vida. Necesitan saber que aunque somos diferentes, nos amamos y estamos comprometidos con los mismos principios básicos que forman nuestra iglesia.

Los tres años han transcurrido notablemente bien, pero una transición sigue siendo una transición, lo que significa que no siempre es fácil. Según la sucesión se hace cada vez más real en la mente de las personas, los que llevan mucho tiempo comienzan a lamentar la inminente ausencia de Gene. A otros les entusiasma que la transición se produzca tan pronto como sea posible. Algunos están ansiosos por lo desconocido del futuro bajo mi liderazgo; otros tienen grandes expectativas. Algunos líderes además de Gene también han tenido que soltar, mientras que otros líderes más jóvenes están aprendiendo a asumir el liderazgo. Con todos estos sentimientos diferentes, tenemos que reconocer que son muy naturales y seguirnos comunicando tanto como sea posible para ayudar a las personas a procesar bien dichos sentimientos.

Un proceso en oración

Nos entusiasma el proceso y así mismo estamos en oración. Creemos que es el mejor camino para nuestra iglesia al llevarnos adelante
en unidad. Oramos porque también sabemos que cualquier organización en transición está en un lugar vulnerable... No habría nada que le
gustaría más a Satanás que abrir una brecha entre Gene y yo, o dividir
la iglesia en bandos.

Jeff concluyó sus comentarios con una reflexión personal:

En cuanto a mí, estoy agradecido por una iglesia con la visión de tener
un plan de sucesión. Alabo a Dios por la oportunidad de tener a un
mentor como Gene para el papel de pastor principal. También agra-
dezco un mentor que otorga poderes, que hace todo lo que puede para
ayudarme a tener éxito y a que la iglesia siga vibrante mucho después
de que su liderazgo llegue al fin. Ese tipo de siervo-líder es extraño.

Sucesión de los ancianos

Como se dijo en el capítulo anterior, una vez que iniciamos este plan de
sucesión, todos los demás ancianos llegaron a la conclusión de que necesitaban un plan similar. Por lo tanto, juntos han acordado que ninguno
de ellos seguirá en el rol de anciano después de los setenta y cinco años.
Ya que varios de estos hombres han servido conmigo desde el comienzo
de mi ministerio fundando iglesias, tienen aproximadamente mi edad.

Entonces iniciamos un plan para traer nuevos ancianos, hombres con
los que especialmente Jeff se sintiera cómodo al servir en el futuro. Una
vez que estuvimos de acuerdo en quiénes debían ser estos hombres y sus
esposas, entonces le asignamos a Jeff la responsabilidad de discipular y
preparar a estas parejas para ser ancianos (ver el capítulo 34). Comenzamos con dos parejas y en el momento en que se escribe este libro hemos
añadido dos más. Durante los próximos años, sin dudas, añadiremos
nuevos ancianos hasta que el plan de sucesión esté completo y los hombres que han servido durante varios años comiencen a hacerse a un lado

y entregar el ministerio a este nuevo cuerpo de ancianos dirigidos por mi asociado.

«Si el Señor quiere»

Desde el mismo comienzo de este proceso, hemos comprendido que cada paso está en manos del Señor. A menudo he citado a Santiago:

> Ahora escuchen esto, ustedes que dicen: «Hoy o mañana iremos a tal o cual ciudad, pasaremos allí un año, haremos negocios y ganaremos dinero.» ¡Y eso que ni siquiera saben qué sucederá mañana! ¿Qué es su vida? Ustedes son como la niebla, que aparece por un momento y luego se desvanece. Más bien, debieran decir: «Si el Señor quiere, viviremos y haremos esto o aquello» (Santiago 4:13-15).

Ninguno de nosotros sabe lo que un día traerá. Podemos y debemos decir: «Si el Señor quiere completaremos este plan de sucesión». Jeff ha aceptado este desafío con «manos abiertas», listo para soltarlo. El proceso solo puede finalizarse al final de una jornada de siete años o antes si a mí me sucediera algo imprevisto que me hiciera imposible continuar con mi rol. Aunque los tres primeros años han marchado notablemente bien, en el momento en que se escribe este libro, ¡todavía nos quedan cuatro años! La mayor preocupación para ambos es que la iglesia que amamos nunca deje de funcionar en su ministerio continuo, que en cuatro años será más saludable y todavía más saludable cuando el plan de sucesión se complete y continúe.

Palabras finales

Permíteme decir una palabra final a los hombres que puedan estar en mi etapa de la vida, o más jóvenes, y que están pastoreando iglesias grandes. El futuro de tu ministerio en muchos aspectos está en tus manos. No esperes hasta que sea demasiado tarde para comenzar este proceso. El fruto continuo al que has entregado tu vida para que produzca depende de tus planes para la sucesión.

Con los años he creído en lo que para mí es una pauta espiritual y psicológica: «*Cuando yo necesito más a la iglesia de lo que esta me necesita a mí, me he quedado demasiado tiempo*». En otras palabras, cuando las necesidades de mi ego son más importantes que las necesidades de las personas en la iglesia, me he pasado de la raya y estoy reflejando carnalidad en lugar de espiritualidad.

En ocasiones les he pedido a mis ancianos que me ayuden a tener esta pauta en mente. Todos conocemos historias en el mundo empresarial donde los directores ejecutivos han permitido que sus egos determinen su longevidad y se han «quedado» demasiado tiempo, en detrimento de la organización. Lamentablemente, los pastores principales no están exentos de experimentar el mismo problema del ego y pueden dificultar la obra del reino de Dios. Cuando esto sucede, el «aplauso de las personas» se ha vuelto más importante que el «aplauso de Dios». Sinceramente confío en que esto nunca suceda en mi vida. Esa es mi oración continua, seguir buscando y estar agradecido del aplauso de Dios.

USO DE LA PALABRA «IGLESIA» (*ekklesia*) EN EL LIBRO DE LOS HECHOS Y LAS EPÍSTOLAS

A medida que estudies esta gráfica, tal vez quieras revisar cada referencia en el contexto bíblico. Descubrirás que es una investigación inspiradora, que te llevará más profundamente al *por qué* la «iglesia» es un concepto tan fundamental y dominante en el Nuevo Testamento. Pero antes de hacerlo, repasa el siguiente perfil y contesta estas preguntas:

1. ¿Cuántas veces los autores del Nuevo Testamento usan la palabra «iglesia» para referirse a la iglesia *universal*? ¿Estás de acuerdo con estas categorías? Si no, ¿por qué no?

2. ¿Cuántas veces los autores del Nuevo Testamento se refieren a un *grupo de iglesias locales* y cuántas veces estos autores se refieren a *una sola iglesia local*? ¿Estás de acuerdo con estas categorías? Si no, ¿por qué no?

3. ¿Qué otras observaciones importantes puedes hacer acerca de este perfil?

4. ¿De qué maneras tus observaciones afirman o desafían tus conclusiones previas acerca de la iglesia?

VERSÍCULO[1]	LA IGLESIA UNIVERSAL	UN GRUPO DE IGLESIAS LOCALES	UNA IGLESIA LOCAL ESPECÍFICA
Hechos 5:11			Iglesia
Hechos 8:1			Iglesia
Hechos 9:31		Iglesias	
Hechos 11:22			Iglesia
Hechos 11:26			Iglesia
Hechos 12:1			Iglesia
Hechos 12:5			Iglesia
Hechos 13:1			Iglesia
Hechos 14:23			Iglesia
Hechos 14:27			Iglesia
Hechos 15:3			Iglesia
Hechos 15:4			Iglesia
Hechos 15:22			Iglesia
Hechos 15:41		Iglesias	
Hechos 16:5			Iglesias
Hechos 18:22			Iglesia
Hechos 20:17			Iglesia
Hechos 20:28			Iglesia
Santiago 5:14			Iglesia
Gálatas 1:2		Iglesias	
Gálatas 1:13	IGLESIA		
Gálatas 1:22		Iglesias	
1 Tesalonicenses 1:1			Iglesia
1 Tesalonicenses 2:14		Iglesias	
2 Tesalonicenses 1:1			Iglesia
2 Tesalonicenses 1:4		Iglesias	
1 Corintios 1:2			Iglesia
1 Corintios 4:17			Iglesia
1 Corintios 7:17		Iglesias	
1 Corintios 10:32	IGLESIA		

VERSÍCULO	LA IGLESIA UNIVERSAL	UN GRUPO DE IGLESIAS LOCALES	UNA IGLESIA LOCAL ESPECÍFICA
1 Corintios 11:16		Iglesias	
1 Corintios 11:18			Iglesia
1 Corintios 11:22	IGLESIA		
1 Corintios 12:28	IGLESIA		
1 Corintios 14:4			Iglesia
1 Corintios 14:5			Iglesia
1 Corintios 14:12			Iglesia
1 Corintios 14:19			Iglesia
1 Corintios 14:23			Iglesia
1 Corintios 14:28			Iglesia
1 Corintios 14:33		Congregaciones	
1 Corintios 14:34	IGLESIAS		
1 Corintios 14:35		Iglesia	
1 Corintios 15:9		Iglesia	
1 Corintios 16:1			Iglesias
1 Corintios 16:19		Iglesias	
2 Corintios 1:1		Iglesia	
2 Corintios 8:1		Iglesias	
2 Corintios 8:18		Iglesias	
2 Corintios 8:23		Iglesias	
2 Corintios 8:24		Iglesias	
2 Corintios 11:8		Iglesias	
2 Corintios 11:28		Iglesias	
2 Corintios 12:13		Iglesias	
Romanos 16:1			Iglesia
Romanos 16:4		Iglesias	
Romanos 16:5			Iglesia
Romanos 16:16		Iglesias	
Romanos 16:23			
Efesios 1:22	IGLESIA		

VERSÍCULO	LA IGLESIA UNIVERSAL	UN GRUPO DE IGLESIAS LOCALES	UNA IGLESIA LOCAL ESPECÍFICA
Efesios 3:10	IGLESIA		
Efesios 3:21	IGLESIA		
Efesios 5:23	IGLESIA		
Efesios 5:24	IGLESIA		
Efesios 5:25	IGLESIA		
Efesios 5:27	IGLESIA		
Efesios 5:29	IGLESIA		
Efesios 5:32	IGLESIA		
Colosenses 1:18	IGLESIA		
Colosenses 1:24	IGLESIA		
Colosenses 4:15			Iglesia
Colosenses 4:16			Iglesia
Filipenses 3:6	IGLESIA		
Filipenses 4:15			Iglesia
Filemón 2			Iglesia
1 Timoteo 3:5			Iglesia
1 Timoteo 3:15	IGLESIA		
1 Timoteo 5:16			Iglesia
Hebreos 2:12	CONGREGACIÓN		
Hebreos 12:23	IGLESIA		
3 Juan 6			Iglesia
3 Juan 9			Iglesia
3 Juan 10			Iglesia
Apocalipsis 1:4		Iglesias	
Apocalipsis 1:11		Iglesias	
Apocalipsis 1:20		Iglesias	
Apocalipsis 2:1			Iglesia
Apocalipsis 2:7		Iglesias	
Apocalipsis 2:8			Iglesia
Apocalipsis 2:11		Iglesias	

VERSÍCULO	LA IGLESIA UNIVERSAL	UN GRUPO DE IGLESIAS LOCALES	UNA IGLESIA LOCAL ESPECÍFICA
Apocalipsis 2:12			Iglesia
Apocalipsis 2:17		Iglesias	
Apocalipsis 2:18			Iglesia
Apocalipsis 2:23		Iglesias	
Apocalipsis 2:29		Iglesias	
Apocalipsis 3:1			Iglesia
Apocalipsis 3:6		Iglesias	
Apocalipsis 3:7			Iglesia
Apocalipsis 3:13		Iglesias	
Apocalipsis 3:14			Iglesia
Apocalipsis 3:22		Iglesias	
Apocalipsis 22:16		Iglesias	

Fuente: Getz, Gene A., *The Measure of a Iglesia,* edición revisada, Regal,
Ventura, California, 1995, pp. 245-48. Usado con permiso.

NOTA

1. Después del libro de los Hechos, las cartas del Nuevo Testamento están enumeradas en el orden que es probable que se escribieran.

UNA PERSPECTIVA BÍBLICA ACERCA DE LA SANIDAD

La primera función de los ancianos que se describe en detalle en la historia bíblica es su responsabilidad de estar disponibles para orar por los enfermos.

Santiago, el medio hermano de Cristo y el anciano principal en la iglesia en Jerusalén, dejó esto muy claro (es probable que la epístola de Santiago haya sido la primera carta escrita que se incluyó en el canon del Nuevo Testamento). Sus instrucciones en Santiago 5:13-16 son:

> ¿Está afligido alguno entre ustedes? Que ore. ¿Está alguno de buen ánimo? Que cante alabanzas. ¿Está enfermo alguno de ustedes? Haga llamar a los ancianos de la iglesia para que oren por él y lo unjan con aceite en el nombre del Señor. La oración de fe sanará al enfermo y el Señor lo levantará. Y si ha pecado, su pecado se le perdonará. Por eso, confiésense unos a otros sus pecados, y oren unos por otros, para que sean sanados. La oración del justo es poderosa y eficaz.

Para comprender lo que quiso decir Santiago, debemos comprender antes el ministerio de sanidad de Jesús como se registra en los Evangelios, y el de los apóstoles en particular, así como el de otras personas que se mencionan en el libro de Hechos.

El ministerio de sanidad de Jesús

Cuando Jesús comenzó su ministerio muchas veces sanó a las personas, lo cual era una demostración milagrosa del poder de Dios que mostraba su deidad y específicamente de que él era «el verbo [que] se hizo hombre» (Juan 1:14). El propósito principal de Juan al escribir su Evangelio fue demostrar esta verdad. Al concluir este maravilloso tratado sobre quién es en realidad Jesús, resumió su propósito: «Jesús hizo muchas otras *señales milagrosas* en presencia de sus discípulos, las cuales no están registradas en este libro. Pero *éstas se han escrito para que ustedes crean que Jesús es el Cristo, el Hijo de Dios*, y para que al creer en su nombre tengan vida» (Juan 20:30-31, énfasis del autor).

Cuatro de los milagros que Juan decidió registrar en este Evangelio para mostrar la deidad de Cristo están relacionados con su ministerio de sanidad:

☐ Él sanó la enfermedad del hijo del funcionario real (4:46-53).

☐ Él hizo posible que el inválido en Jerusalén se levantara y caminara después de haber estado imposibilitado de hacerlo durante treinta y ocho años (5:1-13).

☐ Él le dio la vista a un hombre que nació ciego (9:1-41).

☐ Él restauró la vida a Lázaro después de haber muerto cuatro días antes (11:38-44).

El ministerio de sanidad de los apóstoles

Jesús dio el mismo poder a los once apóstoles, de manera especial a Pedro, y luego a Pablo quien se describe a sí mismo como «el más insignificante de los apóstoles y que ni siquiera merezco ser llamado apóstol, porque perseguí a la iglesia de Dios. Pero por la gracia de Dios soy lo que *soy*» (1 Corintios 15:9-10).

Es muy interesante y significativo que aunque haya varias referencias generales a los milagros realizados por los apóstoles (por ejemplo, Hechos 2:43; 5:12), Lucas solo registró y describió en detalles tres sanidades específicas de Pedro y tres sanidades específicas de Pablo:

EL APÓSTOL PEDRO	EL APÓSTOL PABLO
El hombre lisiado en la puerta del Templo (Hechos 3:1-10).	*El hombre lisiado* en Listra que fue cojo desde su nacimiento (Hechos 14:8-10).
Eneas que era un paralítico que llevaba ocho años en cama (Hechos 9:32-35).	*Eutico* fue levantado de los muertos en Troas (Hechos 20:7- 12).
Dorcas fue levantada de los muertos (Hechos 9:36-43).	*El padre de Publio* fue sanado en Malta (Hechos 28.7-8).

Aunque Pedro y Pablo de seguro realizaron más sanidades que estas registradas (ver Hechos 5:15-16; 28:9-10), Lucas, sin dudas, registró de manera gráfica estas seis sanidades específicas (tres de Pedro y tres de Pablo) para demostrar su llamado apostólico. Cuando Pablo escribió a los corintios, se refirió a su llamado especial y la manera en que los milagros confirmaron su llamado:

«Las marcas distintivas de un apóstol, tales como señales, prodigios y milagros, se dieron constantemente entre ustedes» (2 Corintios 12:12).

Pedro, por supuesto, recibió el llamado de una forma especial para ser «apóstol de los judíos», mientras Pablo lo fue para ser «apóstol de los gentiles» (Gálatas 2:8). No es un accidente que Lucas registrara tres sucesos de sanidad casi idénticos para cada uno de estos hombres, como es obvio para confirmar su apostolado.

El ministerio de sanidad de otros

Aunque algunos otros hombres incluyendo a Felipe el evangelista (8:5-7), se mencionan en el libro de Hechos —hombres que pudieran sanar a personas de manera milagrosa— solo unos pocos escogidos por el Espíritu Santo parecen haber recibido esta capacidad. Pablo habló también de aquellos que tenían «dones para sanar enfermos» en su carta a los corintios (1 Corintios 12:9), pero no tenemos ejemplos específicos sobre cómo se ejercieron estos dones.

Esto conduce a una segunda observación. Los dones de sanidad no solo tuvieron como objetivo comprobar el apostolado sino también ratificar el evangelio. El autor de Hebreos se refiere a este propósito cuando escribió: «Esta salvación fue anunciada primeramente por el Señor, y los que la oyeron [testigos oculares] nos la confirmaron. A la vez, Dios *ratificó su testimonio* acerca de ella con *señales, prodigios, diversos milagros y dones distribuidos por el Espíritu Santo* según su voluntad» (2:3-4, énfasis del autor).

INSTRUCCIONES DE SANTIAGO A LOS ANCIANOS (SANTIAGO 5:13-20)

Cuando Santiago instruyó a los creyentes a «llamar a los ancianos de la iglesia» para que oraran por ellos cuando estaban enfermos, amplió el ministerio de sanidad de modo que incluyera a los líderes espirituales principales en cada iglesia local (ancianos u obispos) y también a «todo el que deseara hacer oración por sanidad». La pregunta que debemos explorar es ¿qué tipo de «enfermedad» y «sanidad» tenía Santiago en mente?

Para responder a esta pregunta es importante destacar que las sanidades descritas en los Evangelios que Jesús realizó y las pocas sanidades escogidas que se encuentran en el libro de Hechos, se llevaron a cabo por razones específicas. Aunque el bienestar de las personas es en verdad importante, como hemos visto, el propósito manifiesto fue:

- ☐ Demostrar la deidad de Cristo
- ☐ Confirmar el llamamiento apostólico
- ☐ Confirmar el mensaje del evangelio

Por contraste, el centro de atención de Santiago era *el bienestar de los creyentes*. No es confirmar el llamamiento y el lugar de los ancianos o confirmar el evangelio, sino ministrar a cada miembro del cuerpo de Cristo que deseara oración por sanidad. Para explorar aun más la respuesta a esta pregunta (qué tipo de «enfermedad» y «sanidad» tenía en mente Santiago), necesitamos hacer otra importante observación. En ningún lugar en las Escrituras se nos da la garantía de que siempre recibiremos sanidad física de toda enfermedad y dolencia. Si esto fuera así, podríamos detener el proceso de envejecimiento y nunca morir. Aun el apóstol Pablo, quien realizara varios milagros de sanidad, incluyendo levantar a Eutico de la muerte, no experimentó sanidad para sí mismo. Cuando le escribió a los corintios, mencionó acerca de una «espina» en su cuerpo. No se nos dice cuál era esa «espina», pero podemos imaginar que es probable que fuera algún tipo de dolencia física. Algunos creen que era ceguera o incluso un tipo de deformidad producto de los golpes y los apedreamientos. No obstante, Pablo afirmó: «Tres veces le rogué al Señor que me la quitara; pero él me dijo: "Te basta con mi gracia, pues mi poder se perfecciona en la debilidad"» (2 Corintios 12:8-9).

Entonces, ¿qué pensaba Santiago? La afirmación de Pablo sobre su persona en 2 Corintios nos ayuda con la respuesta a esta pregunta; de manera particular cuando nos detenemos en las palabras que Santiago utilizó para describir «enfermedad».

Una mirada de cerca a las instrucciones de Santiago

Santiago utilizó tres palabras griegas para describir «enfermedad» que tienen sus raíces en el alma o el corazón. Aunque cada palabra añade su singularidad en la definición de «enfermedad», en esencia son sinónimas. Observa lo siguiente:

- [ ] 5:13 «¿Está *afligido* alguno entre ustedes?» (Esta palabra griega viene de *kakopatheo* y significa estar angustiado o soportando la adversidad).

- [ ] 5:14 «¿Está *enfermo* alguno de ustedes?» (Esta palabra griega viene de *astheneo* y significa estar débil, con pocas fuerzas, exhausto).

- [ ] 5:15 «sanará al *enfermo*» (Esta palabra griega viene de *kamno* y significa estar desfallecido, cansado, débil, rendido, exhausto).

Los efectos físicos y psicológicos del estrés

En este pasaje, Santiago toca temas a los que se refirió en toda su carta. En el capítulo 1, se refirió a «diversas pruebas» (1:2, 12) y en el capítulo 5, justo antes del párrafo que se analiza, se refirió a tomar «como ejemplo de sufrimiento y de paciencia a los profetas que hablaron en el nombre del Señor» (5:10). Se desprende de manera natural que entonces él esboza lo que le sucede a las personas que están sometidas a persecución y enfrentan estas «adversidades». Experimentamos los resultados psicosomáticos: Fatiga, cansancio y debilidad física. Es en este contexto que Santiago exhorta al creyente a «llamar a los ancianos de la iglesia para que oren por él y lo unjan con aceite en el nombre del Señor» (5:14).

Sanidad para el alma y el cuerpo

Hay un proverbio en el Antiguo Testamento que se relaciona con los asuntos que trata Santiago en este pasaje: «Panal de miel son las palabras amables: endulzan la vida y dan salud al cuerpo» (Proverbios 16:24). En esencia somos criaturas bidimensionales; alma/espíritu y cuerpo. Para decirlo de otra manera, somos seres tanto psicológicos/espirituales como físicos. Estas dimensiones están interrelacionadas, tanto es así que podemos experimentar condiciones «psicosomáticas» (de las palabras griegas *psuche*, que significa «alma», y *soma* que significa «cuerpo»). Es decir, condiciones que afectan tanto el «alma» como el «cuerpo». Salomón nos recuerda en el proverbio que las palabras amables afectan de manera positiva tanto nuestro ser psicológico como el fisiológico.

Por otro lado, Salomón también nos recuerda que «la angustia abate el corazón del hombre, pero una palabra amable lo alegra» (Proverbios 12:25). En este escenario del Nuevo Testamento, Santiago estaba sin duda refiriéndose al estrés que llega como resultado de la persecución, la falta de bondad, el rechazo, etc., y animó a estas personas a llamar a los ancianos para que oraran por ellos.

En nuestro mundo hoy, es posible que no experimentemos el tipo de persecución al que se refería Santiago en su carta. Pero sí enfrentamos circunstancias que muchas veces están más allá de nuestro control y logran el mismo impacto en nuestra mente y cuerpo: Tensiones en nuestro trabajo, pérdida de empleo, tensiones maritales, dificultades familiares que involucran a nuestros hijos, enfermedades, etc. Y algunas de las mayores causas de ansiedad, por supuesto, son problemas físicos provocados por accidentes, defectos al nacer, deterioro corporal y todo el proceso de envejecimiento. Todos estos factores estresantes afectan nuestra mente y nuestro cuerpo, y cuando enfrentamos estas dificultades, necesitamos ayuda para llevar estas cargas. Durante estos momentos debemos sentirnos libres para llamar a los ancianos de la iglesia y pedirles que oren por nosotros. La promesa de Dios a través de Santiago es que estas oraciones de fe harán que estas personas cansadas, desalentadas y exhaustas lleguen a «sanar». Aquí la palabra griega es *sozo* y significa estar «completo de nuevo».

La experiencia de Pablo

El testimonio de Pablo en su carta a los corintios es muy útil para comprender las afirmaciones de Santiago acerca de la sanidad. Aunque tal vez las personas no reciban sanidad de ciertas afecciones físicas —su «espina» particular en el cuerpo, como sería una grave condición cardíaca, diabetes, la enfermedad de Alzheimer o los efectos de alguna otra parte del cuerpo deteriorada o dañada— Dios promete que su gracia nos basta. Su «poder se perfecciona en la debilidad», capacitándonos aun para «[regocijarnos] en debilidades, insultos, privaciones, persecuciones y dificultades» (2 Corintios 12:8-10). Con Pablo podemos decir: «De hecho, sabemos que si esta tienda de campaña en que vivimos se deshace, tenemos de Dios un edificio, una casa eterna en el cielo, no construida por manos humanas» (2 Corintios 5:1).

Esto no quiere decir que Dios no usará este proceso para producir sanidad física; de manera particular si el problema tiene sus orígenes en el estrés y el dolor emocional. La sanidad del alma muchas veces trae sanidad al cuerpo. Pero, más aun, Dios puede decidir sanar a una persona de modo sobrenatural e incluso de manera instantánea de algún padecimiento físico que parezca ser en primera instancia de naturaleza biológica. De hecho, hace poco escuché de una fuente válida acerca de varias sanidades físicas fuera de lo normal entre familias musulmanas. En estos casos, Dios escoge confirmar el mensaje del evangelio respecto a Jesucristo tal y como lo hizo durante el primer siglo. En algunas oportunidades, familias enteras han puesto su fe en Jesucristo.

Sin embargo, estas sanidades parecen ser excepcionales; aunque Dios puede seguir decidiendo obrar los mismos tipos de sanidades que se describen en los Evangelios y en el libro de Hechos. Nunca debemos limitar a Dios, pero no debemos «poner palabras en la boca de Dios» que él no ha hablado; que podemos *siempre* recibir sanidad de dolencias físicas si tenemos suficiente fe. Si lo hacemos, podemos crear falsas esperanzas, y sentimientos de culpabilidad por no tener la suficiente fe. Este tipo de falsa interpretación bíblica puede incluso conducir a desilusión y dudas con relación a la fe cristiana. Y desde el punto de vista de los líderes espirituales, también puede conducir a falsas promesas que a veces son sinceras, pero otras veces son fingidas y engañosas. Deseamos tanto creer en sanidades milagrosas que tratamos de mezclar lo que creemos que son «realidades bíblicas» con las experiencias personales. Cuando lo hacemos, podemos engañarnos a nosotros mismos así como a los demás, a pesar de nuestra sinceridad.

Efectos espirituales del pecado

Santiago pasó a ampliar las causas del tipo de «enfermedad» que mencionó en su carta. Los cristianos experimentan padecimientos psicosomáticos, no solo por la persecución y las pruebas, sino por permitir al pecado entrar en su vida. De hecho, Santiago aborda este asunto a través de toda su carta cuando hizo referencia al uso inapropiado de la lengua (1:26; 3:1-12). También se refirió a los resultados de mostrar favoritismo con los ricos e insultar a las personas pobres (2:1-12). En realidad fue muy específico cuando hizo mención de las querellas y pleitos que existían entre algunos de estos creyentes (4:1-3). En efecto, en 4:11 escribió: «Hermanos [hermanas], no hablen mal unos de otros».

«La conducta pecaminosa» no solo afecta a las personas que son víctimas de nuestras acciones pecaminosas, sino que afecta a aquellos que están viviendo en pecado. Como cristianos, no podemos seguir viviendo de manera deliberada fuera de la voluntad de Dios sin «cosechar lo que sembramos». Por lo tanto, Santiago incluyó esta como una causa para estar débil emocional y físicamente. Tiene como fundamento nuestra condición espiritual. En consecuencia, escribió: «Por eso, confiésense unos a otros sus pecados, y oren unos por otros, para que sean sanados» (5:16).

Sin embargo, debe destacarse que para recibir el perdón de Dios no es necesario confesar nuestros pecados los unos a los otros (1 Juan 1:9). No obstante, este tipo de confesión es muy útil en lo relacionado con la experiencia de sanidad emocional y física. La franqueza ante un grupo de piadosos creyentes permite que otros oren por este tipo de sanidad. En realidad, este proceso nos ayuda a perdonarnos a nosotros mismos; lo cual es también muy importante en términos de sanidad. A través del proceso de oración, experimentamos amor y apoyo de personas espiritualmente maduras en la iglesia que en verdad se interesan.

Las instrucciones de Santiago y la iglesia del siglo veintiuno

Después de nuestro estudio, los ancianos deseaban tomar las instrucciones de Santiago con más seriedad que antes. Nuestro estudio nuevo y fresco de este pasaje nos ha motivado a animar a todo nuestro pueblo a buscar la oración por sanidad, sin tomar en cuenta la naturaleza de esa enfermedad.

Para nuestra dicha, este proceso de oración no está limitado a llamar solo a los ancianos de nuestra iglesia. El principio importante es que todos los creyentes pueden buscar la oración de personas piadosas. Por esto Santiago escribió que «La oración del justo es poderosa y eficaz»; y luego usó a Elías como ejemplo (Santiago 5:16b-18). En *Fellowship Bible Church North* tenemos a muchas personas en el liderazgo que son personas piadosas, en especial nuestros líderes de mini-iglesias que pastorean y dirigen los grupos pequeños. También es así en el caso de nuestros Ministros Esteban, comprometidos a estar disponibles para las personas que están pasando y/o recuperándose de graves crisis en su vida. Pero este principio es aplicable también a todos los hermanos y hermanas en Cristo que están viviendo en la voluntad de Dios.

Todos los verdaderos creyentes tienen acceso a Dios a través de este «camino nuevo y vivo» descrito de manera tan maravillosa en Hebreos

10:19-22. Con respecto a «ungir con aceite», creemos que en realidad era una práctica en los días del Nuevo Testamento como un bálsamo para sanar. Sin embargo, creemos que hoy también es una práctica muy apropiada como un símbolo de nuestra preocupación y del toque sanador de Dios y que lo puede utilizar cualquier grupo de líderes espirituales en la iglesia que esté viviendo en la voluntad de Dios.

Una historia del siglo veintiuno

Tuve el privilegio de entrevistar a Kyle Duncan y su adorable esposa, Suzanne, en mi programa radial diario llamado *Renewal* [Renovación]. Ellos tienen una extraordinaria historia. Debido a una debilidad genética, el hijo que concibieron heredó una condición grave que era terminal. El pequeño José moriría en el vientre materno o al poco tiempo de nacer. Los ultrasonidos revelaron a un niño con padecimientos y deformidades múltiples. El doctor sugirió que le permitieran poner a dormir a esta pequeña criatura (de unos cuatro meses), lo cual provocaría un aborto natural.

A causa de su fe, ellos decidieron tener el niño mientras estuviera vivo, conocedores de que la prognosis para un nacimiento normal estaba más allá de cualquier corrección médica. Comprendieron que Dios podría sanar a su pequeño niño, pero sabían también que esto sería como volver a crear muchas partes de su cuerpo; el cerebro, el corazón, etc. Confiando en el cuidado providencial de Dios, aceptaron la realidad de la deformidad y la muerte, pero continuaban dispuestos a recibir un milagro total. Tan solo oraron para que se cumpliera la voluntad de Dios.

Cuando José nació, fue difícil para los médicos y las enfermeras determinar si estaba vivo o muerto. Kyle había tomado una pequeña botella de aceite de la cocina al salir de la casa para reunirse con Suzanne que ya había dado a luz; su propósito era ungir a su bebé y dedicarlo al Señor Jesucristo.

Cuando Kyle llegó al hospital, echó un poco de aceite en uno de sus dedos. Sosteniendo al niño en sus brazos, sin saber siquiera si había vida en ese diminuto y deforme cuerpo, Kyle puso su dedo embarrado de aceite sobre José y dibujó el signo de la cruz sobre su pequeña frente. Para sorpresa de los médicos y enfermeras, y de otros en la habitación, en ese mismo momento José abrió sus ojos.

¿Recibió sanidad de todas sus enfermedades? No. Pero Dios le dio a este pequeño niño tres días de vida, algo que desde el punto de vista médico nunca sucedería. Estos días especiales fueron un regalo de Dios para cada miembro de la familia que pudo cargar a este niño y experimentar la gracia de Dios en ese momento en la vida de Kyle y Suzanne; y en la de sus dos hijas jóvenes.

Relato esta historia para demostrar que Dios responde a la fe y a la oración de manera diferente a nuestras expectativas. Aunque el niño no experimentó una transformación milagrosa en la tierra, sino que fue para estar con Jesucristo, Dios en su misericordia honró la obediencia de Kyle al proceso descrito en la carta de Santiago. En este caso, este padre sirvió como pastor y anciano en su familia, una acción que ciertamente tiene su fundamento en la verdad bíblica. Además, la sanidad de ese día implicó sanidad espiritual y emocional para toda la familia.

DETERMINAR EL «COCIENTE DE MADUREZ» DE UN CANDIDATO

En *Fellowship Bible Church North* usamos el siguiente formulario, tomando como base los requisitos para los ancianos que se encuentran en 1 Timoteo 3:1-7 y Tito 1:6-9, como un medio de evaluar a los candidatos para el liderazgo espiritual en la iglesia.

Intachable

1. ¿Cómo evalúas su reputación como cristiano tanto entre los creyentes como entre los que no creen?

Insatisfecho   1   2   3   4   5   6   7   Satisfecho

Esposo de una sola mujer

2. ¿Cómo evalúas su relación con su cónyuge?

Insatisfecho   1   2   3   4   5   6   7   Satisfecho

Moderado

3. ¿Cómo evalúas la manera en que mantiene el equilibrio en su experiencia cristiana?

Insatisfecho   1   2   3   4   5   6   7   Satisfecho

Sensato

4. ¿Cómo evalúas su capacidad para ser sabio y poder discernir?

Insatisfecho   1   2   3   4   5   6   7   Satisfecho

Respetable

5. ¿Cuán satisfecho estás con la forma en que su vida refleja la vida de Jesucristo?

Insatisfecho   1   2   3   4   5   6   7   Satisfecho

Hospitalario

6. ¿Cómo evalúas su nivel de generosidad?

Insatisfecho   1   2   3   4   5   6   7   Satisfecho

Capaz de enseñar

7. ¿Cómo evalúas su capacidad de comunicarse con los que tal vez no estén de acuerdo con él?

Insatisfecho   1   2   3   4   5   6   7   Satisfecho

No un borracho

8. ¿Hasta qué punto estás satisfecho con su capacidad de controlar los diferentes tipos de obsesiones y compulsiones?

Insatisfecho   1   2   3   4   5   6   7   Satisfecho

No arrogante

9. ¿Cuán satisfecho estás con su capacidad de relacionarse con otras personas sin mostrarse egoísta y controlador?

Insatisfecho   1   2   3   4   5   6   7   Satisfecho

No iracundo

10. ¿Cuán satisfecho estás con la forma en que controla su ira?

Insatisfecho   1   2   3   4   5   6   7   Satisfecho

No pendenciero

11. ¿Cuán satisfecho estás con su capacidad de controlar toda forma de abuso verbal o físico?

   Insatisfecho   1   2   3   4   5   6   7   Satisfecho

Amable

12. ¿Cuán objetivo e imparcial es en sus relaciones con los demás?

   Insatisfecho   1   2   3   4   5   6   7   Satisfecho

Apacible

13. ¿Cuán satisfecho estás con su capacidad para evitar discusiones?

   Insatisfecho   1   2   3   4   5   6   7   Satisfecho

No amigo del dinero

14. ¿Cuán satisfecho estás con su capacidad de no ser materialista?

   Insatisfecho   1   2   3   4   5   6   7   Satisfecho

Alguien que gobierna bien su propia familia

15. Si son padres o madres, ¿cuán satisfecho estás con su capacidad de cumplir con su función de acuerdo con el plan de Dios?

   Insatisfecho   1   2   3   4   5   6   7   Satisfecho

Amigo del bien

16. ¿Hasta qué punto estás satisfecho con sus esfuerzos por «vencer el mal con el bien»?

   Insatisfecho   1   2   3   4   5   6   7   Satisfecho

Justo

17. ¿Cuán satisfecho estás con su capacidad de ser justo y recto en sus relaciones con los demás?

   Insatisfecho   1   2   3   4   5   6   7   Satisfecho

Santo

18. ¿Hasta qué punto estás satisfecho con la manera en que su vida refleja la santidad de Dios?

   Insatisfecho   1   2   3   4   5   6   7   Satisfecho

Disciplinado

19. ¿Cuán satisfecho estás con su capacidad de vivir una vida cristiana disciplinada?

   Insatisfecho   1   2   3   4   5   6   7   Satisfecho

Madurez espiritual general

20. ¿Cómo evalúas su madurez general como cristiano?

   Insatisfecho   1   2   3   4   5   6   7   Satisfecho

Firmado: _____

APÓSTOLES, PROFETAS
Y MAESTROS

Luego de estudiar durante años el Nuevo Testamento, he llegado a la conclusión desde hace algún tiempo que Dios ha delineado para nosotros dos importantes fases en el liderazgo. La primera involucra en particular a aquellos líderes a los que se identificó como los «mejores dones» para todo el cuerpo de Cristo y quienes fueron responsables de equipar a ancianos/obispos y diáconos que servirían como líderes permanentes en las iglesias locales. Este estudio del Nuevo Testamento así como una atenta mirada a los escritos de los padres de la Iglesia ha confirmado mis anteriores conclusiones.

Es también mi criterio y experiencia personales que no debemos confundirnos en lo que tiene que ver con estas dos fases. Como hemos visto en la historia bíblica, cualquier hombre calificado puede ser designado como anciano/obispo en una iglesia local y todo hombre o mujer calificado puede ser designado para servir como diácono. Aunque estos líderes deben dirigir/pastorear y servir a los demás, no se menciona ningún don espiritual ni ningún llamado especial de parte Dios en la lista de requisitos que aparece en las cartas pastorales.

Por otro lado, los que fueron llamados para dar inicio a la iglesia en general fueron seleccionados y designados por el propio Dios y

dotados por el Espíritu Santo con ciertos dones y capacidades espirituales que les permitieron dar cumplimiento a la Gran Comisión. Estos
líderes en la fase uno fueron en un inicio los testigos de Cristo, comen-
zando en Jerusalén, «en toda Judea y Samaria, y hasta los confines de la
tierra» (Hechos 1:8); sin embargo, al establecer iglesias locales por todo
el Imperio Romano, designaron líderes en esas iglesias que estuvieran
espiritualmente calificados para pastorear, dirigir y servir a las diferentes
comunidades de fe.

LOS «MEJORES DONES»

Pablo hizo referencia a esos líderes implicados en la fase uno en dos pasajes clave: Primero en su carta a los corintios y luego en su carta a los
efesios.

La correspondencia a los corintios

Cuando Pablo escribió su primera carta a los cristianos corintios, es evidente que la iglesia no había entrado en la fase dos. No hay referencias a
los ancianos/obispos. La fuente de nutrición de los creyentes venía fundamentalmente de aquellos a quienes Pablo identificó como *apóstoles,
profetas,* y *maestros.* Aun así, eran tan inmaduros y carnales que Pablo
tuvo que amonestarlos para que prestaran atención a esas personas dotadas. En consecuencia, escribió:

> En la *iglesia* Dios ha puesto, en primer lugar, *apóstoles*; en segundo
> lugar, *profetas*; en tercer lugar, *maestros*... [pero] ambicionen los *me-
> jores dones* (1 Corintios 12:28, 31; énfasis del autor).

Los corintios tenían una iglesia dividida. Algunos mostraban su leal-
tad al apóstol Pablo. Sin embargo, otros rechazaban a Pablo como líder
apostólico y seguían al apóstol Pedro. Aun otros habían rechazado tanto
a Pablo como a Pedro y eran seguidores de un maestro llamado Apolos.
También estaban los que no seguían a ninguno de estos hombres dotados
y se jactaban de seguir solo a Jesucristo (ver 1 Corintios 1:12).

Para ayudar a estos cristianos a vencer sus divisiones, Pablo identifica de forma clara estos tres dones fundamentales como los dones más importantes e insta a los creyentes como iglesia a mostrar atención a quiénes *tenían* y en verdad *eran* esos dones.[1]

La correspondencia a los efesios

Los «dones mejores» en la iglesia que Pablo identificó en la carta a los corintios aparecen también en su carta a los efesios, pero de forma más elaborada:

> Él mismo [Jesucristo] constituyó
>> a unos, *apóstoles*;
>> a otros, *profetas*;
>> a otros, *evangelistas*;
>>> y a otros, *pastores* y *maestros*, a fin
>>> de capacitar al pueblo de Dios
>>> para la obra de servicio, para edificar el cuerpo de Cristo.
>>> EFESIOS 4:11-12[2]

En este momento, echemos una mirada a fondo a qué eran esos «dones mejores» y cómo funcionaban en el contexto neotestamentario.

LOS APÓSTOLES

En los Evangelios

Cuando Jesús comenzó su ministerio, se les llamó «discípulos» a los que lo siguieron y escucharon sus enseñanzas. Con anterioridad, Jesús había lanzado un llamado especial a cuatro pescadores: Pedro, Andrés, Jacobo y Juan, y a un recaudador de impuestos llamado Mateo o Leví (Mateo 4:18-22; 9:9). Ellos seguían a Jesús a todo lugar, y al ampliarse el grupo de discípulos, Jesús finalmente escogió a estos cinco hombres y a otros siete (denominados a menudo «Los doce» y los designó como «apóstoles» (Mateo 10:1-4; Marcos 3:13-19; Lucas 6:12-16).

El nombre *apóstol (apostolos)* significa literalmente «enviado», como un mensajero y embajador. Sin embargo, aunque los doce hombres escogidos aquel día en la ladera de una montaña en Galilea fueron llamados «apóstoles», los escritores de los Evangelios continuaron utilizando el término *discípulos* para describir sus actividades. De hecho, este término básico se utiliza más del ochenta por ciento de las veces en los cuatro Evangelios para referirse de manera exclusiva a uno o más de los doce apóstoles, lo que indica la prominencia de estos doce hombres en la historia bíblica. Aunque Jesús ministró a las multitudes así como a un grupo más pequeño que él identificó como discípulos, su principal foco de atención estaba en la preparación de estos doce hombres para continuar el trabajo una vez que él regresara al Padre.

En el libro de Hechos y en las epístolas

Al continuar Lucas mostrándonos la historia del Nuevo Testamento en el libro de Hechos, rápidamente se centró en «los apóstoles» que Jesús «había escogido» (Hechos 1:2) que ahora eran once. Después de la resurrección, aún seguían llenos de preguntas acerca del futuro, y esta fue la pregunta final: «¿es ahora cuando vas a restablecer el reino a Israel?» (1:6). La respuesta de Jesús fue vaga, pero algo estaba claro. Aunque para ellos no era el tiempo de conocer «la hora ni el momento determinados por la autoridad misma del Padre», al regresar a Jerusalén, cuando viniera «el Espíritu Santo sobre [ellos, recibirían] poder», y serían sus testigos no solo en la Ciudad Santa, sino «en toda Judea y Samaria, y hasta los confines de la tierra» (1:7-8).

Los apóstoles obedecieron las palabras finales de Jesús y regresaron a Jerusalén. Entraron en un aposento alto y oraron con otros discípulos (1:12-14). Mientras esperaban, y como líder principal de los apóstoles, la primera tarea de Pedro fue reemplazar a Judas con otro de los testigos oculares del ministerio de Cristo desde el tiempo en que Juan estaba bautizando hasta que Jesús ascendió. Específicamente, Pedro declaró que el que reemplazara a Judas se uniría a ellos como «testigo de la resurrección» (1:21-22). Dos reunían las condiciones, pero se escogió por suertes a Matías y «fue reconocido junto con los once apóstoles» (1:26).

Cuando descendió el Espíritu Santo el Día de Pentecostés, estos doce hombres recibieron como señal «unas lenguas como de fuego que se repartieron y se posaron sobre cada uno de ellos» (2:3). Además de esto, fueron capacitados sobrenaturalmente para hablar varios idiomas y dialectos de manera que «judíos piadosos, procedentes de todas las naciones de la tierra» pudieron escuchar y entender el mensaje de los apóstoles sobre la crucifixión y resurrección del Mesías. Asombrados, los que fueron testigos de este acontecimiento preguntaron: «¿No son galileos todos estos que están hablando?» (2:5-7). Y a partir de ese momento, el Espíritu Santo continuó confirmando el apostolado de estos doce hombres de manera sobrenatural a través de «muchos prodigios y señales» (2:43; cf. 4:33; 5:12).

Pablo, un «apóstol de los gentiles»

Aunque es evidente que el Nuevo Testamento centra su atención en los doce primeros apóstoles durante los primeros años de la Iglesia, Dios aumentó este número para incluir a Pablo, quien se encontró cara a cara con el Cristo resucitado en el camino de Damasco. Sin lugar a dudas se contó entre «los Doce» con un ministerio apostólico singular. Pablo mismo decía que él era «apóstol, no por investidura ni mediación humanas, sino por Jesucristo y por Dios Padre» y esto lo confirmaron los otros apóstoles; de manera particular Pedro y Juan. Ellos reconocieron a Pedro «como apóstol de los judíos» y a Pablo «apóstol de los gentiles» (Gálatas 1:1; 2:7-9).

Representantes apostólicos

Hubo un momento en el que el término «apóstol» se usó también en un sentido más amplio. Por ejemplo,

- ☐ En el primer viaje misionero, Lucas identificó a Pablo y a Bernabé como *apóstoles* (Hechos 14:14).

- ☐ Cuando Pablo escribió a los tesalonicenses, no solo se identificó a sí mismo como *apóstol*, sino también a sus compañeros misioneros, Silas y Timoteo (1 Tesalonicenses 2:6).

- ☐ Cuando Pablo escribió la segunda carta a los corintios, hizo referencia a un grupo de hermanos como «*enviados [apostoloi]* de las iglesias» (8:23).

☐ Cuando Pablo escribió a los romanos, manifestó que sus parientes Andrónicos y Junías (probablemente un equipo conformado por marido y mujer) eran «destacados entre los *apóstoles*» (16:7).

Hay varias otras referencias en las cartas del Nuevo Testamento en las que el término *apóstoles* pudiera haberse utilizado, en particular por Pablo, para referirse a misioneros en general que no estaban entre los hombres escogidos por Cristo y que fueron testigos oculares de su resurrección. Sin embargo, la distinción es clara. Como el ya fallecido teólogo George Peters escribió: «La posición única de los apóstoles en los ministerios iniciales de la iglesia se reconoce en todo el Nuevo Testamento; solo a ellos se les conoce como los *apóstoles de Jesucristo*, mientras a otros se les conoce tan solo como *apóstoles* o como *apóstoles de la iglesia*».[3]

En este momento, parece que los «apóstoles» a los que se refiere Pablo en 1 Corintios 12:28 y Efesios 4:11 son aquellos que fueron testigos oculares del ministerio, muerte y resurrección de Cristo. Él los identificó como «superapóstoles» (literalmente «los más elevados apóstoles») debido a su llamamiento así como por su capacidad de realizar «señales, prodigios y milagros» (2 Corintios 12:11-12). De manera más específica, Pablo llamó a estas demostraciones como «marcas distintivas» de un apóstol que también señalaron a Pablo como testigo presencial del Cristo resucitado y alguien a quien el Espíritu Santo confirmó como uno de los apóstoles originales (12:12). Debido a la gracia de Dios al escogerlo para que fuera un «apóstol de los gentiles» —a pesar de que en un tiempo persiguió a la Iglesia— él se identifica sinceramente como «un nacido fuera de tiempo», «el más insignificante de los apóstoles» y alguien que «ni siquiera [merecía] ser llamado apóstol» (1 Corintios 15:8-9).

LOS PROFETAS

Aunque el término *apóstol* es de manera esencial un concepto del Nuevo Testamento, el término *profeta* no lo es. El Antiguo Testamento se refiere una y otra vez a aquellos que declararon y anunciaron la voluntad de Dios al pueblo de Israel. Como Merrill F. Unger declara: «El verdadero profeta era el portavoz de Dios a los hombres, comunicando lo que había recibido de parte de Dios».[4]

Cuando observamos con cuidado los documentos del Antiguo Testamento, se hace evidente que los profetas declararon y anunciaron *verdad doctrinal* acerca de Dios y su voluntad así como *verdad profética* con relación a la voluntad de Dios en el futuro. Cuando los verdaderos profetas hablaban, estaban divinamente inspirados por el mismo Dios (2 Pedro 1:20-21). En términos de profecía de predicción, algunos estudiantes de la Biblia estiman que alrededor de un veinticinco por ciento de la Biblia es profética en su naturaleza.

En el libro de Hechos

A través de todo el tratado histórico de Lucas, veinticinco de los treinta y cuatro usos de «profetas» o «profecía» (74 por ciento) se refieren a profetas del Antiguo Testamento que predijeron la primera venida del Mesías.[5] Y aunque no existen tantas referencias a los profetas que fueron dones para la iglesia, con todo, siete de esas treinta y cuatro veces (veintiuno por ciento) se refieren a profetas del Nuevo Testamento. Como estos son el foco de nuestra atención, he aquí la lista completa:

1. La profecía de Joel sobre los profetas del Nuevo Testamento: «En los últimos días —dice Dios—, derramaré mi Espíritu sobre todo el género humano. Los hijos y las hijas de ustedes profetizarán...» (Hechos 2:17).
2. Los profetas de Jerusalén: «Por aquel tiempo unos profetas bajaron de Jerusalén a Antioquía» (Hechos 11:27).
3. Ágabo: «Uno de ellos, llamado Ágabo, se puso de pie y predijo por medio del Espíritu que iba a haber una gran hambre en todo el mundo» (Hechos 11:28; cf. 21:10-11).
4. Bernabé, Simeón, Lucio, Manaén y Saulo: «En la iglesia de Antioquía eran profetas y maestros» (Hechos 13:1).
5. Judas y Silas de Jerusalén: «Judas y Silas, que también eran profetas, hablaron extensamente para animarlos y fortalecerlos» (Hechos 15:32).

6. Doce hombres en Éfeso: «Cuando Pablo les impuso las manos, el Espíritu Santo vino sobre ellos, y empezaron a hablar en lenguas y a profetizar» (Hechos 19:6).

7. Las cuatro hijas solteras de Felipe: «Éste tenía cuatro hijas solteras que profetizaban» (Hechos 21:9).

En las epístolas

En las cartas del Nuevo Testamento, hay aproximadamente cuarenta y dos referencias a «profetas» o «profetizar».

1 Corintios. Aparecen quince referencias en la primera carta de Pablo a la iglesia inmadura y carnal en Corinto (1 Corintios 3:1-4). Como estos creyentes estaban usando mal los dones del Espíritu, Pablo ofrece algunas instrucciones específicas acerca del don profético; en particular, darle *prioridad* a la atención de este don ya que Dios lo diseñó para edificar y animar a los creyentes (1 Corintios 14:1-4). Como ya hemos señalado, cuando «Judas y Silas» que eran *«profetas»* en la iglesia en Jerusalén fueron a Antioquía, «hablaron extensamente para *animar* y *fortalecer*» a sus compañeros creyentes. Resulta evidente que este era uno de los propósitos principales de este «mejor don».

Efesios. En esta carta, sin lugar a dudas una carta circular más enfocada en la Iglesia universal que en una sola iglesia local, vemos de manera clara que el don profético se pone a la par con el don apostólico en el plan general de Dios para el cuerpo de Cristo:

☐ «Ustedes ... son ... miembros de la familia de Dios, edificados sobre el fundamento de los *apóstoles* y los *profetas*» [Efesios 2:19-20].

☐ «El misterio de Cristo [la Iglesia] ... ahora se les ha revelado por el Espíritu a los santos *apóstoles* y *profetas* de Dios» [Efesios 3:4-5].

☐ «Él mismo constituyó a unos, *apóstoles*; a otros, *profetas*» [Efesios 4:11].

1 Tesalonicenses. Cuando Pablo escribió su primera carta a la iglesia en Tesalónica dio algunas instrucciones específicas sobre cómo evaluar a aquellos que se suponía que tenían el don de la profecía, pero no era así. Les escribió:

«No apaguen el Espíritu, no desprecien las profecías, sométanlo todo a prueba, aférrense a lo bueno» (1 Tesalonicenses 5:19-21).

Es claro que Pablo estaba amonestando a estos creyentes a discernir entre «falsos profetas» y «verdaderos profetas». Por una parte, no debían limitar la voz del Espíritu a través de los creyentes con el don; por otro lado, debían evaluar todo lo que se decía y solo escuchar los mensajes proféticos que provenían de Dios.

Apocalipsis. Y por último, hay diez referencias a profetas o al profetizar en el libro de Apocalipsis. La mayoría de ellas son sobre quiénes recibirán y pondrán en práctica este don después que Jesucristo haya quitado a la Iglesia de este mundo.[6]

LOS EVANGELISTAS

Aunque Pablo incluye «evangelistas» en las listas de los «mejores dones» en su carta a los efesios (4:11), solo existen tres referencias al título *(euangelistes)* en el Nuevo Testamento:

1. Felipe: «Al día siguiente salimos y llegamos a Cesarea, y nos hospedamos en casa de Felipe el evangelista, que era uno de los siete» (Hechos 21:8).
2. Los mejores dones: «Él mismo constituyó a unos, apóstoles; a otros, profetas; a otros, *evangelistas*; y a otros, pastores y maestros» (Efesios 4:11).
3. Timoteo: «Haz obra de evangelista». (2 Timoteo 4:5, RVR 60).[7]

De *Euangelio*

Aunque solo existen tres referencias a «evangelistas» *(euangelistes)*, cuando analizamos las funciones de estas personas descritas con la palabra primaria *euangelio*, hay al menos treinta pasajes en el libro de Hechos y en las cartas del Nuevo Testamento, y casi todos hacen referencia a hombres clave, como los apóstoles, Felipe el evangelista, Pablo,

Bernabé, Silas y Timoteo, *proclamando* o *predicando* el evangelio a los incrédulos.[8]

De *Kerruso*

Al analizar el ministerio de los «evangelistas», no solo debemos mirar al proceso descrito por *euangelio* sino a otras palabras que describen el evangelismo. Por ejemplo, la palabra *kerruso* se utiliza unas treinta veces en Hechos y en las epístolas y a menudo se traduce «predicar, ser un heraldo y proclamar».[9] Una vez más, casi todas las referencias se dirigen a los mismos líderes principales (Felipe, Pedro, Pablo, Silas y Timoteo) que estaban presentando el evangelio a los incrédulos.

De *Katangello*

Los escritores del Nuevo Testamento también utilizaron la palabra *katange* para describir el ministerio de evangelismo. Este término básico, que significa «decir, declarar sin rodeos, abiertamente y en alta voz», se usa unas dieciocho veces en las epístolas y también se utiliza sobre todo para describir el ministerio de los *apóstoles* al comunicar el evangelio a los incrédulos.

De *Diamarturomai*

En términos de presentar el evangelio, otra de las palabras griegas que se utiliza para describir este proceso es *diamarturomai*. Significa «atestiguar, o testificar de modo solemne y dar testimonio con seriedad de la verdad del mensaje del evangelio». La predicación de Pedro, Juan y Pablo se asocia con esta palabra en el libro de Hechos.[10]

En esta coyuntura, es evidente a partir del texto bíblico que el don del evangelismo estaba en buena parte combinado con el don de un apóstol, que pudiera ser una razón por la que Pablo omitió el referirse a «evangelistas» en la lista de los «mejores dones» en su carta a los corintios (1 Corintios 12:28). Por otro lado, hubo personas dotadas que *no* eran apóstoles en un sentido primario, que tuvieron el don de evangelistas. Aunque Felipe es la única persona que se menciona de manera específica es posible que Esteban y los otros cinco judíos de origen griego men-cionados en Hechos 6 también tuvieran este don. Parece que al menos varios de estos hombres fueron los que primero presentaron el evangelio en Antioquía.[11]

PASTORES-MAESTROS

Cuando el término *pastor* se asocia con el término *maestro* (como sucede en Efesios 4:12) y se describe como un don especial de Dios, parece indi-car un solo don. Además, esta es la única vez en que la palabra griega *poi-men* (pastor) se identifica como un don del Espíritu.[12] Aunque ancianos/obispos deben ser pastores, esta función nunca se define como un don sobrenatural sino más bien como una responsabilidad para todo hombre que sirve en este rol. Por otro lado, el término *maestro (didaskalos)* se usa con más frecuencia y, como hemos analizado en 1 Corintios 12:28 y Efesios 4:11, se define como un don sobrenatural. Como algo interesan-te, solo hay una referencia a personas con el don de maestro en el libro de Hechos (13:1), y en dos ocasiones Pablo afirmó que él fue «designado heraldo, apóstol y maestro» (2 Timoteo 1:11; ver también 1 Timoteo 2:7). Al igual que el don de «evangelista», la función de maestro *(didasko)* se describe con más frecuencia que el título.

En los Evangelios

Para comprender este don único de pastor-maestro, debemos regresar a esa poco usual escena del aposento alto momentos antes de que Jesús fuera a la cruz. El Salvador les había dicho a los once apóstoles que que-daron que él los abandonaría. Para animarlos y consolarlos, enseguida los confortó al decirles que enviaría «otro Consolador... el Espíritu de verdad» para «[enseñarles] todas las cosas» y «[recordarles] todo» lo que les había enseñado (Juan 14:16-17, 26). Además, Jesús dijo, «Pero cuan-do venga el *Espíritu de la verdad*, él *los guiará a toda la verdad...* y les anunciará las cosas *por venir*» (Juan 16:13). Armados con esta «verdad revelada» del propio Dios, los apóstoles serían capaces de comunicar a otros esta verdad.

En el libro de Hechos

Este discurso del aposento alto (que se registra en Juan 13–16) establece el escenario para lo que sucedió el día de Pentecostés. Cuando vino el Consolador como prometió Jesús, el «Espíritu de la verdad» comenzó a consumar lo que Jesús dijo que sucedería. En la medida en que revelaba la verdad, también capacitaba de manera sobrenatural a los apóstoles para comenzar a enseñar esta verdad a los judíos creyentes como no creyentes. En respuesta a esta verdad acerca del Mesías, «tres mil creyeron» y luego «se mantenían firmes en la *enseñanza [didajé]* de los apóstoles» (Hechos 2:42).

A partir de este momento en el libro de Hechos, el término *enseñanza* se usa casi de manera exclusiva para describir el ministerio de evangelismo de los apóstoles, particularmente entre los judíos. De hecho, este «proceso de enseñanza» se asocia en oportunidades con otras tres palabras que ya hemos analizado *(euangelio, kerusso, y diamarturomai)* que describen la presentación del evangelio a los incrédulos. Por ejemplo, en los primeros días del cristianismo, leemos que los apóstoles (los Doce) «no dejaban de *enseñar* y *anunciar [euangelizo]* las buenas nuevas de que Jesús es el Mesías» (Hechos 5:42). Y años después, cuando Pablo estaba preso en Roma, todavía estaba ocupado en este proceso de enseñanza evangelística entre los judíos incrédulos. Leemos: «Y *predicaba [kerusso]* el reino de Dios y *enseñaba* acerca del Señor Jesucristo sin impedimento y sin temor alguno» (Hechos 28:31).

En las epístolas

Aunque el término básico para *enseñanza (didasko)* se usa casi de manera exclusiva por los apóstoles en el libro de Hechos con un fuerte enfoque en el ministerio de evangelismo, cuando se utiliza en las cartas del Nuevo Testamento, se refiere con mayor frecuencia, aunque no exclusivamente, a la edificación de los creyentes. Además, la «*didajé*» que era presentada por «personas con el don de maestro» como Pablo, capacitó a *todos* los miembros del cuerpo de Cristo para comunicarse unos a otros las verdades bíblicas, permitiéndoles madurar en Jesucristo. Por ejemplo, Pablo escribió a los colosenses: «Que habite en ustedes la palabra de Cristo con toda su riqueza: *instrúyanse* y *aconséjense* unos a otros con toda sabiduría» (Colosenses 3:16; ver también 1:28; 2:7).

Y cuando llegó el momento de equipar a las personas para un servicio y ministerio especiales, incluyendo a los ancianos, Pablo escribió a Timoteo: «Lo que me has oído decir en presencia de muchos testigos, *encomiéndalo a creyentes dignos de confianza, que a su vez estén capacitados para enseñar a otros*» (2 Timoteo 2:2).[13]

LA ENSEÑANZA DE LOS APÓSTOLES

El proceso «maestro-enseñanza» ha penetrado cada cultura del mundo desde el inicio de la creación. Sin embargo, la comunicación dentro de la comunidad cristiana es única ya que tiene como base la verdad revelada de Dios.

Fue el Creador quien primero introdujo este proceso sobrenatural en el monte Sinaí cuando Dios reveló su voluntad a Israel. Dios entonces continuó revelándose a sí mismo y su voluntad a través de los numerosos profetas del Antiguo Testamento. Y cuando Jesús envió el «Espíritu de la verdad» el día de Pentecostés, él comenzó a revelar el cuerpo de verdades entregado al principio oralmente y que recibió el nombre de «Doctrina *[Didajé]* de los apóstoles» (Hechos 2:42).

Este proceso continuó durante todo el primer siglo, de acuerdo con el registro bíblico. En los días iniciales de la iglesia, los líderes religiosos se alarmaron y se sintieron amenazados. En una ocasión, llevaron a los apóstoles ante el Consejo. El sumo sacerdote se dirigió a ellos de manera airada: «Terminantemente les hemos prohibido enseñar *[didasko]* en ese nombre», dijo. «Sin embargo, ustedes han llenado a Jerusalén con sus enseñanzas *[didajé]*, y se han propuesto echarnos la culpa a nosotros de la muerte de este hombre» (Hechos 5:28).

Particularmente, Pablo usaba otro término griego, *didaskalia*, para describir un cuerpo de verdades bíblicas. Combinando estas dos ideas, le dijo a Tito que un anciano/obispo «debe apegarse a la palabra fiel, según la *enseñanza [didajé]* que recibió, de modo que también pueda exhortar a otros con la *sana doctrina [didaskalia]* y refutar a los que se opongan» (Tito 1:9; ver también Efesios 4:14; 1 Timoteo 1:10; 2 Timoteo 3:10, 16).

Lo que comenzó el día de Pentecostés con la «enseñanza de los apóstoles» continuó durante varias décadas y con el tiempo llegó a ser un cuerpo de literatura al que llamamos el Nuevo Testamento. En esencia, estos documentos son la *didajé* y la *didaskalia;* un cumplimiento pleno de lo que Jesús prometió a esos hombres en el aposento alto. Dentro del grupo de los primeros apóstoles, Mateo nos dio uno de los Evangelios, Pedro escribió dos cartas, y Juan su Evangelio, tres epístolas y el libro de Apocalipsis. Pablo, por supuesto, fue el más prolífico apóstol, escribiendo trece cartas.

Sin embargo, el Espíritu Santo dotó por lo menos a otros cuatro hombres para escribir las Santas Escrituras. Santiago, el medio hermano de Jesús, escribió una de las cartas en el Nuevo Testamento y otro tanto hizo Judas, otro medio hermano de Jesús. Juan Marcos escribió uno de los Evangelios y un autor anónimo escribió Hebreos. Creo que todos estos escritores fueron pastores-maestros, que escribieron el Nuevo Testamento, el cual es el fundamento para la preparación de todos «para la obra de servicio» de manera que lleguemos a tener «una humanidad perfecta que se conforme a la plena estatura de Cristo» (Efesios 4:12-13). Es este cuerpo de verdades el que puede evitar que seamos «zarandeados por las olas y llevados de aquí para allá por todo viento de *enseñanza*» (v. 14); es decir, evita que se acepte un cuerpo de «enseñanzas» que no presenta armonía con la voluntad revelada de Dios.

Si esta suposición es correcta, el don de *pastor-maestro* fue un don sobrenatural, revelador, tal como lo fue el don de la profecía. De hecho, todos los primeros apóstoles al parecer tenían tanto el don de la profecía como el de pastor-maestro. Hubo otros, sin embargo, que no fueron apóstoles en un sentido primario *pero* que tuvieron también tanto el don profético como el de enseñanza (ver Hechos 13:1).

A menudo es difícil distinguir, según su función, cuáles son los dones mayores. Por ejemplo, Ágabo fue sin duda alguna un profeta, fue capaz de predecir el futuro con detallada precisión (Hechos 11:27-28; 21:11). Pero, ¿tenía más de uno de los «mejores dones»? No se nos dice. Sin embargo, sabemos que Pablo tenía *todos* los «mejores dones» (Hechos 13:1; 1 Timoteo 2:7; 2 Timoteo 1:11).

También sabemos que Felipe no fue de los apóstoles, pero sin dudas era un evangelista con el poder del Espíritu Santo para obrar milagros increíbles (Hechos 8:5-7; 21:8). Por contraste, Pedro, como Pablo, también tenía muchos dones. Esta es la razón por la que es importante no categorizar demasiado los «mejores dones». Al parecer, algunas personas tenían uno de los dones. Otros tenían dos, mientras otros tenían tres. Pero los apóstoles en particular, tenían los cuatro.

Algunas conclusiones

De este estudio de los dones espirituales entre los primeros creyentes en la iglesia, podemos obtener ciertas conclusiones.

Primero. Dios a través de Cristo y del Espíritu Santo dio los «mejores dones» para iniciar y establecer iglesias locales por todo el mundo del Nuevo Testamento. En 1 Corintios, Pablo afirmó que *«Dios ha puesto»* a estas personas con dones (12:28) y en Efesios, él escribió que fue *el propio Cristo quien dio* estos «mejores dones» (ver Efesios 4:7, 11).

Segundo. Los «mejores dones» se dieron solo a unos pocos selectos entre los miles que llegaron a ser creyentes. Ellos sin duda alguna se destacaron como líderes que habían experimentado un poder sobrenatural del Espíritu Santo. Sin embargo, una vez que se fundaron las iglesias, los mejores dones dieron paso a una segunda fase, funciones de liderazgo permanente en esas iglesias. Como hemos visto en este estudio de *Principios del liderazgo de la iglesia,* los primeros hombres a ser designados fueron los ancianos/obispos, y este rol *estaba abierto a cualquier hombre* que deseara la posición y que hubiera desarrollado ciertas cualidades cristianas en su vida. En consecuencia, no existe referencia a tener o ser los «mejores dones» en la lista de requisitos. Esto no era tanto una «designación divina» y una «aprobación directa» del cielo, sino una designación basada en el discernimiento con relación a la madurez cristiana personal y a una buena reputación tanto dentro como fuera de la iglesia.

Tercero. Además de ancianos/obispos que debían dirigir y pastorear las comunidades de fe locales, debían designarse diáconos cuando fuera necesario para ayudar a estos líderes espirituales. Como con los ancianos/obispos, esta posición estaba abierta para cualquier mujer u hombre maduro que fuera competente. Una vez más, en esta lista de requisitos no existen referencias a dones sobrenaturales.

Cuarto. Estas fases de liderazgo a veces crearon confusión. Tanto en las cartas del Nuevo Testamento como en los escritos de los padres de la iglesia se puede apreciar que se desarrolló la confusión. A todas luces, hubo superposición de funciones. Vemos esto de manera clara en la iglesia de Corinto, sobre todo porque no había hombres los suficientemente maduros para llegar a ser ancianos. Como resulta evidente, esta condición existió durante varios años.

También vemos confusión cuando personas inmaduras desearon llegar a ser líderes en la iglesia. Tanto Timoteo como Tito enfrentaron este desafío de designar ancianos/obispos que llenaran los requisitos (1 Timoteo 1:3-4; Tito 1:10-11).

LA DIDAJÉ

En la medida en que los «mejores dones» originales quedaron fuera de la escena, vemos el reto que enfrentaron los líderes sobre discernir entre los líderes auténticos y falsos que viajaban por todo el panorama del Nuevo Testamento. Por ejemplo, considera la cita siguiente de *La didajé*[14]: *«Cualquiera que venga y les enseñe todas las cosas ya dichas, recibidlo. Pero si el propio maestro se desvía y enseña otra doctrina para destruir estas cosas, no lo escuchen, pero si su enseñanza es para el engrandecimiento de la justicia y el conocimiento del Señor, recibidle como al Señor».*[15]

Nota cómo esta cita de *La didajé* se relaciona con la preocupación del apóstol Juan en su segunda carta cuando escribió: «Si alguien los visita y no lleva esta *enseñanza [didajé]*, no lo reciban en casa ni le den la bienvenida» (1 Juan 10). Aquí Juan se estaba refiriendo a una persona que decía ser un «pastor-maestro», pero que al mismo tiempo traía un mensaje que negaba la deidad de Jesucristo. Es obvio que sería un falso maestro. Considera las citas siguientes de *La didajé*:

□ Y con relación a los *Apóstoles* y los *Profetas*, actuad así de acuerdo con la ordenanza del evangelio. Que cada *Apóstol* que venga a ustedes sea recibido como el Señor, pero no le permitáis estar más de un día, o si fuera necesario también un segundo día; pero si permanece más de tres días, es *un falso profeta*. Y cuando un *Apóstol* continúe su camino no debe aceptar otra cosa que pan hasta que llegue al lugar donde ha de pasar la noche; pero si pide dinero, es *un falso profeta*.[16]

☐ Pero todo verdadero *profeta* que desee establecerse entre ustedes es «digno de su alimento». De igual modo, un verdadero *maestro* es por sí mismo digno, como el hombre que trabaja, de su alimento. [17]

☐ Por lo tanto, designen para ustedes *obispos* y *diáconos* dignos del Señor, hombres humildes, no amadores de dinero, veraces y aprobados, porque ellos también les sirven en el ministerio de los *profetas* y *maestros*. Por lo tanto, no los desprecien, porque ellos son sus hombres honorables junto con los *profetas* y *maestros*.[18]

Estas citas demuestran varias ideas que ya hemos señalados también en la historia bíblica. Primero. Sin duda alguna existen dos categorías de líderes en las iglesias del Nuevo Testamento —los que tenían los «mejores dones», quienes viajaban y ministraban a todos en general, y los que eran líderes permanentes en las iglesias locales— ancianos/obispos y diáconos.

Segundo. Hubo quienes dijeron ser los «mejores dones» pero que en realidad no tenían el don del Espíritu Santo y estaban motivados por la avaricia.

Tercero. Hubo quienes eran los «mejores dones», que estaban en verdad inspirados y dotados por el Espíritu Santo con capacidades especiales y que a veces trabajaron junto con los ancianos/obispos y diáconos competentes.

Cuarto. Los ancianos/obispos competentes podían hacer en buena medida el mismo trabajo de aquellos con los «mejores dones», no debido a un llamado o don especial de parte de Dios, sino por su posición en Cristo, la presencia del Espíritu Santo en su vida, las características del carácter especificadas por Pablo en las epístolas pastorales, y por lo que habían aprendido de aquellos que fueron y tenían los «mejores dones».

Algunas palabras finales

Es mi criterio y experiencia personales que no debemos confundirnos en lo que tiene que ver con estas dos fases del liderazgo. La historia bíblica define con claridad quiénes debían servir como líderes permanentes en las iglesias locales. Estos roles pueden ser para cualquier hombre o mujer que esté a la altura de la estatura de Jesucristo reflejada en los requisitos descritos por Pablo en sus cartas a Timoteo y Tito. Por otro lado, de seguro experimentaremos confusión si no distinguimos entre los «mejores dones» y los requisitos para los líderes de las iglesias locales que tienen un claro mandato en las cartas pastorales. Esto se puede predecir. Hacer énfasis en lo que las Escrituras hacen énfasis nos conduce a la unidad. Pero si hacemos énfasis en lo que la Biblia no hace énfasis, invariablemente experimentaremos confusión.

NOTAS

1. Al interpretar la exhortación a «ambicionen los mejores dones», es importante notar que en el texto griego, Pablo usó la segunda persona del plural, indicando que los corintios *de conjunto* debían «ambicionar» que aquellos que tenían y eran los «mejores dones» recibieran la prioridad en términos de dar exhortaciones con autoridad y directivas a la iglesia.

2. Los eruditos en el idioma griego reconocen que es difícil traducir literalmente *tous men* y *tous de* en Efesios 4:11. La mayoría ha escogido las palabras «unos» y «otros», que sin duda transmiten la idea correcta de que no todos tenían ciertos dones (ver 1 Corintios 12:29). Sin embargo, tal vez los eruditos que revisaron la versión inglesa *Revised Standard Version,* ahora llamada *English Standard Version,* han captado de forma más adecuada lo que Pablo tenía en mente cuando tradujeron: «Y él dio a los apóstoles, profetas, los evangelistas, los pastores y maestros [O los pastores-maestros] para equipar a los santos para la obra del ministerio» (Efesios 4:11-12). Esta traducción nos ayuda a evitar la tendencia de darle demasiado categoría a estas personas dotadas cuando leemos las palabras «unos» y «otros». Como veremos, Pablo era un hombre con muchos dones, mientras es posible que Ágabo solo haya sido un «profeta».

3. Peters, George W., *A Theology of Church Growth* [Teología del crecimiento de la iglesia], Eerdmans, Grand Rapids, MI, p. 17.

4. Unger, Merrill F., *Unger's Bible Dictionary* [Diccionario bíblico de Unger], Moody, Chicago, IL, p. 892.

5. Por ejemplo, ver Hechos 2:29-31; 7:37; 8:34,35; 13:27.

6. Por ejemplo, ver Apocalipsis 11:3,10; 16:6; 18:24.

7. La exhortación de Pablo a Timoteo con relación a un ministerio de evangelismo abre

paso a una interesante pregunta. ¿El don de Timoteo (2 Timoteo 1:6) era el de evangelista, o él tan solo debía hacer «obra de evangelista»? [RVR '60] Si tomamos como base todo el relato bíblico, creo que es lo segundo.

8. Por ejemplo, ver Hechos 5:42; 8:12, 25; 14:7; 16:10; Gálatas 1:11.

9. La palabra *kerugma* también se usa varias veces para referirse al contenido del evangelio. Por ejemplo, Pablo escribió a los corintios: «[Dios] tuvo a bien salvar, mediante la locura de la predicación *(kerugma)*, a los que creen».

10. Por ejemplo, ver Hechos 2:40; 8:25; 10:42; 18:5; 20:21, 24; 23:11; 28:23.

11. Por ejemplo, ver Hechos 8:1; 11:18-21; ver también la página 54.

12. Debe notarse que por lo menos en una ocasión Jesús utilizó el término para describirse a sí mismo como «el buen pastor» (Juan 11:1, 14, 16; ver también Hebreos 13:20; 1 Pedro 2:25).

13. Ver también 1 Timoteo 4:11-12; 6:2; Hebreos 5:12. La exhortación de Pablo a Timoteo de pasar a otros lo que él había aprendido de Pablo hace surgir otra pregunta muy interesante. ¿Recibió Timoteo alguna verdad bíblica *(didajé)* directamente de Dios o la aprendió ante todo de Pablo? Sabemos que Timoteo tenía un don especial del Espíritu Santo (2 Timoteo 1:6), pero debido a lo limitado de la información bíblica, es difícil precisar la naturaleza de este don. Aunque no lo puedo probar de manera conclusiva, mi criterio personal es que el conocimiento que Timoteo tenía de las Escrituras vino de la misma fuente básica que el mío: fundamentalmente de los apóstoles que tuvieron el don de revelación profético de «pastor-maestro».

14. La didajé es un documento importante compilado cerca del final del primer siglo o en los comienzos del segundo. Sin lugar a dudas no es Escritura inspirada, pero en verdad refleja sucesos históricos. Los eruditos coinciden en que este documento fue «uno de los descubrimientos más importantes en la segunda mitad del siglo diecinueve». *The Didache or Teaching of the Twelve Apostles: The Apostolic Fathers with an English Translation* [La didajé o doctrina de los doce apóstoles: Los padres apostólicos con una traducción al inglés], Kirsopp Lake, traducción, Harvard University Press, Cambridge, MA, p. 305.

15. The Didache or Teaching of the Twelve Apóstoles: The Apostolic Fathers with an English Translation. Kirsopp Lake, tranducción, XI, Harvard University Press, Cambridge, MA, p. 325. Énfasis añadidos.

16. The Didache, IX, 3-6, p. 327.

17. The Didache, XIII, 1-2, p. 329.

18. The Didache, XV, 1-2, op. cit; p. 331.

FUNDAMENTOS DE LA FE
EDICIÓN ESTUDIANTIL

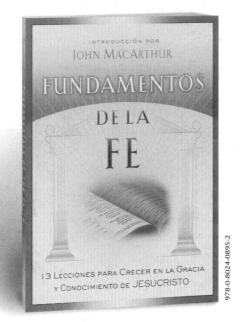

978-0-8024-0895-2

Los domingos por la mañana en la Iglesia Grace Community, pequeños grupos de personas se reúnen para las clases de Fundamentos de la Fe y usan este manual de trece lecciones que combina verdades y bases bíblicas con el servicio y obediencia personal. Muchos nuevos creyentes han tomado estas clases para crecer en su entendimiento de las verdades bíblicas. Por primera vez, Fundamentos de la Fe esta disponible a la venta. Incluyendo temas como "Dios: Su Carácter y Atributos" y "La Iglesia: Comunión y Adoración" este estudio es ideal para discipular a nuevos creyentes o recordar una vez más lo que significa creer en Jesús.

Also available as an ebook

MOODY
PUBLISHERS

www.MoodyPublishers.com